武汉印象

2020

诗歌 散文

WUHAN
PUBLISHING HOUSE
武汉出版社

出品单位

中共武汉市委宣传部

武汉市文学艺术界联合会

长江日报报业集团

武汉农村商业银行

武汉广播电视台

武汉出版集团有限公司

我说“武汉印象”

何祚欢

我一直生活在武汉。

30岁以前住在汉正街——从出生至15岁住664号，15至29岁住711号。

30岁在“五七干校”锻炼，回来后成了江汉区的居民，1983年起就归江岸区管了。

我是一个武汉老伢。

要问我以一辈子时间积累的对武汉的印象，我敢说，越是一生不挪窝的，越是说不清。

光说武汉人，说得清吗？

小时候，汉正街满街看得最多、听得最多的是四个字：和气生财。满街的铺子，越是老板走上街，越是身子往前倾着，遇到熟人，弯腰就行礼，“您家好吵？”

什么印象？谦卑？

且慢。

1938年10月汉口沦陷后，日本军方在汉口商会宴请汉口头面人物，也请了身为商会会长的万泽生。日本人的那点意思也透出来了，希望万先生主政维持会，维持“大东亚共荣”。万泽生先生赴会了，但步履蹒跚，身形臃肿，时而大汗淋漓，时而瑟瑟发抖。一问，他是在打皮寒（即患疟疾）。这是日本人的忌讳，不等他说走，就把他“请”走了。其实那天万先生身穿棉袍，内衬皮背心，在“十月小阳春”的天气，扣实则热烘难耐，脱袍当风自然抖抖瑟瑟。万先生装病躲掉了“维持会长”的“重任”，晓得日本人不会善罢甘休，干脆关掉汉口的生意，神不知鬼不觉地举家搬回了汉阳乡间。后来新四军过来打游击，他把库存的做鞭炮的火药都交给了新四军。“只要炸得死东洋鬼，我们以后再放爆竹！”

武汉人，有点汉子味儿吧？

你以为武汉人只有“侠骨”么？在1954年那百年难遇的洪水面前，武汉人却侠骨柔肠，让人看到了他们的几个“面”。

1954年一开春就像惹了雨神，大雨一下就是几天，绵绵不休。很多人都想到了1931年，那年也是这般大雨，武汉关水位到了28.28米，汉口就破了堤。汉口市长何葆华在哪里？在家里请客，打麻将。

1954年连绵的雨和那时一样，甚至更大，但人不一样了。武汉市委市政府与堤同在，全市堤防实施日夜值守，一条口号深入寻常百姓心中：“防备万一，消灭万一！”我所居住的汉正街上，每家店铺都有人上堤值班。民国时期年年收修堤的捐税，这时汉江堤却眼看防不住了。于是，在一个难得的晴日，一大群人火急而又麻利地涌向汉正街，撬下铺街的麻石，整齐地码到街北的一些大巷子当中。几天之内，一条横贯汉正街，与两头的河堤江堤连接的新堤就建起了。武汉市委市政府在紧急情况下，放弃了汉正街南面和汉水街、沿河大道，消灭了溃堤的“万一”！

被“放弃”的两条半街，几千商户和上万户居民，也被汉中路、长堤街和其他街巷妥妥地安置，生意照做，起居有序。搬迁之时，各居委会告知大家，将房门下掉，好抢在大水进屋之前把“子堤”修进每栋屋内，以免房屋被浪冲垮。一场大水过后，曾浸在洪水里的房屋居然没有倒下的。

我家正住汉正街南边，父亲的茶叶铺被淹以后，由街道出面，被安排到汉中路一家家具店继续营业。住家则在街对面的同发酒楼内。酒楼可能迁到其他地方营业了，所以整个铺子只住了我们一家。

大水过后，那些“逃水荒”的商户和居民要回去了，他们的“房东”却有些依依不舍，殷殷相送的，日后当亲戚走动的比比皆是。在那“一个钱当两个钱花”的岁月，竟没有人提“房钱”的事。武汉人就这个样，祖上信奉“穷不倒志，富不癫狂”。别人是“跑水荒”来的，在屋里住几天，我们还多了个伴，谈个什么钱。

再来看刚刚过去的 2020 年，一个考验中国人的年份，首先把考验推到了武汉人面前。

2019 旧岁刚过，人们正筹备着过春节，却不料政府一声令下，武汉关闭离汉通道！

新冠肺炎，一个听都没听说过的病，迫使这座城市停工停产，停课停市，停止与外界的交通，停止市内交通，只为防止人与人的互相感染。

一个千万人口的大都会，当一切停下来之后，它的千万之众还要吃喝拉撒。让一切停下来，正是为了让大家活得太平，但这要过下去的琐碎，又由谁来承当？

机关干部胳膊一伸，“我来！”下沉到了街道。

街道干部口罩一戴，进居民楼了。

停下了公共交通，那为人们日常生活而忙碌的自行车、私家车，一日也没有停过。

医院承担着救治患者的使命，有些饭店便主动“转换功能”，把所有的房间拿出来供白衣战士休息……

宅家，宅家。1 月 23 日关闭离汉通道之后，城市好静。

网友们却互相约定：1 月 27 日夜，大家站上阳台，一齐高唱《义勇军进行曲》，接着，大喊三声“武汉，加油！”接着唱《我和我的祖国》，再喊“武汉，加油！”没想到网友们约定的合唱，竟变成了几乎全体武汉人的合唱。

武汉在“加油”声中度过了疫情，但怎么也忘不了那些宅家的日日夜夜。安然宅家的人们，忘不了处处为他们承担风险的兄弟姐妹。战胜了疫情的城市，怎分得清人们的侠骨与柔肠……

一个老武汉伢看了一生，也只能一面品味一面看，天南海北的人从各自的那一面看，又会看到什么？不管各人看到了什么，大家加起来，就会组成一次一次的“生动”。

你以为武汉的生动，十年八年的《武汉印象》都装得下吗？

武汉印象
目录

英雄城市

江城拾忆

对望青山

英雄城市

五十分之一，典型的一天

池 莉

这不是最坏的一天，在五十多天的隔离里。这不是最好的一天，在五十多天的隔离里。五十多天往六十天奔了，哪一天解除管控措施？还是一个变数。可喜的是，新增病例逐步减少。“新增”成为千百万人的置顶词，每天睁开眼睛就看到它。为什么？为什么？为什么是武汉？为什么是我？何止十万个为什么。传染病已经超出了我们对传染和病的理解。生活已经超出了我们的生活经验。世界也已经超出了我们的世界观。蜗居于四面围墙小小斗室，四肢受限，大脑活跃，一不当心就会引发追问。可是，追问有意义吗？追问无意义。追问常常四面碰壁，纷纷落地，还是囿于自家的斗室之中。如果说五十多天好难过，最难过的在心里。正如武汉许多人都发明了自己的抗疫神器，我的神器应该是最笨拙的：类似鸵鸟政策。既然网络传播的引擎具有优先特性，特别容易利用人们的天性——天生喜欢注意显著的事物、强烈的情绪、夸张的词语、耸听的危言、语惊四座的轻率结论，以骗取点击与收割流量，那么，我高度节制刷屏。既然我对漫天信息的真假不能掌握，那么，我掌握自己的手指：直接删除某些，选择点击某些。先质疑，再信任，三思后行，以免自己负反馈过强，成天胆战心惊。

这不是最好的一天，也不是最坏的一天，这是最典型的一天。

早晨：噩梦醒来是早晨。要愣怔好一会儿。梦的残片里，往往还有新冠病毒残害人类的种种罪行。我得摆脱它，祛除它。动起我的胳膊腿，动起来！活动起来！从涌泉到丹田，再往上到哑门到印堂，按摩穴位——我用中医护体，用西医治病。然后：打开手机。颇有节制但肯定要看。主要是全家老少亲朋好友都在这里。直接删除了不少信息以后的信息，还是足以令脑海万马奔腾。再愣怔好一会儿。然后：“团菜”——团菜与网购，忙起来！“团”字空前火，具有多种功能：名词是蔬菜团、水果团、排骨团。动词是开团了，团到没？生活中有各种缺乏，就有各种的团。团了这个团，再团那个团。接龙。扫码支付。发截图。核对。一遍又一遍。眼花缭乱。感谢饥饿！假如没有吃饭的动力，漫长的居家隔离将不堪设想。然后：前天团的蔬菜到了。一到就是一大袋，十几斤，五六种。面临巨大考验：冰箱就一个，空间就这么大，如何分层叠放，才能够全部塞进去？不同蔬菜如何不同打理与包装，才能经久耐吃？土豆有发芽迹象，不行！防微杜渐，挖掉芽芽，用火烤烤，保鲜膜单个包装，搁冰箱里。每一粒粮食都不可以浪费！然后：消毒。用注射器准确配好84消毒液。室内进出口各处，室外公共楼梯间电梯间，一一喷洒消毒。重点是卫生间与马桶。据说有粪口传染，但是一直未见化粪池与管道排查，我只得排查自家，堵塞所有地漏，不怕一万，只怕万一。

午后时光：报平安与问平安时刻。每天与父母电话，与亲朋好友微信，叮嘱一线医生朋友做好个人防护，请染病住院的朋友加油啊康复啊。还有远方的、国外的，平时都不大会紧密联系的，现在几乎每天问候，不见字不放心。然后：在夜色中静坐，远望空茫，心中冉冉升起祝福的默念——我在用我今天的全部存在去感知人类善意，送给你们；我在用我这一天的全部行为作为祈求，送给你们：平安！请你们务必平安——@所有人！

夜晚：22点之前关掉手机。听听音乐看看书写写笔记。努力入睡，希望不再有噩梦。但愿一切智慧与黎明同醒。

（本文写于2020年3月15日）

（作者单位：武汉市文联）

乌桕白啊柿子红

李 伟

今年采访了几位抗疫英雄，他们故事中有三个瞬间，一直萦绕在我脑际。

腊月二十九，也就是武汉关闭离汉通道的那天，蔡甸区供电公司安监部主任王波，正在家陪老母亲聊天，说他要趁春节假期把手术做了，之前医生也预约了，可自己平时太忙，这病就一直拖着。老母亲点点头，嘱咐这嘱咐那。就在王波起身为老母亲倒水的当儿，一个电话飞奔过来：火神山医院开建，立刻出发。

电话是单位打来的。老母亲听得清清楚楚，她眯起眼睛，看着他方方正正的大脸盘，挪动脚步，颤颤巍巍拉着王波的手，眼泪滴到自己满是皱纹、布满老人斑的手背上：“孩子，外面都是病毒啊，你……你要小心啊！”其实老母亲还有一个潜台词在心尖尖：不去行吗？犹豫了半天，一直没说出口，她知道儿子做的事情，不去不行。王波顿了一下，低头看着母亲的手背：“妈，别担心，您儿子当过兵，命硬着呢！”刚刚说完这句，王波喉咙里像堵上了一团棉花。他转身看着窗外，凛冽的寒风像怪兽一样撕扯着光秃秃的梓树、乌桕树。那棵乌桕树，叶儿被风唤走了，满树洁白的乌桕果实，挨挨挤挤，像一朵朵白梅。远处那棵柿子树，举着一盏盏红灯笼，凛然立在流岚中。

时间太紧了，出门前，王波衣服都来不及收拾。和家人打过招呼，刚出门几步，又回头望望站在门前的家人，挥了挥手。他不知道这一出门，归期是哪一天。电力人工作特殊，做一个项目，常常就是十天半月，甚至几个月。如今就更难说了。

照个相，对，照个相！王波急走几步，叫开邻居的家门，请邻居照了一张全家福。

王波盯着手机里的全家福，一遍又一遍。王波想：要是自己万一感染病毒回不来了，这张照片，就是……就是家人的一个念想。

在火神山医院电力建设现场，他只看过一次这张照片，他怕看多了又会掉泪。本来王波是负责施工安全的，但是在火神山医院电力建设初期，他啥都管，安全、进度、质量、材料、协调……每天一两百个电话，耳朵都听得嗡嗡作响。那段时间，他和同事常常忙到凌晨两三点。饿了，吃点盒饭或方便面，有时盒饭被雨水淋湿了，和着雨水的饭菜冰凉刺骨，硌得喉咙生疼。困了，找个地方打个盹。大年三十，他们聚在一起也吃了顿年夜饭，不过，是在初一的凌晨吃的，当时大家都累得不想说话，东倒西歪坐在地上，吃力地端起方便面扒拉，有位战友吃着吃着就睡着了，手里的方便面掉到地上都不知道。

五天五夜，王波和他的同事将滴滴汗水化为点点火种，一起点亮了火神山，这在平时要一个月才能完成。是什么力量让他们创造了“中国速度”？是一名电力人的使命大于天，是早一个小时建成医院就早一点收治那些岌岌可危的重症患者，是老母亲倚门而望那渴盼的眼神，还是手机里不敢多看一眼的全家福？

和王波一样，华雨辰也是腊月二十九这天开始进入抗疫战场的。那天武汉的街头冷冷清清，偶尔几只鸟儿落在树梢，惊疑地俯视不时而过的身着墨绿衣服的人，华雨辰在自家窗户后面边看边流泪。那是医护人员。因为公汽、地铁、轮渡停运，医护人员只好步行上班。不能让他们这样辛苦奔波了，华雨辰马上加入一个义务接送医护人员的微信群，开始了她的守城战斗。记得第一次接送医护人员，没有防护服，她就在头上裹上一条大围巾，只露出眼睛。因为怕父母担心，她有时跟父母说去学校值班，有时说去亲戚家送酒精什么的，还在朋友圈屏蔽了他们。虽然这样，华雨辰每次回家进入家门的那一瞬间，她都非常难受，她担心自己把外面的病毒带回家。她是家里的独生女，父母要是被感染了，那就是她的大不孝。自己长这么大，父母的付出，她都铭记于心。有时在家门外看着室内的温暖的灯光，都不敢敲门。为了缓和紧张心理，华雨辰回家前，都会在车里坐上半小时，一来平复心情，二来给车消消毒、通通风。疫情初期酒精供应紧张，她就用盐水细细擦拭车门、把手、座椅……好不容易鼓起勇气上楼，可是那一级又一级台阶，就像陡峭的山崖，她像一个攀登者，爬得艰难而沉重，特别是进门的那一瞬间，看到涌向门口迎接她的两位老人，她心里别提有多难受。

做志愿者的时间越来越不固定，事情也渐渐多了，搬运物资、大桥上值守测体温……有时天不亮出门，回来洗个澡就睡回笼觉。细心的母亲开始怀疑，大清早卫生间怎么都是湿的。华雨辰瞒不下去，只得向父母如实相告，声音轻轻的，像海燕掠过平静的海面，但是父母还是听得清清楚楚。她不敢抬头看父母，他们脸上，肯定写满了惊讶、埋怨和心疼。父母呆呆地看着华雨辰，室内骤然沉默，三颗心脏跳动的声音，仿佛彼此都听得见。女儿要做的事情，他们理解，也明白，那是有益的事，他们不能阻止，可是做父母的又能帮上什么忙呢？得知华雨辰晚上要上二七长江大桥测量来往人员的体温。父亲说：“我替你去吧！”华雨辰马上回答：“爸，还是我去，我免疫力比你强。”

父亲默默凝视语气不容置疑的女儿，缓缓地说：“注意安全啊！”

他知道女儿的心思，女儿和自己一样，都是华中师范大学毕业的，为人师表这四个字，在眼下这个严峻的时刻，分量很重。

华雨辰进门的纠结淡了，可是父母的担心浓起来，每天不论多晚，他们都要坐在客厅，等着她回家。她敲门时，两位老人立刻走上前，一点一点为她消毒。随后，端出热气腾腾的鸡汤、牛肉，盯着女儿一口一口吃下去。

华雨辰是青山区钢花小学教师，和她同在一个区的青和居社区书记桂小妹，腊月二十八回了一趟家，凭多年的工作经验，她意识到疫情之下的社区情况将会非常严峻，需要她和同事们付出千百倍的努力。当天她把女儿送到父母家里，郑重其事地告诉女儿：“妈妈要去社区保护居民，外公外婆就交给你保护了。”女儿懂事地点点头。

桂小妹出门的那一瞬间，根本不知道，直到七十四天后自己才重返家门。在社区走访排查、测量体温、消毒杀菌、转运病人、代购代送，她每天忙得昏天黑地，常常一天就吃两顿饭，忙到半夜一两点。忙完工作，就在活动室的沙发上眯一下——两个月后，她瘦了十斤，以前的衣服都“胖”了一大圈。

就这样，武汉市最大的公租房小区，居民五千二百三十五户、八千二百三十人，都被她和同事们照顾得好好的。

在社区拉网式排查“四类人员”时，桂小妹和同事们每天无数次上楼下楼，白天敲门，晚上数灯，逐户逐人，监测体温。有时候难免会遇到感染病毒的居民，但是作为社区工作者，他们都没有退缩，因为他们知道，他们是社区干部，越是危险的地方，就越需要他们冲锋陷阵。

湖北人喜欢吃活鱼，为了让长期隔离在家的居民吃上活鱼，桂小妹和她的同事将两万斤活鱼，连续忙碌十二个小时发放到居民手里。社区干事刘琼在发鱼时遇到电梯故障，她和四名志愿者二话不说，硬是将几百斤鱼一次次抬上 17 楼，再一层层下楼发放到每家每户。最后一条鱼发完了，他们都累得抬不起腿、直不起腰，瘫坐在地上直喘气。但是看到居民在朋友圈晒出的鲜鱼和烧鱼照片，他们笑得特别开心。

政府免费发放的活鱼，每个小区都有。桂小妹父母家几天前就收到了，母亲做了一个火锅，香味氤氲，汤鲜味美。母亲想给桂小妹打个电话，桂小妹女儿连忙阻止：“外婆，别跟妈妈打电话了，妈妈很忙！”外婆不知道，外孙女打电话已经吃了几次闭门羹——桂小妹一直没工夫接听电话。那七十四天，桂小妹只接过家里大约十个电话，都是在半夜一两点。有一次，母亲与桂小妹视频通话，贴近手机屏幕细看了一眼后，哽咽着说：“你瘦多了，孩子！”桂小妹心里一酸，赶紧支吾几句关了视频。后来，桂小妹不跟母亲视频通话了。

桂小妹女儿在疫情防控期间更懂事了，上网课很自觉，经常学习到深夜，还帮家里做些家务，不时提醒外婆：千万别出去，要保护好自己！这句话，女儿也对桂小妹说过几次。那稚嫩的语气，牵挂夹杂着担心，桂小妹心里暖融融的，有时挂掉电话愣半天。

王波出门的那一瞬间，他不知道，这一出门就是七十七天，那些寒气逼人、挥汗如雨的日子，那张手机里的全家福，一直是温热的。华雨辰当初进门的那一瞬间，她纠结着该不该向父母说出实情：说了，父母更担心她；不说，要是父母疏于防备怎么办？那段时间，心里的石头压得她透不过气来，好在后来客厅的灯、门口的灯一直如春日暖阳，她无论站在门里，还是门外，都披着一身光芒。桂小妹出门的那一瞬间，她不知道女儿能不能照顾好外公外婆，女儿还只是一个上初二的孩子呢！不过那句嘱咐给了女儿鼓励，疫情防控期间，女儿把外公外婆照顾得无微不至……

王波眼前的乌桕又要挂果了，绿绿的，他想到去年腊月出门时，几只八哥在枝头跳跃争抢果子的场景，也想到儿时将乌桕果外表的一层油脂刮下来点灯的事儿，那小小的火苗溅起的暖意，如同柿子树上红艳艳的柿子，给凛冽的寒冬啄开了一个亮闪闪的小洞，他看到春天从亮光处呼啸而来；华雨辰进门时，脚步轻盈，她耳机里传出学生演唱的《夜空中最亮的星》，他们说要做像华老师那样的人；桂小妹和女儿一起出门了，惠风和畅，女儿迎着晨光走向学校，她步履匆匆奔向青和居，那里有她服务的居民五千二百三十五户，八千二百三十人……

（作者单位：《幸福》杂志社）

（标题书法：张月红）

（插图：胡赞美 朱良川）

武漢，一道道大堤

李鲁平

武汉的城市史流淌着水与治水的旋律。在治水、挡水的过程中，城市一步步扩大，也是在与水打交道中，武汉的城市精神逐渐养成了至柔而至刚的气质，既可火辣作响，也能温柔以待；可以瞬间爆发澎湃，也能经久地坚持与承受。在历史进程的每一个拐点，都可以看到这座城市鲜明的性格。在新冠肺炎疫情防控战中，无数武汉人挺身而出，以实际行动筑牢阻击病毒的堤坝。

长堤

大多数城市的崛起都与政治、军事因素紧密相关，但江汉平原的城市、江湖之滨的城市不一定是这样。比如，大汉口的崛起。1929年汉口称“汉口特别市”，这是它第一次拥有独立的行政含义，在此之前，汉口只是汉江与长江交汇处的一个码头、一片滩涂、一个贸易市场。在地域管辖上，它属于汉阳。

但一条大堤的修筑，将它从历史中托起。

正如叶调元在《汉口竹枝词》中所说“五百年前一沙洲，五百年后楼外楼”，汉口的崛起得益于汉江改道。明万历《汉阳府志》（卷二·疆域志）对“襄河”的描述说：“离汉口北岸十里许，即古汉水正道。汉水从黄金口入排沙口，东北转折，环抱牯牛洲，至鹅公口，又西南转北，至郭师口，对岸曰襄河口，约长四十里，然后下汉口。成化初，忽于排沙口下、郭师口上，直通一道，约长十里，汉水径从此下，古道遂淤。今鱼利略存，舟楫已不达矣。呼襄河者，水自襄阳来也。”关于这次汉江改道的准确时间，有几种说法，不管按哪种说法计算，这次汉江历史性的改道距今已有五百多年，这也是汉口的城市年龄。

改道之后的汉江从龟山北麓直接汇入长江，从而把汉口与汉阳分开，成为今天所见的汉阳、汉口、武昌两江三地的地理格局。为阻挡汉口以西、以北的洪水，1635年汉阳通判袁焴主持修建了一条5公里的大堤。

1635年，为应对洪承畴等人的围剿，高迎祥、张献忠、李自成等13家72营的首领聚会荥阳，商讨迎战策略。会后，高迎祥、张献忠率东路军一直打到安徽凤阳。然后李自成、张献忠或向西，或在安徽、河南、湖北一带打游击。

袁焴却决意要在西起硚口、东到堤口修筑一条5公里的大堤，把汉口集市围起来，以绝水患。今天很难查找到袁焴修筑大堤的细节，但有一点可以确信，对修筑大堤这件事，内忧外患的朝廷，既没有财力支持，也没有精力操心，而且起义军频繁的活动，极有可能让汉口集市和大堤毁于战乱。但袁焴把这件事做成了。为了获取修筑大堤的用土，他命人在大堤的外围挖出了一条壕沟，史称“玉带河”。在随后的岁月里，河上架起了30多座小桥，今天的硚口、保寿桥、广益桥、六渡桥等都是玉带河上的桥。

汉水改道之前，汉口并没有常住居民，在芦苇和沼泽中出没的多半是渔民、飞鸟，水泽大地并不适合定居生活。浙江南浔人范锴（1765—1844）在沿四川、湖北到江苏一线经营盐业的30年中，居住汉阳府多年。根据他的《汉口丛谈》记载，汉口这块荒洲之地直到明天顺年间（1457—1464）才有人居住。半个多世纪的船来人往，到1545年时，据清乾隆《汉阳府志》记载，汉口有居民1395户，一个滨水集市的雏形已经显现在汉水和长江边。

但只是在长堤挡住了襄河故道的水，挡住了后湖、黄孝河的水之后，各地的商品和货物才都向汉口汇集而来，两湖转运到北方的粮食，江淮转运到川、陕的淮盐，以及竹、木、油、茶、皮、药材、棉花等，南来北往、五花八门、种类繁多。如此多的人流和货物，原来的沿河码头和沿汉水而建的河街，显然已经不能满足贸易需要，于是，码头、河街发展到正街，正街之后又有了内街、夹街、黄陂街，以及与街紧密相连的里巷。

在长堤的托举下，汉口这个临江集市终于与佛山、景德镇、朱仙镇齐名，并称四大名镇。

汉口城

汉口因商贸而兴起，但并没有通常的城市格局，如城墙、护城河、城门等，而且其明末形成的以汉正街为依托，以两侧街巷为支撑的码头市场在明清之际反复遭受战争重创。但到 1796 年时，汉口居民已达 3 万多户，人口超过 12 万，它又一次崛起。

章学诚在《湖北通志检存稿》中说，湖北所有市镇中“其最大者莫如汉镇”“上自硚口，下自接官厅计一十五里，五方之人杂居，灶突重沓，嘈杂喧呶之声，夜分未靖”“盖十府一州商贾需于外部之物无不取给于汉镇。而外部所需于湖北者……亦皆于此取给焉”。可见，汉口市镇在长江中游的地位、规模、作用。

1861 年作为通商口岸开埠后，英、俄、德、法、日等国又在此开辟租界，昔日的内河码头一下成为对外贸易的窗口。时代再一次提出了汉口城市格局的问题。1864 年，历史把这一问卷交给了汉阳知府钟谦钧。此前，钟谦钧以“知府补用”的身份，随湖广总督官文收复被太平军攻占的黄州府县城，颇得官文欣赏。也因为办理盐茶有功，深受湖北巡抚胡林翼喜欢。1862 年，他终于去掉了“补用”的尾巴，被授汉阳知府。

鉴于太平军不断攻打武昌、汉口，也为了抵挡汉口玉带河外后湖的水患，钟谦钧与汉阳县令孙福海、士绅胡兆春等向官文提议，在长堤外筑城墙，建汉口城。《续辑汉阳县志》等史书记载了汉口城墙的起止点、建筑方式，以及经费预算、经费来源：“上至硚口，下至沙包，长一千九百九十二丈二尺，约十里许，筑堡垣焉。堡基密布木桩，堡垣则全砌红石，外浚深沟，内培坚土。辟堡门七，曰：玉带、便民、居仁、由义、大智、循礼、通济，建炮台十有五。其费皆商民筹捐，共银二十余万两。”这个十多里的城墙，大致就是今天中山大道硚口路至一元路一线。汉口城堡的修建将汉口从长堤扩大到玉带河以外，不仅取代了长堤防洪的功能，而且有人计算，钟谦钧的这一举措将汉口面积扩大了 3 倍。

钟谦钧 1869 年升任两广盐运使，1874 年逝世于岳阳老家。出生在洞庭湖中君山岛的钟谦钧，因为贫困辍学，没有走传统的科举道路，而是独自外出闯荡，据说在船上做会计。岳阳正处于洞庭湖与长江的交汇处，下游不远处就是著名的物资集散地汉口。水运繁华的时代，到船上打工显然是不错的选择。经过多年的打拼，1844 年，41 岁的钟谦钧捐了个“从九品”，分派到湖北试用。等了 7 年，1851 年他被安排到沔阳州任锅底司巡检，这是一个由县令管辖的派出机构，负责市镇、关隘的社会治安。其实，这个地方应该叫“锅底湾”，属于今天的洪湖市老湾回族乡管辖。《洪湖县志》记载，南宋时，北方难民迁到洪湖开荒屯田，船只都聚集在这个水湾。移民上岸挖灶做饭，离去时只取走铁锅，把灶留给后来的移民，锅底湾的地名由此而来。一个熟悉洞庭湖的湖南人到一江之隔的洪湖任职，无疑有天生的优势，但 1852 年太平军从桂林、长沙一路攻下了武昌。在他任职的前后几年，离沔阳最近的灾难除了太平军带来的战乱，还有 1849 年沔阳大疫，1857 年武昌、汉阳蝗灾，1860 年长江特大水灾。

史书没有记载钟谦钧如何面对这些挑战，只是说在水患频繁、盗贼出没的沔阳，他治水安民，沔阳呈现出了安澜、风清、祥和的局面，并在 1862 年被授汉阳知府。初到汉阳，恰遇胡林翼与太平军作战失利，汉阳到处是难民，钟谦钧四处联络慈善机构，带头捐出自己的俸资，开设多家粥厂、搭建几百间茅棚，解决难民的吃、住，救治病人。他还修复毁于战乱的书院，资助贫困学生；捐资筹款，采取以工代赈的办法修复江堤，帮助灾民恢复生产，渡过难关，又倡议修建育婴堂、敬老院，收养孤寡老人和孩子。

钟谦钧离开锅底湾 25 年后，辛亥武昌起义的核心人物之一——杨时杰在锅底湾出生，锅底湾今天的名字“珂里湾”便出自他的手中。杨时杰写过一首诗《遣兴》：“悲心一点苦难抛，日学遒人木铎摇。欲醒人间名利客，行将骑鹤普天敲。”在诗中，他希望像夏商周时期的“遒人”，摇动木铎、走遍天下，敲醒昏昏欲睡的名利客。杨时杰的理想并非停留在口头。1905 年杨时杰赴日留学，第二年就由孙中山介绍加入了同盟会，1910 年夏天，他回到汉口。此时的武汉风起云涌，一场改变中国历史的暴风雨正在酝酿之中。“能争汉上为先著，此复神州第一功”，杨时杰以及与他一起集合在武汉的进步青年，无疑都有“汉上为先”的精神。他与共进会会长刘公都主张在湖北起义，但当杨时杰到达武汉时，刘公却因患肺病回到了襄阳。他只好去找在一家报纸当编辑的同乡杨玉如，商定在武昌粮道街另设机关，聚集同志，发展组织，策划起义。杨玉如后来在《辛亥革命先著记》中回忆，杨时杰认为这几年在沿海几省发动的起义都没有成功，他主张在武昌起义，湖北人就要在湖北干起来。1911 年武昌起义后，杨时杰被推举为鄂军都督府内务部部长，在阳夏保卫战中担任总司令部督战员。抗战中，杨时杰回到珂里湾，积极联络抗日力量，为促进抗战胜利多次挺身而出。

据说，杨时杰对“珂里湾”的解释是，“珂”来自玉珂鸣响，佩玉铿锵，有高贵之意；“里”来自“礼”，寄托谦恭礼让的希望。2019 年，珂里村以其独特的历史积淀、传统建筑、文化遗产被列入第五批中国传统村落名录。

张公堤

1905 年，杨时杰赴日留学的当年，湖广总督张之洞在汉口城堡之外，主持修筑了一条后湖大堤，武汉人称之为张公堤。这条大堤东起汉口堤角，西至舵落口，全长 20 多公里。“长堤”的修筑成就了汉口市镇，“汉口城堡”将汉口变成真正的“城”，“后湖大堤”的修筑则成就了汉口的“大”。

有学者研究，从 1888 年到 1908 年的 20 年间，汉口人口增长大约 35%，1888 年汉口的保甲册记载汉口有 26,000 多户，18 万多人，到了 1908 年则有近 5 万户,24 万多人。加上各种往来流动人口和侨民，估计鼎盛时期达到 80 万人。由此，我们可以想象 1905 年的汉口人口密度。

张之洞修筑后湖大堤一方面是因为汉口人满为患，另一方面是因为每年夏秋汛期，汉口城堡外河汉湖泊一片汪洋，水患严重制约了汉口的发展。张之洞设想：“若筑长堤以御水患，则堤内保全之地，即为商务繁盛之区。”大堤修成之后，既解除洪涝之忧，扩大的面积也便成了城市。

在修建后湖大堤之前，张之洞在武汉先后创办了自强学堂等一批学校，开办了汉阳铁厂等一批企业，长达几千里的卢汉铁路还欠着外债。1899 年他主持在武昌城外鲇鱼套至金口修筑了 50 多里的武金堤，同时开工了新河口至青山 30 多里的武青堤。1905 年又组织民工，疏浚沙湖和郭郑湖，并在南北两堤上建水闸数座，这一系列工程一直持续到 1906 年。

据《湖北通志》的记载，1880 年至 1896 年间，湖北财政每年存留地方者仅 110 万两白银，而现在汉口的这个大堤又要耗资至少 80 万两白银，对张之洞和捉襟见肘的湖北财政来说，修筑后湖大堤谈何容易，当然，自就任湖广总督以来，张之洞在武汉实施的一系列新政，哪一件又不是难事？在张之洞弟子的眼中，他要做的事没有钱也要设法去做，一边做一边筹钱，所以往往无时不在筹钱。在后湖大堤修筑的 3 年中，张之洞用赈粜米捐筹集了 30 万两白银，而同样具有开创精神和乐善好施的商人刘歆生认捐了剩下的50万两白银。工程分为十段，每段分头施工。1906 年大堤竣工，从汉口城堡到后湖大堤之间多出了十万亩土地，有人计算，这一工程把汉口扩大了 20 倍。今天解放大道与三环线之间的古田路、水厂、宝丰路、航空路、中山公园、武汉商场、新华路、球场路、西马路、赵家条、惠济路、解放公园、黄浦路等，过去都是后湖的水泽之地。

当然，后湖大堤的顺利竣工，与德国工程人员的设计不无关系。据学者对“后湖堤工案”的研究，后湖大堤参考了德国公司的设计并吸收了西方的筑堤技术。不管怎么说，张之洞以他特有的方式，以武金堤、武青堤、后湖大堤（张公堤）三条大堤“筑”出了武汉的“大”。

抗洪

在汉水与长江交汇处，也就是袁焻修筑长堤之后的汉正街码头，曾经有一个祈求江水平静、百姓平安的龙王庙。由于特殊的位置，龙王庙也是著名的防汛险段，此处大堤的挡水墙上，刻着三个数字：1954 年 8 月 18 日，武汉关水位 29.73 米；1998 年 8 月 20 日，武汉关水位 29.43 米；1931 年 8 月 19 日，武汉关水位 28.28 米。这三个标志水位的数字在城市的历史上地位特殊，每一个数字背后都是一场流域性的特大洪水。

1931 年的长江大水没有冲毁后湖大堤，这场围困武汉两个月之久的大洪水，先在汉口黄浦路附近溃口，然后从丹水池冲开 30 米的缺口，洪水从下向上倒灌整个汉口。1954 年的长江特大洪水最高水位 29.73 米，高出地面 6 米。此刻武汉的堤防，无论是汉阳的拦江堤，还是武昌的武青堤、武泰堤，汉口的张公堤、武汉关堤，都岌岌可危。当时的防汛指挥部总工程师陶述曾后来总结，这些大堤不仅地基情况复杂，大堤自身也并不健康，有的因过去修筑碉堡、坑道导致堤身遭到了破坏，有的堤下埋有排污水道，有的堤下建有厕所，有的暗藏白蚁、老鼠的洞穴，有的因为草茎、草根腐烂使得内部有空隙，等等。一旦水位达到 27 米以上，堤防就会险象不断。

从 1954 年 8 月到 10 月，30 多万一线抗洪军民与 30 多万后方保障队伍，在洪水包围之下持续奋战两个多月，终于保住了大武汉。没有地方取土，就在黄陂一座山成立采土指挥部，专门负责挖土；没有石头，就在东西湖一座山成立采石队；四面是水无法通行卡车，就在岱家山至汉口之间架起十多公里的水上浮桥。据有关部门统计，在这场抗洪中，共动用土石方 355 万立方米，麻袋 621 万条，草包 304 万个，芦席 83 万张，芦柴高粱秆 900 余万斤……1954 年 10 月 3 日，武汉关水位退至警戒线以下。

在这一年的防汛中，24 岁的王占成发现了一只翻沉的小船，从江水中成功救起 7 人。王占成的单位，石化公司的一个厂库就在丹水池，这个地方正是 1931 年洪水中长江溃口的地方。1998 年长江中下游再一次全流域洪水泛滥，第四次洪峰经过武汉时，武汉关水位达到 29.39 米。在龙王庙坚守了十多天的一群市民，为了互相打气，立下"誓与大堤共存亡"的誓言，并签上了 16 人的名字。这个场景以浮雕的形式记录在今天龙王庙的墙上。在他们签下生死牌之前，第三次洪峰经过时，就已经出现了重大险情，并且还是在丹水池。1998 年 7 月 31 日中午，丹水池江边原本口杯大小的一个口子迅速被撕开，喷出一米多高的水柱。1954 年那个救人的王占成来到了现场。68 岁的王占成意识到这是溃堤的前兆，必须堵住水下的洞口。他毫不犹豫跳入水中，找到洞口后双脚卡在洞口，与另外十几名抢险队员合作，不断把沙石、棉絮、毛毯往洞口塞，两个小时后终于堵住了洞口。

无论是 1954 年，还是 1998 年，武汉的大堤都因为人而变得更加可靠。

战"疫"

今天武汉市的北三环线由西向东从舵落口、额头湾，沿张公堤，经新墩、园博园、常青高架、姑嫂树互通、金银潭至三金潭、岱黄公路，它与从舵落口到堤角的张公堤走向基本重叠。过去，这条线是汉口的屏障，在新冠肺炎疫情防控战中，这条线也是阻击线。

从北三环线朱家河向南就是谌家矶，张公堤的终点离这里不远。抗疫中最大的方舱医院——长江新城方舱医院距这里一公里。整个方舱医院由 23 个厂房仓库改造而成，设有 3,840 张床位。建设这个方舱需要先清理转运仓库里的材料，然后安装地板、水电、电信、空调、隔离等设施。本来就道路封闭受阻，又遇雨雪降温，一个城市还到处都缺物资，可承担此项工程的中铁十一局等单位于 2 月 15 日开工，只用 6 天就完成建设。

在施工现场负责的是 1985 年出生的李永刚。2 月 3 日晚武汉市决定开建多个方舱医院，2 月 4 日他就到了抢建武汉客厅方舱医院的工地，从这天起，他就没再回家。11 日他在抢建塔子湖方舱医院，三天三夜通宵作业之后，他接到了建设长江新城方舱医院的通知。2 月 25 日他又出现在改造武汉优抚医院的现场。作为现场负责人，李永刚需要不断在各个环节之间走动，不断喊话。最多的一天，他走了将近 5 万步，他的声音是嘶哑的，但就如他的名字，每一个指令都有硬度。

从谌家矶向西，过三金潭立交，就是塔子湖体育中心，它离张公堤不到 2,000 米。塔子湖体育中心方舱医院有 1,000 个床位，2 月 12 日开始收治病人。从这里向北，穿过三环线就是金银潭医院。非典过后，武汉市为加强公共卫生体系，投资 5 亿元在张公堤北面修建了这所医院，将原处于江汉北路的武汉市传染病医院迁到这里，2016 年改名金银潭医院。在张公堤的修筑中，金潭、银潭就是著名的险段，2020 年的疫情中，这个地方同样险要。很多人已经熟悉了这所医院的院长张定宇，他 2017 年被诊断为渐冻症，但一直在一线工作。2019 年 12 月 27 日他已经知道其他医院有病人感染冠状病毒，但 30 日在对转诊过来的病人做检测时，结果却都是阴性。张定宇当即要求做肺泡灌洗后再检测，结果发现两例阳性。元旦后他安排紧急改造 ICU 病房，采购呼吸机、监护仪、输液泵、心肺复苏机等设备。当时他还担心买这么多设备万一用不了怎么办，没想到春节后收治的病人一下达到了 800 多人，所有的设备都派上了用场。在过去几十个日日夜夜中，他做过不少决策，提出肺泡灌洗是他认为最正确的，因为守住了关口。

与金银潭医院隔一条马路就是卓尔集团的标志性物业——武汉客厅。"只要城市需要，我们义不容辞。"疫情发生后，卓尔集团创始人阎志第一时间捐款 1,000 万元，并组织从国外采购回 4,000 万元的医疗物资。2 月 3 日晚武汉市启动方舱医院建设，卓尔集团员工连夜开始行动，将武汉客厅改造成 2,000 张床位的方舱医院。2 月 4 日，卓尔集团捐建的江汉方舱医院投入使用，可提供 1,000 张床位。2 月 21 日，在武汉客厅东北方向，卓尔集团搭建了可提供 2,000 张床位的汉口北方舱医院。卓尔集团还先后联合武汉市第八医院成立了卓尔长江应急医院，与汉阳医院联合成立了卓尔汉江应急医院，与黄陂区人民医院成立了卓尔盘龙城应急医院，这些应急医院的医疗物资都由卓尔集团保障供应。有媒体统计，此次抗疫中，卓尔集团捐赠了十家医院上亿元物资。

袁焻修堤保护汉正街集市时，不会想到 300 多年后这个集市要整体搬迁到汉口北，卓尔集团的汉口北国际商品交易中心正是它的承接地。一百多年前，后湖大堤修建时，张之洞眼前的堤外全是湖泽，他不会想到，堤外的金银潭会有武汉客厅、金银潭医院，也不会想到堤内会有塔子湖体育中心，大堤的终点谌家矶会有一个工业园，更不会想到这些都成了 2020 年阻击疫情的屏障。而李永刚、阎志、张定宇等，都跟历史上的袁焻、钟谦钧、杨时杰、张之洞等先贤一样，在一座城市面临重大危机时，敢于作为，举起了自己的双臂。

（作者单位：武汉市文联）

（标题书法：张助刚）

（插图：胡赞美 朱良川）

一曲满江红　半生未解缘

柳隐溪

一

小时候写作业，遇到问答题：长大了你想做什么？我的答案很多，有科学家，有舞蹈家，有医生，有将军，有演员……但写命题作文的时候，只能写一样，我写的是当作家。

但是，我很清楚地告诫自己：切不可以此为业！

所以后来，当我面临专业选择的时候，几乎是毫不犹豫地选择了外语系。毕竟殷鉴不远。我以翻译为业，养活了自己很多年，收入高出同辈数倍不止，也没有什么后顾之忧。再后来，大洲大洋天南海北一路飘荡，鬼使神差一般，最终缘定的，竟还是写作之路——哪怕收入锐减；最后盘桓难舍的地方，竟是武汉。

面对人事处长对我转行所表达的疑惑，我说：现在，我已经知道了什么是我在乎的，什么是我不在乎的。哦，他点点头表示明白了。

我以为自己会一直写故乡，写我魂牵梦萦的故楚郢都——毕竟，故楚郢都之于我，是双重的故乡；毕竟父母给我取的名字，来自《楚辞·离骚》；毕竟我出版的第一本小说的书名出自《楚辞·九歌》；出版的第一本诗词鉴赏，是楚辞鉴赏；参与的第一个国家级的社科研究项目，是"楚文化与现当代文艺创作渊源初探"……

当然我仍然不可避免地将我的笔放在了武汉：所写的都市小说中的人物，生活在武昌；第一部电视剧中的故事，发生在汉口；我在武昌的小书房起名叫作楚天阁……

但是，我一直没有说自己是武汉人——直到2020年年初。

二

2020年新冠肺炎疫情突如其来，武汉成为疫情阻击战的主战场。

很快，人们想起来了——"武汉是一座英雄的城市，武汉人民是英雄的人民。"是的，1911年武昌首义砸烂了千年桎梏，辛亥革命终结了封建专制，武汉三镇热血激荡的光辉岁月，迄今也就百年，并不遥远。

于是，天生热血爽辣、酷爱自由的武汉人民，就这样自觉自愿地待在家里。

这座曾经热血激荡、豪情绽放的城市，千万人民齐禁足，不敢想象，能撑多久？短暂的心慌之后，我们睁开眼睛，看到了江城千万人民的自我约束，看到了小区邻里的互帮互助，也看到了九州同心，携手抗疫，看到了源源不断的支援……

禁足日久，秩序井然，这让世人惊叹于她涅槃重生、复苏重启的速度。这座城市的人民，以实际行动告诉世界：武汉仍然是英雄的城市，武汉人民仍然是英雄的人民。

三

和武汉同病相怜，温州的疫情防控形势也较为严峻，而此时温州的一位作曲家朋友向我发出了创作的邀请。

对于这类题材的创作，我一直很谨慎。就像当时一位作家拒绝约稿时所说："心是乱的，写不了。"所以那时虽然有很多人提起，我却并没有打算写。

后来，网络上有很多相关的漫画、段子、小视频……常让人不禁莞尔，也挺好的。但这终究是一个很沉重的事件，尤其是在云遮雾罩的阶段，可谓各种沉重。这沉重的林林总总，来自方方面面，甚至古今中外。所以当时，我们达成了一个共识，那就是：这首歌，不能只是一个简单剧式的作品；它应该是当这个疫情过去之后，仍然具有艺术价值、仍能传唱的作品。

近来，人们常说："中国人总是被他们之中最勇敢的人保护得很好。"鲁迅先生说："我们从古以来，就有埋头苦干的人，有拼命硬干的人，有为民请命的人，有舍身求法的人，……这就是中国的脊梁。"而这一次的脊梁，来自慷慨逆行、不惜涉险，共筑护卫生命长城的医护、军警、保安、快递、社区工作者、志愿者等等。

他们与那些满口大义、自命不凡、精致利己主义者比起来，差距之大，只能用"霄壤之别"来形容。

于是，便有了感慨："顾所谓、君子离危墙，别霄壤。"

幸亏，幸亏还有千千万万华夏儿女同舟共济！于是，我打开电脑，写下了一句："幸神州共赴，与子同裳！"这个"共赴"，包含了市内外、省内外、海内外所有心系祖国并付诸行动的中华儿女。这个"共赴"，与紧急时刻匆匆逃离的那些"不立危墙"的所谓君子，形成了鲜明对比。这个"共赴"，相对于面对病毒唯恐避之不及的人们而言，算是逆行。

在许多情况尚不明朗以致人心惶惶的时候，逆行，冒着莫大的风险；逆行，也担着沉重的希望；逆行，成为这场疫情阻击战中最难能可贵的行动。正是有了千千万万难能可贵的逆行，神州大地才能迅速恢复生机。

若不记录这份难能可贵，对不起天地良心。

于是，在长久的静默之后，我答应了邀约。在词牌方面，一想到武汉三镇，长江汉水，大江奔流，风起云涌，还有什么比满江红更合适的呢？

四

这首《满江红·醒》以"浩瀚星河、垂荆楚，无常骤降"开头，以"明月照千江，莫相忘"收尾；中间以"蓦然回首，苍生已枉"表达了痛惜之情，以身为"辛亥革命·武昌首义"之地的民众荡气回肠的激情，盛赞了"辛亥血、犹激荡"，以仿佛积累了数百年、数千载的情，称颂了"幸神州共赴，与子同裳""骤雨孤城凝众志，疾风劲草结瑰望"……

这首歌由温州的池方华老师作曲，有男女声两个版本：女声版由武汉著名歌唱家马娅琴老师演唱，男声版由来自浙江台州的孔春恒老师演唱。

令我意外的是，作曲老师告诉我：孔老师半夜留言说，他在试唱的时候，唱哭了。而马娅琴老师的女声版，自愿多录制了几次；歌曲 MV 的制作者连旭辉老师则说，"每修改一次 MV，就被感动一次……擦干泪，迎接新明天。"

写这首歌的时候，正值武汉关闭离汉通道后最艰难之时。

如果不是身在其中，可能无法想象武汉人承受了怎样的煎熬。温州与武汉，袍泽情深，危难共担。真的很难，但是我们扛住了——

因为武汉仍有辛亥首义的英雄血，温州饱含改革开放先行者的一腔热血！幸神州共赴、与子同裳，是我们在寒夜的灯火，冬日的暖阳。

我们只是打了先锋，就像当年武昌首义第一枪，打出了划时代的辛亥革命。在某种程度上而言，这次战“疫”也必将产生划时代的意义。

五

我兜兜转转了半生，才缘定的行业和城市，就这样与我融在了一起。

2014 年的时候，在一个全国性的青年高级研修班上，主办方安排了这样一个环节：全体研修班成员一组一组次第起立，共同朗诵了这段名言——“为天地立心，为生民立命，为往圣继绝学，为万世开太平。”

在当时热衷于解构、消解的潮流中，这个环节曾经被一些人嘲笑。今天，在经历了新冠肺炎疫情阻击战的当下，我为自己曾经是其中的一员而欣慰。

（作者单位：湖北省艺术研究院）

（标题书法：袁伟明）

（插图：朱良川）

（篆刻：周诗福）

风雨同行

另一種生活

侯国龙

催促回老家的电话是从小年前后密集起来的。今年是我父亲的本命年，我确实应该回去一趟，让家里热闹热闹。

但姐姐和母亲总对我的答复不放心，隔两天就又会加上新的理由，对我叮嘱一番。我只好和妻子商量，让她先带两个小家伙（双胞胎儿子）回去稳定军心。

妻子专门订了汉口火车站出发的票。她是指望我上班的时候可以顺路送送他们。汉口对于她来说，简直就是一座巨大的迷宫。除了知道汉口火车站就在我们市公安局对面以外，她再也说不出第二个准确的方位来。

我和妻子都是生活圈子很小的人。每天一出门，她往左我往右，她走一小半二环线，我就走剩下的另一半。往返，再往返，就是全部的生活。

我们是“非典”那年，在返校的火车上认识的。我们刚开始交往不久，就碰上了“非典”。我当时得了“典型肺炎”，打了两个星期的吊针，才把咳嗽止住。后来，我和她的学校都封了门，她偷偷溜出来给我送了一大袋零食。那应该算得上是她送我的第一件礼物。只是还没等我冲到学校大门口，她就已经被门岗师傅轰走了。门岗师傅用消毒水喷洒了两遍才觉得放心。我接过湿漉漉的袋子打了好几个喷嚏。门岗师傅还笑我说，学校是准军事化管理，可是不准谈恋爱的。我赶紧一溜烟跑回了寝室。

尽管那份礼物沾满了消毒水的味道，但我心里还是很欢喜了一阵子。奇怪的是自从我打了那通喷嚏后，就再也没有对消毒水有不舒服的反应了。在那个春天，想找一个没有消毒水味道的地方，是很难找到的。

在我的成长经历中，像整栋楼、整条街，大面积喷洒消毒水的做法就是从“非典”开始的。消毒水的味道似乎也从未真正从我们的生活中消退，我们已经习惯了它的警示。它若隐若现的存在着，反复刺激着自由自在的我们。

送妻子去汉口站的那天早上，我特意给她指了指华南海鲜市场。她惊讶地“啊”了一声。其实，关于华南海鲜市场我并不比她知道的多。我和她一样，每天都攀爬在生活的路上，从未仔细打量过这座城市。我路过了那么多次，也只是在它被关停之后，才注意到这个地方。

因为火车站广场入口的车流量太大，我没办法送他们进站。妻子只好背着包，拖着行李箱，让两个小家伙拽着她的胳膊，急匆匆地赶车去了。

我的目光没能抵达很远。他们很快就消失在熙熙攘攘的人群中。等我找到停车位，一路小跑赶到检票口，看到的已是一片蠕动着的人海。

我望了望，有些不安地往回走去。广场上隐约飘散着消毒水的味道，我这才猛然注意到，不少人的脸上多了一副口罩。

妻子被接到姐姐家安顿了下来。我过上了“一人吃饱全家不饿”的日子。面对空下来的家，我很有些不适应，心里隐隐升起了些担心。

直到封城，我的工作群里收到了“全体停休，禁止离汉”的通知。我这才慌忙给妻子通了电话。她反复问我“那你怎么办？”。我着急的并不是能不能回家、在哪里过年。我反复回忆着那次路过海南海鲜市场，有没有开车窗。但我怎么也拼凑不出来当时的情景。

我欲言又止。我确实不知道怎么办。我不知道如何保重妻子、孩子，也不知道如何保重自己。

很快，妻子和孩子因为“武汉身份”被当成了重点关注人员。姐姐说他们是被举报的。我理解左邻右舍的担忧，虽然妻子他们回去已有 10 多天了。但“武汉”这两个字牵动的又何止是左邻右舍的神经呢。他们并不一定知道留下来的 900 万人，内心都在狂响。

外面一片冷寂。空空的路连接着另一条空空的路。生活交出了所有的繁荣景象，街上的门店都挂起了停营的牌子。

我赶在大年三十的上午，去了趟离家最近的便民小超市。超市没有像往年那样播放“恭喜发财”这首老歌，广播里反复播报着“即将放假停业”的通知。“回”字型的长队里，每个人都戴着口罩，露着陌生而又慌乱的目光。有些货架上，已经没有了东西。我跟着队伍，捡了些能存放的菜。袋子很沉，装满了恐惧。

很显然，恐慌也波及到了百里之外的姐姐家。虽然还未封城，姐姐还是让姐夫去了趟超市。视频里，两个小家伙给我比划，说姑姑家的厨房堆了好多好多东西，比他们还要高。也许是因为过了 14 天，我听到这个消息，踏实了很多。

妻子是大学英语老师，每天除了网上教学，还得想着法子，让两个小家伙老老实实地待在家里。姐姐是初中老师，网课要比妻子多上好几节。除了操心一大家子的吃喝，她还得抽空辅导正在上高中的女儿。姐夫和我是警察同行，也去了防疫一线。他偶尔会顺路带点儿菜，放在家门口，然后隔着门打声招呼就走了。

我们都只有一张这样的生活处方。我们紧张每一种接触，害怕任何形式的靠近，哪一样都需要小心翼翼。生活慌张，却又充满了机警。

我把鸡蛋一枚一枚的摆好，我吃掉了多少，就会一目了然。我心里总在倒数，也许这些鸡蛋吃完，疫情就结束了吧？我打开冰箱，清点了我的财富：一些冻瘦肉、牛肉、鸡肉，一颗花菜、大白菜，几根胡萝卜。

我会尝试把南瓜霉烂的部分小心切掉，会把几根豆角和一枚土豆设法煮成一盘菜，甚至会毫不犹豫地捡起掉在地上的水饺，扔进锅里让它继续变成我的吃食。它们，都在拼命保全我的生活。

有一次，我在某社区采访，一聊就是两个多钟头，不觉间已到了吃午饭的时间。这时，有位送盒饭的同志进来，说今天的盒饭差点儿不够了。说完这话，他才发现屋里多了个我。他突然楞了一下，然后有些迟疑地把一份盒饭递给我的采访对象。采访对象把盒饭推给我，有些尴尬地解释说，这个……今天是特殊情况，你吃吧。我忙说，我早餐吃的晚，不饿的。他又推过来，你吃吧，现在家里做饭买菜都不方便。推让之间，他不停地解释说，特殊时期，我们盒饭都是提前一天报人数供应。我忙说，不饿，真的不饿。然后赶紧起身离开。

那餐盒饭终究是没吃。后来，我再遇到别人递我盒饭，总会习惯性地再三推辞，生怕为了一份盒饭，让彼此尴尬不已。

我从未想到过，有一天，生活会被一份盒饭困住。也从未想到过我们的城市遭遇了这么大的困境。虽然，这种情况可能也只是偶发，但至少是让人难以想象的存在过。

当时网上盛传了一句令人动容的话：我的城市病了，但是我们会治好她，还是欢迎您以后再来武汉，我们一定请您吃热干面，赏樱花。

和这句温柔的话语形成鲜明对比的，是当时武汉人的境遇。

这种生活，像身处幻境，像一场无力醒来的噩梦。我家书房的落地玻璃窗正对着小区的进出口。这个小小的进出口，汇聚了社区大部分所能发生的事情。有疾驰而来的救护车、警车，有激烈的争吵，也有更多的沉寂。每天戴着红袖章的志愿者，会把邻居们团购的菜一袋袋摆好。然后，按着顺序叫号。我时常望着排队的人群发呆，心想，我站在队伍里的时候，是不是像他们一样，也曾拉起过人与人之间的隔离线？

很多天过去了，我似乎已经忘记了往日的生活模样。时间把我们折叠得越来越渺小。我给妻子抱怨说，我有很多天没有吃到叶子菜了。她是知道的，我没有淘宝、支付宝账号。我厌烦那些复杂的注册、认证程序，每点一次确定就得认同别人的规定。

妻子默不作声地帮我四处团购。她经常会把当日供应的菜单截图给我，问我鸡蛋需要吗？我说还有。她又问本地的小白菜要吗？她把“本地”二个字说的很重。是啊，春天已经来了，路旁的白玉兰盛开了，柳条也泛绿了。这片土地上的生灵又熬过了一个冬天。

每个团购群都是一个小王国，每个需求都是被生活逼退的重新选择。妻子第一次帮我团到的青菜是几把肥嫩肥嫩的菠菜。我便打趣说她是暗送秋波。妻子没好气地纠正道：这是越冬的菠菜，更甜！

我不敢浪费她的一片好意。一连几天，我尝试了很多做菠菜的法子。比如，菠菜粉丝、菠菜蛋汤、凉拌菠菜，确实让我甜了个够。

我忽然想，这何尝不是一种生活呢？其实，这种生活一直隐形存在着。它会时刻警醒着我们，考验着我们。正是因为它的艰辛，才更需要我们去接受、去懂得并克服它，然后再创造新的生活；也正因为如此，才值得我们去争取、去期待、去珍惜未来的生活。

（标题书法：葛振亮）

（作者单位：武汉市公安局）

这座生我養我的城市

郑 建

此时仍未感动的人
应该把嘴封好
这样，才能感觉到疼
“不计报酬，不论生死”
“你去照顾病人吧，如果我想你了
我会给你发短信，但你不用回复我！”
十指连心，让我拿起笔又放下
病区里有穿白衣的人

主动被隔离的城市
街道清冷，商区关闭
重症监护室里
所有人戴着口罩，但眼睛里
闪烁着对未来的憧憬
哪怕树木不再是树木，
病毒在空气中猖狂
但长江水依旧清澈、静静流淌
白衣天使护卫的城市
很多人都赞美过，如今
这座生我养我的城市
只是病了
一切都会过去
那些好的坏的
丑的或美的
但青山绿水，钢城如画
这座城市依旧美丽得让人禁不住想去对她倾诉
那些被呵护，被细心照顾的
都会在将来开出一朵朵鲜艳的花
我终于可以这样写：
“我生活在这里
成长在这里
我在这里悲伤过
喜悦过
这座城市生我养我
我
哪儿都不去！”

（作者单位：武钢集团有限公司）
（标题书法：周桂南）
（插图：朱良川）

在汉口当“守门员”

尔 容

今天是二十四节气中的谷雨，雨生百谷，花开百福。阳光穿透一场夜雨后的乌云，一切都似水洗过的清暖澄明。鸟儿振羽浅唱。树上结了数十个纽扣似的青果，洁白的花儿尽情舒展，清芬流溢。蜜蜂殷勤的飞吻后，繁花去留有数，落英遣散，米粒大的果实守候着值得期许的秋天。狭窄的阳台，由于自然和合，在 68 天无人照管中饮光吸露，倔强成长，像渐趋复苏的武汉，点点滴滴有了昂扬向上的未来。农谚有云：清明断雪，谷雨断霜。之后庚子再无寒，人间芳菲尽向暖。

与这天时相应和的是 4 月 18 日，湖北省新冠肺炎疫情防控指挥部宣布，截至 4 月 17 日 24 时，武汉市城区整体降为低风险。这个消息对于硚口区具有历史性的转折意义。4 月 11 日我首次执岗守卡时的硚口区，还是武汉市唯一的中风险区，也就是说硚口区还有健康码没转为绿码的病人。好在社区姜副书记告诉我，硚口区园博北社区曾有 15 例感染确诊病人，他们的健康码现都已转为绿码。

4 月 11 日，周六。5 时 50 分，起床，比预定的闹钟早一小时。

梳洗完毕，做早餐，烧开水，将手提袋里装一瓶开水、一把伞、一包卫生抽纸、一瓶 75% 酒精消毒免洗洗手液，还有感冒滴丸和阿奇霉素分散片，自认为“有恃无恐”，便上路了。车行一小时，抵达位于汉口的武汉硚口区长丰街园博北社区。

只见“零新增不等于零风险”“打开城门不等于打开家门”“珍惜来之不易，切莫放松警惕”几行大小字赫然显示在人流穿行的道口。一面锤头加镰刀的党旗与蓝色隔板合体，牢牢地坚守进出要道，雨打风吹，岿然不动，一眼望去，十分提神鼓劲。这就是我的战斗岗位。进出三股道，两股为行车道，一股为人行和非机动车道。

我穿高领毛衣，外套带绒冲锋衣，再穿一次性雨衣，依然寒气袭骨，于是不得不换上无纺布白色防护服。好在有风无雨。一条笔直的雪莲路贯穿南北两个社区。如果天寒地冻，这路口必有典型的穿堂风穿行，此地久站，极易受寒。我只有不停地走动，时不时学蚂蚱蹦跳几下，阴冷到午后才完全缓解。

当时，武汉市各小区采取的是“四必须”管理措施，即身份必问、信息必录、体温必测、口罩必戴，而这些措施主要依靠守卡人执行到位。我们的职责是外防输入，内防反弹，守住进出社区的唯一通道，监督行人扫码后凭健康绿码通行，做到“四必须”。

园博北社区居住着 1 至 16 栋 2,023 户 5,058 个居民，是一个开放式社区。放眼望去，都是赤红的 13 层楼房。华生园博汽配商业街像一条桥梁贯通南北。我们值守的路卡是在这条占据整条雪莲路的商业街与城华路交会处，临时用隔板搭建的路卡。省作协对接北社区，省社科联对接南社区。南北社区临城华路主街鳞次栉比的，是功能齐全的商业门店，酒店、理发店、按摩店、地产中介店、诊所药店等，不一而足。

密集的居民群，长期共享开放式自给自足的生活环境，如果没有强有力的社区管理，疫情防控必然更为艰巨。这里人员出入量超大，几乎每一秒都有人进出。

这里早晚更是出入高峰，买菜、买早点者络绎不绝。社区姜副书记告诉我，社区团购依然存在，但是更多的居民更愿意到小区外的菜市购买。那些绿叶菜也确实新鲜，因为菜市与郊区接壤，菜来得便捷且便宜。莴笋一根 1 元钱，一斤小龙虾中等个头的 12 元、大个的 28 元。我有时会劝那些在外吃早点的人，能不能就在家做了吃呢？他们说，不行啊，要换口味啊！

常见男女老少穿一身睡衣，趿拖鞋，晃悠晃悠就出来了。有的边走边吃，你得提醒他，人群里不要摘下口罩；有的人把口罩挂在鼻子以下，你得提醒他把鼻子蒙好；有的虽然戴着口罩，却能看见脸和鼻子，你得提醒他把鼻子那里捏一捏；有的人会举着在别处扫过后呈现的绿码想蒙混过关，你得告诉他要重新扫码，否则记录里还显示你在原来的地方；有的老人不会用智能手机，或者只有老年手机，你得告诉他们去社区开具健康出入证明，社区与我们的口径是当日有效；有的年长者不习惯进出扫码，或者不会操作，你得一步步指导他填写、提交，直到显示健康绿码；有的说："我就出去一哈，扫个什么码？"我们要告诉他："扫码的目的是记录行动轨迹，一旦有疫情，可以立即把你找到，这是一条疫情追踪链，如果一个节骨眼断掉，其实受损害的还是你自己。"社区规定快递一律不许进入小区，所以卡口处也是各种快递聚集蹲守地。人流聚集，在卡口处形成一个巨大的涡漩。

我们的午饭是由硚口区长丰街道办事处统一提供的盒饭，小组指定建新开车去指定地点领取，两荤两素，偶尔还会有一碗海带骨头汤。虽然叶菜往往被盖子压黄了，但对于半天没喝一口水、正冒烟的喉咙来说，这青菜还是最易入喉的。

我们的餐桌五花八门。队长晓晖主席选的是"胡胖子"街檐。狭长的窗台，刚好搁稳一个塑料菜盘。他搬一个红塑料凳在屋檐下坐下，便背靠人来人往的街道，低头专注地吃起来。

"胡胖子"是卡口旁的一家大型酒店。贴在玻璃窗上的剪纸大字"我爱你中国"特别触动我，让我想到武汉人那颗怦然发烫的中国心。一个胖厨师捧碗跷大拇指的大头贴，像一枚徽章镶嵌在二楼窗格，估计那便是胡胖子的招牌形象。而那把至今没有打开的U形锁一直寂寞地看守着大门。透过落地玻璃窗可以见到整齐码放的酒和饮料，那是这座城很多人猝不及防摁下的暂停键。每看一眼，都会为武汉餐饮业受到的重挫暗自揪心。我们叹息说，"胡胖子"成"胡瘦子"了。

这门口也是送外卖集中交接的地方，所以常常听外卖员联系订货方说：他现在在"胡胖子"这里。我们就笑起来说：他们天天给"胡胖子"做广告，这"胡胖子"将来要付广告费才好呢。

我吃午饭的餐桌是车"屁股"。凳子上大多贴了扫码图，那就站着吃助消化。常有路过者看一眼，或曰：蛮造业的。我暗笑他们到底是理解支持我们的。或有人打趣说：生活还可以吧？我回答：可以，蛮好。他们又笑曰：能饱肚子。

同事建新说，他眼睛老花，看不清测温枪上的字，说还是女的测体温好，不担心女的向他们头部"开枪"。男的就不行了，搞不好，他们会反手打一巴掌过来。这"枪杆子"便历史性地落入我手里。其实，我也是首先在其手腕部测温，实在测不出，才指向头部，也会温馨提示：给您测体温。

常有人主动把头伸到我面前说：来，打一"枪"！有一位40多岁的男子测了手腕体温不满足，又先后指着自己的额头、太阳穴和脖子，说：都测一下！结果几处都显示不同的体温。有个过路人说：你最辛苦！我惊诧问：为什么？他说：我总看你举着个"枪"站在这里。总之，年轻人都已养成自觉扫码通行、伸手腕或者挺额头测体温的习惯。现在想来，这人群里流动着多少值得珍惜的信任和善意啊！

每天在我眼前走过的人都一如往常。他们脸上写着坦然、从容、快乐、淡定，仿佛那场谈虎色变的疫情从来都不曾来过。他们或着睡衣趿拖鞋到市场，在人群中穿梭；或端一碗热干面，一边扫码一边任你向他头部"开枪"；也有因一时太过拥挤，彼此挡了道而火气上涌骂架的，我们立即解劝制止，大家也就马上云淡风轻，调头散去。

有时听人在电话里这样大声描述她所在的位置：白衣服、红衣服都在的这个地方。白衣服指的正是省作协"下沉"工作队，红衣服指的是长丰街道办事处的志愿者工作队。

第一天值守，整整9小时，屁股挨板凳不超过5分钟，喝过一次水，上过两次厕所。我对同事笑说：没想到有一天我会在汉口当"守门员”。守门员一定要看好门，防好临门一脚，否则对不起红袖章上“志愿者”那三个字，对不起这一身外省支援的防护服。

说起红袖章，有个小故事。那是 4 月 11 日上午，我随清和主席到硚口长丰街园博北社区办公室报到交接。我是省作协第二批抗疫工作队两个小组的联络员。清和主席问社区王书记还有没有红袖章，最好给我们新换的 8 名工作队员一人发一个，这样便于工作，将来也是个纪念。“纪念”撞入耳鼓，让我特别震动。是啊，疫情防控取得重大战略成果，我虽然只是在“余浪”里参与泅渡，但我们一定会记住那最艰难的 76 天，也一定会反思我们自己在这段艰难岁月里的所作所为。无疑，到前线去，到社区去，到人民最需要的地方去，是省直机关党员干部应有的操守。

可王书记很干脆地回答，袖章没了，再无下文。此时，社区办公室的一位男性志愿者凑过来说：“把我这个给她吧。”边说边将红袖章从胳膊上脱下，递给清和主席。清和主席郑重地将红袖章交给了我。我低头一看，那袖章色泽还很鲜亮，只是有两道很深的戴过的褶子。袖章上面端庄地写着两行字：“长丰街防疫志愿者”，是黄色的黑体字。这“志愿者”三字，让我霎时热血沸腾，心底涌起一股满足和踏实。

我确乎是在单位招募工作队员时，主动自愿报名的。对于我深情眷恋的武汉，在她艰难无助的时刻，我无意中告别了她，陪伴在乡下父母身边。很多次，我苦于没有交通工具，不能更早返回武汉。本来我还有两个私家专车亲友答应届时捎带我返汉，但是他们安排的日程都在武汉解除离汉通道管控措施，即 4 月 8 日左右。可我等不了那么久，我对武汉的思念迫不及待。这么多年，武汉在我心中就像我痴心不改的爱人。一个女人注定是要跟随爱人共担风雨的。于是在武汉动车启封当日——3 月 28 日，我就抢了一张高价位动车票。不料单位办公室告知没办通行证，即使回到武汉也进不了小区。通行证从申请到指挥部审批下达，要两至三天。我不得不马上退票，又抢了 4 月 3 日抵汉的火车票。过了两天，又告知通行证取消了，凭健康绿码即可通行。我于是加钱抢了更早回汉的票，很幸运，总算抢到 3 月 31 日 16 时 52 分从枝江北出发，19 时 17 分抵达武汉站的动车票，再次将 4 月 3 日的动车票退掉。

对于我提前返汉，母亲起初是反对的，而且语音哽咽。后来，在电视里看到全国大量返工消息，她也就慢慢释然。她为我专程到镇上购回一次性雨衣、口罩和手套。3 月 31 日，我“全副武装”回到大病初愈的武汉身边。夜色寒凉，当一眼见到“武汉”二字，顿时喉咙哽咽，说不出话来。我想，我终于回来了，希望从此给你增添一份力量吧。所以，当单位招募志愿者的时候，我如愿以偿报了名。

下午在卡口遇到一对从深圳返回的夫妻。阿姨开心地说：在深圳待了 100 天，冬装去春装回。阿姨说着，身上的红上衣闪着玫红的光泽。我问她：这衣服是新买的吧？她笑嘻嘻回答：是的是的，哪想得到呢？她和街坊热情地打招呼，脸上满是终于回家的喜悦。也有一位小伙子，拖着行李箱，背着电脑包，穿着棉袄，满头大汗笑着说：终于回来了。

我想，虽然我们每天只在这里站 9 小时，但无论这样的日子还要持续多久，这片土地都有了我们站过的体温，都有了彼此难以抹去的记忆。或许在这漫天的春光里，就滋生了一些温暖的种子，以后无论身逢何处，定有夏日绿荫般的交叠回眸吧！

（作者单位：湖北省作家协会）

（插图：蒋勇）

送你一座不孤城

匡芳

一

跌宕起伏的2020年已经接近尾声，这一年，你的关键词是什么？哪里是你最想抵达的目的地？如果你的关键词是“温暖”，那你可以在初冬时节奔向温暖的海南，拥抱阳光与沙滩；如果你的关键词是“刺激”，你可以奔赴冰天雪地的黑龙江，肆意感受冰爽与刺激；如果你的关键词是“感恩”，那么无论如何，在今年一定要来一次武汉，来看一看这个承载了人们太多关切与好奇的英雄城市。

2020年注定成为所有武汉人刻骨铭心的一年。一场突如其来的疫情，让武汉成为揪动着全国人民心绪的城市。武汉关闭了离汉通道，公共交通停运，市民居家隔离，医务人员全力以赴救治病患。生死阻击战，生命救治战，疫情阻隔战，社区全面封控，拉网式大排查，千万人口核酸检测，物资保障战，发展突围战，2020年的武汉，硬仗一场接一场。回首疫情防控期间的日子，武汉人用担当与豪迈投入战斗，也让心像燕尾般掠过城市上空，大家一起度过76天的笑中带泪的时光，共同在这一段惊涛骇浪的时光里等待，为每个逆行而来的背影感动，为每条战“疫”信息与视频而流泪，一起将凯旋的日子守望；我们将1,800多个小时，在风雨里逆行的浓重色彩与含泪凝望，化成感恩的种子，播种在阳台花钵里，与冬天一起攒劲，与春光一起萌芽……

然而，谁也没想到疫情未过，洪水又雪上加霜。但再肆虐的洪水也终被团结一心的武汉人民所抵挡。武汉人用自己的实际行动，展现了中国力量、中国精神，彰显了中华民族同舟共济、守望相助的家国情怀。在那些艰难时刻，在所有城市都在为“热干面”加油的时候，武汉人的心中充溢着感动与感恩。身为武汉人，确实应该感谢那些明明捉襟见肘，却要倾其所有来援助我们的人们，谢谢你们拼着命来守护，谢谢你们没有放弃武汉……

而今，武汉作为抗疫主战场，已是阴霾散去，城市已经复苏，生活回归正轨，疫情防控进入常态。一度按下暂停键的武汉，又重回昔日的热闹和繁华。重新好起来了的武汉，经历灾难后的武汉变得更加坚强，当然，更加值得你再来走一遭。

二

武汉是一座英雄的城市，武汉人民是英雄的人民。确实，纵观历史，武汉，从来就像一个英雄一样冲在最前面。1911年10月10日，武昌起义，打响了辛亥革命第一枪，敢拼敢做的武汉人，带头推翻了中国几千年的封建帝制。在新文化运动、国内北伐战争和抗战初期，武汉都曾成为革命中心。如今的武汉依然是全省的政治、文化中心，如今在汉高等院校近百所，在校大学生和研究生总数居世界第一，文人傲骨传承至今。从近代开始，汉口码头就名震一时。明清以来，汉口商业繁荣，既聚集各路商帮，又中转各色货物，地盘之争自然少不了豪杰英雄，敢打敢拼，让当时的武汉码头帮威震南北，后来汉口不但成为长江中游最大的市镇，亦成为全国四大名镇之一。特别是1861年汉口开埠，南来北往商货云集，“千樯万舶之所归，货宝奇珍之所聚，洵为九州名镇。”民国时期，英国曾经将汉口称为“中国的曼彻斯特”，美国亦将汉口称为“中国的芝加哥”。这都是武汉人拼出来的一片繁荣。

1938年抗战中，提出了“保卫大武汉”的口号。“保卫武汉，保卫全国”，在这样的口号下，全国上下共同抗敌，武汉迅速形成了前所未有的抗日救亡的高潮。后几经战火洗礼和政治风云变迁，武汉的码头文化沉淀出了积极进取、敢打敢拼的武汉精神，这样的精神支撑着武汉渡过了一次又一次的艰难时刻。保卫大武汉，在战乱之后的岁月里，依然会被提起——1998年特大洪水抗洪抢险的总动员就是在武汉发出，那时我还小，只能在后来的影像资料里窥见当时的惊心动魄。全民上堤防汛，军民一心，众志成城。八方之力汇集于此，最终取得长江抗洪的胜利。2016年，严重的暴雨和洪水再次导致武汉大水围城，多处溃堤，上万人转移，学校停课，火车站多处出口临时封闭，长江隧道封闭，三环线江岸段封闭，多个地铁站点被雨水倒灌……“大武汉”仍旧屹立不倒！

武汉有着悠久的人文历史，自古有多少英雄豪杰为它添上一笔笔的妙彩。想当年，楚人筚路蓝缕，以启山林，建立了几乎跟周天子分庭抗礼的强大楚国；孙权在武汉蛇山修筑“夏口城”，并在城中立一座瞭望塔——黄鹤楼，成为李白、白居易、王维、苏轼等文人墨客口中的百景之魁。黄鹤楼及武汉城市成为中国文化版图中不可或缺的一块，在这里我们见到孙权坐断东南、岳飞兴师伐金、李苏吟诗挥墨、太平军挥师北上、新军首义开枪……家喻户晓的谭鑫培、熊秉坤、董必武、李四光等都是武汉孕育出的铁铮铮的傲骨。

三

有人说，认识一座城就像认识一个人，一定要找到一个非常适合的角度、一个最好的距离，这是一种哲学理解的方式。

曾经，很多人对武汉的认识仅止于池莉笔下那些带点世俗气息的芸芸众生琐碎的闲散生活，但当他（她）真正融入这片土地上的生活，提起武汉，有感怀也有热爱，那是一种从心底蔓延开来的复杂感觉。

武汉是一座典型的山水园林城市。上百座大小山峦遍布三镇，近两百个湖泊散落其间，水域面积占到全市面积的四分之一，居全国大城市之首。唐代诗人李白的一句“黄鹤楼中吹玉笛，江城五月落梅花”，使这座中国腹地的特大中心城市自古有着“江城”的美誉。

在武汉待久了，便觉得“春风十里路，卷上珠帘总不如”。它让高远的人九天揽月，让恬淡的人安身立命，让安静的人找到静谧之所，让热闹的人获得俗世之乐，让作家愿意为它写文作序，让商贾感叹它的融通便达。

据说，在中国只有两个城市曾被用“大”字来冠名，一个是上海，另一个就是武汉。武汉确实大，打开城市地图，三镇隔江相望的城市格局造就的那种雄伟气魄跃然于纸上。茫茫长江纵贯市区串联起武汉三镇，滔滔汉水又把汉口、汉阳分割得泾渭分明，它气势磅礴地雄踞于江汉平原之上，让人叹为观止。

得天独厚的中心地理位置加上长江、汉江交汇于此，使得这座城市从古至今在中华历史进程中都扮演着重要的角色：古时叫码头，而后叫港口，现在叫物流枢纽。若将首都比作祖国的大脑，那武汉无疑就是祖国的心脏。

物流带来的繁荣是喧嚣的，再加上水域面积广和地处盆地，烈日蒸出的水汽无法溢出，就形成了“火炉”气候。

武汉跟许多大城市一样，高楼林立，车流不息，人头攒动；武汉又跟别的大城市不太一样，不像北京那样宏伟整齐，也不像上海那样精致洋气。武汉给我的感觉就像一个很有亲和力很有风韵的妇人，令你抵抗不了她那别具风味的美丽。

长江北岸的汉口，现代都市气息浓厚，商业繁盛；南岸的武昌秀丽沉静，隐约流露着20世纪初的城市风情，而远处的东湖影影绰绰，犹如一抹淡淡的水墨山水画，这是武汉最让人称道的城市况味。

漫步在江边，微风拂面，嗅着桂花的浓香，那是南方独有的舒适的秋季。行走在武汉街头，一种平民与时尚、现代与怀旧交织的感觉悄悄袭上我的心头，不经意间就会窥见原汁原味的武汉人的生活和城市风貌。

四

作为生于斯长于斯的武汉人，每每漫步街头小巷，就如同走进了一座上下千年的历史博物馆，绚丽多姿、气象万千的风景名胜尽收眼底，鳞次栉比的现代摩天高楼与原汁原味的旧公馆、老里份、南洋大楼、民众乐园、塔楼、总商会等和谐共处，久远深厚的历史底蕴和蓬勃发展的现代气息相得益彰，作为武汉人，自豪骄傲之感会油然而生。

从小到大，凭借“家门口”的便利条件，我曾凭吊古琴台、登黄鹤楼发思古之幽情；探寻盘龙城遗址；上晴川阁、行吟阁与放鹰台；观抱冰堂与陈友谅墓；走中山大道，游民国建筑群，尽览汉口锦绣，重温它过去的辉煌与绚丽。说真的，我没有游者的朝觐之感，作为武汉本地人，从小所闻所见，感同身受的只有荆楚文明传承的历史脉搏，探索的是武汉作为历史文化名城的发展轨迹。

武汉古老的历史可以追溯到遥远的“青铜时代”。 作为一座历史文化名城，城市历史可以追溯到3,500年前的商代黄陂盘龙城。3,500年的文明传承，具有划时代意义的“武昌首义”等许多近现代重大历史事件的发生，使武汉的历史文化积淀深厚，古代遗迹和近代史迹众多，散发出独特的城市魅力。

俗话说，一方水土养一方人。走到武汉街头，只要仔细观察，就会发现，武汉人的眼睛，有着南方人特有的顾盼生辉的灵气，灵动的目光里透着执着和刚毅。武汉人的性格大都热情外放，有韧性不服周，在他们的血液里，流淌着楚人骨子里的聪明、直爽和义气。曾敢开新政，敢推翻千年封建帝制，而今武汉人百战归来，如同湖北省博物馆的馆藏之宝——越王勾践剑一般光芒逼人。

武汉是九省通衢之地，武汉的上空更是充满了艺术的灵光。有人说，要想了解一个地方人文精神的深层状态，想真切地体验一下这个地方人们心灵深处最隐藏的真实情感，最好的方式就是亲自去听一听那些土生土长的戏曲剧种。都说戏曲就是一个城市的文化符号。武汉的戏曲有着浓郁的地方特色，楚剧之优美，汉剧之沧桑，天沔花鼓戏的高亢，丰富多彩的艺术形式，无不显示着武汉人对生活的饱满热情和灵性之美。

历史建筑是城市的年轮、文脉和记忆，是一座城市的“根”，是城市最具内涵和魅力的独特风景。曾有哲人说过一句“建筑是凝固的音乐”。武汉人把他们的才华和哲思、热情和奔放，同样也凝固在了它那宏大无比的建筑上。

武汉有着1800多年的建城史，自古乃兵家、商家必争之地。明清时期，汉口就享有天下“四大名镇”之首的美誉。汉口开埠前，武汉民居多为传统木结构，青瓦铺顶，外缘砌护砖墙，内分三开间，中为厅堂，两边为厢房，山墙多作封火墙。通常临街而建，前店后宅。在汉水边为防水患，还曾建有大片的吊脚楼。1861年汉口开埠以后，先后有20个国家在汉设立总领事馆、领事馆或代办领事机构。租界设立后，汉口涌现了一批罗马式、哥特式、俄国式和日本式的建筑。20世纪20年代前后，华界仿租界西式建筑在租界外围又兴建了一批石库门式的新式里弄住宅。

武汉以其深厚的文化底蕴闻名于世，并拥有众多的优秀历史建筑和建筑群。现存优秀历史建筑，主要由1861年汉口开埠至20世纪50年代这一时期的金融、外交、民居、工商业等历史老建筑组成，它融西方建筑的古典浪漫主义和民族建筑的含蓄典雅于一体，是武汉市历史文化资源中不可多得的艺术瑰宝。

据统计，从1993年至2016年，武汉市已先后公布了10批共245处优秀历史建筑。

循着历史长河的遗迹，追寻先人曾经留下的伟大文明，一代又一代的精明能干的武汉人，用自己的智慧在烟波浩渺的历史长河中实现着他们大气磅礴的梦想。武汉的历史太浓厚太沉重，武汉的大手笔太丰富太博大，走着逛着，随便列举一个地方，其亮眼夺目的光辉几乎能照亮整个江城。行走在武汉的街头巷尾，稍不留神，就有可能被荆楚风光和特色所浸染……

五

2020年，武汉这座屈原留诗、岳飞屯兵、辛亥首义的城市，3个月左右就取得武汉保卫战的决定性成果，成为中国抗疫斗争的精神坐标。历劫归来，武汉的发展依旧日新月异，如同滚滚的江水一般从未止步，这也是武汉人心底最大的骄傲，最大的自豪。

武汉是一座复苏的城市，复苏的是人心，复苏的是经济，复苏的更是历久弥新的城市面貌。

2020年国庆，我带着久未归乡的堂姐游览武汉，和她一起，再次领略武汉宜古宜今的城市风情。

“紧走慢走，一天走不出汉口。东玩西玩，玩不够民众乐园。”老武汉的口头禅，印证了一些老理儿——汉口很好玩，武汉宜闲逛。我们带着丰沛的好奇心，在那几日，一起打卡武汉三镇的标志性景点，走街串巷，吃喝玩乐逛，于古今游走间发现武汉，读懂武汉，领略老武汉的风情万种。

地标是城市的品位与性格，记载过往，最终成为一个城市难以消失的记忆。行走在大武汉的优秀老地标间，它们镌刻着这座英雄之城的历史，保留着那些珍贵的精神文明遗迹。张之洞与武汉博物馆、古琴台、“汉阳造”艺术区、武汉天地、汉口江滩、知音号、江汉路、黎黄陂路街头博物馆、江汉关博物馆、黄鹤楼、木兰草原、花博汇、昙华林、武汉大学与珞珈山、光谷……在堂姐的连声赞叹声中，我对我们的城市又有了新的认知和观感。

确实，武汉这些年的变化太大，两江四岸的武汉三镇如春笋般拔地而起的高楼大厦、纵横交错的桥梁道路、郁郁葱葱的绿地丛林，大武汉建设进程中的壮丽图景都让我们心潮澎湃不已，看城际铁路穿梭过，高端地铁任往来。紫燕穿云过，祥云迎旭日，人人都有希望，遍地都是生机。

当第一缕晨光穿过薄雾，整个城市还未苏醒，万物都笼罩在朦胧迷幻的氛围中。从城市的上空俯瞰，汉口西北湖、范湖一带，仿佛到处都弥漫着好闻的青草的湿润气息，让人心旷神怡。一抹朝霞冉冉升腾，一座大厦拔地而起，这就是今天武汉发展建设的最好写照。

今日武汉，城市节奏如常，对疫情既认真对待，精准防控；又从容不迫，不伤全局。在辽阔的苍穹下，武汉这座历史文化名城就如同璀璨的明珠一般熠熠生辉，它的美是一种呼唤，呼唤当代武汉人用自己的智慧和情怀继续为城市的发展添砖加瓦。

六

武汉是中国中部的中心城市，地处华夏之“中”，坐拥“天元”之位，承东启西，接南转北，九省通衢，这样的地理位置注定了武汉吞吐山河的大气磅礴，也注定了生活在这片土地上的武汉人天生豪爽，知名作家、学者易中天说：“这是一座可以绝地反击并且坚持到底的英雄城市。”

武汉是一座有历史、有文化、有血性的城市，当然它也有不可匹敌的柔性，登黄鹤楼，极目楚天，滚滚长江尽收眼底；萦绕东湖，湖光山色，体验云梦泽之美……

一方水土养一方人，长江穿城而过，千百年来滋养了无数江城儿女，也造就了武汉人骨子里的江水情怀。每当我想要好好打量这座城市的时候，总少不了把长江纳入视线。

站在江边，总会生出江水穿越古今奔向新时代的畅想，在这里，有长江主轴贯穿的城市景观，有南岸嘴之龟山与大别山余脉呼应，有汉正街现代中央服务区与江汉关历史风貌区相望，更有武昌滨江文化商务区打造的“长江主轴”江南最美的景观。

登高瞭望，绿树成荫，历史遗迹与现代建筑交相映衬，共同构成了毓秀江城的旖旎风光。江流天地之外，湖光与山色辉映，天光云影与城市建筑在如画风景里俯仰生姿，带着人的情怀慢慢滋生出其独有的韵味。

走进武汉著名的百年商业老街——江汉路步行街，能透过某座百货商场的高层玻璃窗看到画中的景象。清末和民国时期的租界建筑、红砖瓦顶的老房子，这是历经沧桑的老城；时尚摩登的参天大厦、架着吊车尚未完工的超高层建筑，这是正在崛起的新城。

“晴川历历汉阳树，芳草萋萋鹦鹉洲”，在这里，可以看到传统与现代都市生活的衔接。“两江四堤八林带，火树银花不夜天”，夜幕降临，华灯初上，江边林立的高楼依次被点亮，绚烂的灯光映照着波光粼粼的江水，俯瞰之下，格外繁华壮美。灯光映照下，大陆坊沿街建筑、中孚里沿街建筑、大陆银行旧址、国货银行汉口分行旧址等等，被罩上柔和的光影，年代感十足。

雨后初晴，站在武昌的江滩远眺汉口、汉阳，目送江水缓缓向东流去。隔岸有数不尽的繁华，在漫天彩霞的映衬下，气势壮阔而恢宏。珞珈山位于烟波浩渺的武汉东湖之滨，巍峨横亘，山峦连绵，植被丰茂，葱郁苍翠，鸟语花香。历史悠久的武汉大学，就隐逸在这山丘密林之中。优美的自然景观与浓郁的人文风采，融为一体，交相辉映，相得益彰。

驻足东西湖府河大堤，可以看到各种各样的候鸟飞到此处越冬。那白鹤展翅，众鸟齐飞，水天一色的景象，画面何其美哉。徒步木兰草原，恣游花博汇，在深入武汉郊野、细嗅大地味道的田园牧歌式乡村游里，更可发现武汉云蒸霞蔚、大气磅礴、意境高远的山水世界。

当武汉再次启动九省通衢的能量，这座充满生机与活力的城市，迎着时代的朝阳，迎来新的灿烂与辉煌。在建设国家中心城市的宏大背景下，城市的建设者们正加紧步伐，在壮美城市的蓝图上，谱写着复兴大武汉的交响曲，让老有所养，幼有所学，壮有所为，城内时时闻欢笑，街道处处有花香。

七

有些故事，我激情记录；有些故事，铭心刻骨在心底，需要时间的消化才能记取。

当江汉关的钟声，悠悠扬扬，启动武汉地标；轰隆隆隆的高铁，沸腾银河轨道；大鹏展翅，万里翱翔在蓝天上空；游龙鱼贯的车辆，重启勃勃生机；嘀嘀的电动车，给快递小哥插上双翅，打通城市“血脉”，联通万户；家家户户的门儿敞开，嗓子亮了，啪嗒啪嗒的脚步，踢踏踢踏地窜出高楼大厦，在汗珠里耕耘着金灿灿的收获。

如今，高楼林立间，上班族们端着热干面边吃边赶路；长江大桥下，交谊舞爱好者伴随着歌声翩翩起舞；东湖凌波门，游泳健将纵身一跃跳进湖中畅游；汉阳江滩，傍晚吹着江风散步的人越来越多；吉庆街户部巷，欢笑声与烟火气依旧交织……

来路艰辛已踏过，前路虽长但可期。武汉是一座永远蒸腾着希望和梦想、永远热情向上、永不孤独的城市，也是一座值得人们来看一看、走一走的城市。从汉口开埠，到武昌起义，到国民政府，再到我党早期领导人的革命活动，一系列重大事件都和武汉这座城市结下了不解之缘，而这一切——如果你感兴趣的话，尽可以走遍武汉的大街小巷去探寻、去发现。

抚今追昔，昔日那个万商云集、世人朝拜的经济文化圣地——武汉，历经劫难却雄心不改，当疫情的阴霾渐渐消散，武汉因便利的交通枢纽和悠久历史文化的积淀，一定会再续辉煌。“武汉是一座英雄的城市，武汉人民是英雄的人民。”正如这句话一样，跨越冬与春、经历死与生的武汉和武汉人民正斗罢艰险再出发。

曾经，我们一起呐喊：加油，武汉！

今天，如果你来到这里，一定会满怀深情地再道一声：你好，武汉！

（作者单位：武汉经济技术开发区沌阳医院）

（标题书法：杨锦川）

大"菊"為重 英雄之城

邓运华

爱菊，从小时候已经开始。

记忆中秋高气爽的时节，一群孩子奔跑在田埂上，嬉戏打闹后放眼远望，只见原野上一片空旷旷的，万物好像躲藏起来。然而俯视脚下的土地，一朵朵小黄菊映入眼帘。它们在秋风中摇摆着娇小的身子，嫩嫩黄黄的看上去有些柔弱，却都有着向日葵般的笑脸。它们从来都不分贵贱，有的是东一朵西一朵稀稀落落，有的是约在一起密得抱成了团。田间地头有了菊花，仿佛大地上降临了精灵，深秋也就有了勃勃生机。

知道了那是野菊，因此对所有的菊留意起来。也曾独自跑到别人家的房前院后，或者在菜园子的篱笆边下，一次次探望那些相继冒出的菊花。它们依旧是以黄色为多，也有紫色、粉色甚至集多色于一身，花骨朵比野菊大了许多。看着它们怒放的身姿，就觉得秋天不那么萧条了，有着菊花的附近，我经常闻到一阵一阵的芬芳。

后来，看到很多古人对菊花的咏叹，比如杜甫的"寒花开已尽，菊蕊独盈枝"，白居易的"耐寒唯有东篱菊，金粟初开晓更清"，元稹的"不是花中偏爱菊，此花开尽更无花"……读过了这些，再看霜冻过后风采依旧的菊花，我感受到它们身上傲然向上的高尚情操，也感受到它们勇立潮头的英雄本色。

接到这次赏菊的邀请，已是农历的九月底，地点是在汉口江滩。关于菊展，我似乎从来没有专门看过，但也感觉并不陌生。江滩当然有多次去过，这个武汉地标性景点的滩外，有着很多百年沧桑的洋式建筑，近江的滩内承载着我许多记忆。且不提第一次瞻仰防汛纪念碑时，不由自主发出"人定胜天"的感慨，单说我读中专时往返于汉口和武昌，几乎每次都要与粤汉码头亲密接触，乘坐一艘满载乘员的轮渡驶向对岸，在一次次青春年少的意气风发中，站在船头欣赏一江两岸的盛景。然而那时的长江滩头，除了防洪林与码头等设施，基本上是一片荒芜。2001年长江滩头被纳入景观改造，次年国庆节汉口江滩正式开放，展现在人们眼前的是芳草萋萋和卵石小径，是树木成荫和绿道长廊，是音乐喷泉和戏水梯台，是兼具休闲娱乐和防洪功能的江滩公园。随后，武昌、青山、硚口江滩的相继建成，武汉江滩的体量越来越大，功能越来越丰富，也越来越擦亮了武汉旅游的名片。

这次刚刚走进汉口江滩，就觉得有什么在前面等我，却又约好似的默不作声。加快脚步过去，我差点惊叫起来，只见大理石路两边全是丛丛簇簇的菊花，每一朵都肩并着肩头挨着头，仿佛两排整整齐齐的迎宾队伍。再往前走，写有"武汉江滩"的立柱下，高高低低的菊花站成了多个层次，上面是缀着菊花的方板，中间是菊花环绕的竖塔，下面是菊花簇拥的圆环。花坛旁空地上也满是各种颜色的菊花，黄的好像耀眼的金甲，红的好像破云的朝霞，白的好像初降的霜雪，绿的好像翡翠的荧光，一块块、一条条、一道道的颜色分明，摆成了一幅幅精美的图案。

发出赞叹的不止我一个。一群穿着模特服的姑娘刚到，放下物品就跑到菊花旁，这个惊叫"这是'霞光四射'呢"，那个笑说"这个叫作'紫云仙子'哦"。她们甚至找到了"河东狮吼"，一个个在菊花前合影留念，摆出各种好看的姿态。音乐响了起来，她们开始走T台步，优雅的步伐，动人的微笑，让人怀疑她们就是菊花仙子，从哪朵参展的菊花上羽化而来。

这只是菊展的开篇。沿着踏步往下走，菊花也排成梯状与我伴行。

来到临江的长走廊边，眼前一个巨大花篮，上面全是金黄色的菊花，数量足有上千朵吧，密密麻麻却绝不杂乱，而是一圈一圈有序环绕，在阳光下闪闪发光仿佛鎏金。红色的菊花也不示弱，集结成了一座小山丘，大红大艳如同一团燃烧的火焰。紫色的更喜欢高瞻远瞩，沿着网状立柱攀缘而上，把自己装扮得仿佛雕龙刻凤的华表。多种颜色的菊花摆出了更多造型，或者是憨态可掬的“菊鹿”，或者是手挽着手的“菊人”，或者是翩翩起舞的“蝴蝶”，或者是展翅欲飞的“黄鹤”，孩子们一到这里就移不开脚步，笑声不时飘荡在空中。面对此情此景，不少摄影发烧友手持“长枪短炮”，快门声咔嚓咔嚓响个不停，有的还带着三脚架发起了直播，把这片花山花海分享给了更多的人。

沿着展区中间的环形走廊，我跟随前面的游人边走边看，时而停下脚步拍几张照，时而在花丛面前细细端详。抬头再往二桥方向看时，菊花一眼看不到边，游人也看不到边。我转身向一桥方向信步走去，看到一对银发夫妻相互搀扶，女儿忙前忙后为他们拍照。听他们是外地口音，我上前一打听，女儿以前在武昌上学，疫情发生后他们对武汉十分牵挂，所以他们大老远地过来，就是要感受一下这座英雄城市。他们游玩了黄鹤楼、汉街、东湖等景点，又在美丽的江滩欣赏多姿多彩的菊展，心里说不出有多么高兴。

我陪着他们边走边聊，来到“同心抗疫，共筑家园”的主题展区，不知不觉都停下了脚步。这里的菊展依然色彩丰富，造型也很别致，展区左右还有两座很高的黄色菊塔，但我们都在注意菊花后面宣传展板上的文字：“新冠肺炎疫情突袭武汉！2020 年 1 月 21 日，武汉市汉口医院成为全市首批收治新冠肺炎患者定点医院之一，且是其中唯一一家综合性医院。医院举全院之力救治每一名患者，全院 800 余名医务人员挺身而出、舍生忘死、无怨无悔，一夜之间改造一栋楼，2 小时内整体搬迁两个病区，5 小时内完成在院患者转运、发热门诊整体搬迁、筹建 10 个发热诊室等工作，以最快速度将一所综合性医院转换成传染病救治医院，在长达 70 余天的抗疫斗争中，全院共完成发热门诊 1.5 万次……”

文字无声，观者无声。在这些千娇百媚的菊花面前，所有人都肃立不语。我的思绪回到疫情防控最严峻的时期，伴随党中央的一声令下，人民子弟兵千里飞驰武汉，紧接着全国医务人员八方驰援，社会各界及海外华人踊跃捐赠，所有中国人凝聚成令人难以置信的一股力量；而在留守大武汉的 900 万市民中，没有哪一个人置自己于疫情之外，所有人用血肉之躯为全人类的抗疫战役而坚守阵地，以汉口医院为代表的医务工作者更是向险而行，在与时间赛跑中阻击疫情，在与死神争夺中抢救生命……

文字无声，读者有情。我旁边的两位老人眼里已经泛起了泪花，他们的视线落在展板左下角，那是汉口医院王争艳专家团和王争艳志愿服务队成员的宣誓书：“疫情就是命令，战斗已经打响！我们特向院党委宣誓，我们全体专家团成员和志愿者将充分发挥先进典型引领作用，始终站在抗击肺炎疫情的最前线，做冲锋陷阵的排头兵和尖刀连……”宣誓书的最后，是几十个笔迹不同的署名，每个名字上都按着一枚鲜红的指印，在一大丛黄色菊花的映衬下，密密麻麻的指印好像一支支蜡烛，所有的蜡烛都在腾腾燃烧，连成了照亮前路、驱走黑夜的火炬。

与宣誓书相邻，是一群医务人员的出征仪式。他们头戴手术帽，身穿白大褂，领头一位的鬓角露出了缕缕银丝。在他们面前，红、紫、黄等各色菊花丛中，点缀着几朵白色的菊花——它们多像出征战士的乌丝与银发，共同扮美了江城的天空！

展板右下角，九名医务人员被防护服裹得严严实实，每个人的装束一模一样，只是在防护服上写了陆家韬、夏晶、韦英、胡苗等名字。犹如菊花一样，他们本来无意争芳，只因为工作需要而在身上署名，每个名字后面的“加油”二字，又何尝不像菊花的傲立风霜呢？看着这些白衣卫士齐齐举起的右手，我看到了他们内心坚定的信念，也看到了他们内心强大的力量。

忽然，一个稚嫩的声音传来：“大——菊——为——重——”转头看去，展区左边一对祖孙，正指着插在花丛中的纸板，一个个读上面的字。爷爷纠正说，是“大菊为重”，重于泰山的“重”。孙子却仰着脸说，是“大菊为重”，重新开始的“重”！听着他们的辩论，我瞬间对“重”字有了全新的领悟，觉得他们两个都很正确：爷爷所说的“大菊为重”，指的是900万武汉人民不顾个人安危，自始至终都以大局为重，在共克时艰和同心抗疫的战斗中交出了闪亮答卷，大武汉因而破茧化蝶重获新生；孙子所说的“大菊为重”，意思是包括江滩在内，今年菊展遍及全市各地20个展区，有大红脱桂、紫琅白莲、沽水红荷、盘龙碧玉、绿牡丹、麦浪等1,000多个品种和100多万盆菊花，还有花艺制作、“菊颂”诗会、书画剪纸、古筝古琴等现场表演，如此规模的菊花联展，如此祥和的江城景象，显示着武汉人民重启生活、重整旗鼓的昂扬精神，这里用重新开始的“重”字不也恰如其分吗？

正当我陷入沉思，一群人走了过来。领头戴眼镜的手拿扩音器，介绍完展区基本情况后，组织大家合影留念。听说这群人是抗疫先进者，分别来自二七街道、汉口医院和联合社区，我对他们油然而生一股敬意。他们先是排好队形，再褪下戴着的口罩。摄影师快门响起，我看到他们有年逾花甲的长者，有风华正茂的青年。虽然我不认识他们中间的任何一个，但我觉得每张面孔是那么熟悉——他们每个都是陆家韬，是夏晶、韦英和胡苗，是一个个展现中国力量和中国精神的英雄。

就在这时，一阵美妙的音乐传来。向前走几步，有一所木房子，一群中老年朋友在那里演奏葫芦丝《幸福的日子》。欣赏着这欢快喜庆的旋律，徜徉在这菊香醉人的江滩，我从没像现在这样如此强烈地感受到百姓安康和社会祥和。我不知不觉转过身子，面朝着滔滔不绝的长江，深深地鞠上了一躬——我要向这座英雄的城市，向这城市的英雄人民，致以我内心最为崇高的敬意！

（作者单位：武汉市黄陂区前川街农业服务中心）

（标题书法：虞立新）

（插图：胡赞美）

（篆刻：魏晓伟）

加油武汉

爱乐之城

董菁

2020上半年，因为疫情，我没有回家。我在北方想念着家乡和父母。在这个七月，我终于回家了。整个城市又恢复了生机。只是人们出行，多了一张口罩，好像那只是一顶帽子、一枚胸花、一颗脸上的生动的朱砂痣。生命是坚韧的。在冬天，可以坚信夏天会有一天到来。当城市复活，那曾经的忍耐和磨难也就成了人生的一抹回忆。是的，这座城市是伴随着音乐的。到武汉的当天晚上，意大利著名作曲家莫里康内去世了。在地铁上，在公交车上，我听音乐。那是莫里康内为电影《美国往事》谱写的配乐。还有任贤齐的《依靠》。还有马頔的歌，他的专辑《孤岛》，他发行在2014年的专辑。他的独白响起在地铁2号线的车厢里，在海边。耳机里，海浪在翻涌。整个地铁像是一艘潜艇。每个人都茫然而坚定地驶向大海的最深处，谁都不知道自己会在什么时候死去，或是遭遇折磨。在此刻，明亮的车厢里，是武汉的地铁，不是北京的地铁。我有了一种和家人在一起的温暖。人们都戴着口罩，只露出两只眼睛，用眼睛来交流。这比冗长的交谈更为会心。莫里康内、久石让、坂本龙一、唐朝、窦唯、五条人，《龙猫》《颐和园》《玻璃之城》，这些音乐都在一座城市里响起。不论是小县城还是大都市，不论是南方还是北方，不论是在家还是在异乡，没有人会拒绝独自一人时在地铁里聆听音乐。这是一种浪漫。你可以和那些“狼群”共舞。那些烦恼、孤独、不安，都是“狼群”，但是你可以和它们成为朋友。一只狼默默地注视着你，它咬死了一只野鸡送给你。你们是陌生的，你们从来没有交谈，但是你们是朋友。这是孤独的美丽。音乐就是电影《与狼共舞》里的那片西部荒野，还有那些夜晚的篝火，你和一只狼对视时的美好。所以，在这座城市里，到处都是音乐。就连太阳，似乎也会发出“嘶嘶嘶”的声音，如果你耐心地听。那些朴实的街道上的“嗡嗡嗡”的市声和车流声，也是好听的。你的内心格外安静，就像在妈妈的怀抱里看月亮。整个世界都在唱摇篮曲。每个城市都是一座“爱乐之城”。那些音乐，是生命的坚韧和流淌。

回到武汉的当天晚上，全世界都知道了一个消息，著名作曲家、电影配乐大师莫里康内去世了。晚上10点，我循环了很多遍他为电影《美国往事》谱写的音乐*Deborah's Theme*。写了一段话，发在朋友圈。“一座城市永远不会老去。但是它的革新依然是悲怆的。关于我们的爱和成长是它的年轮。刻在我们的笑靥和传奇里。就像你今天在91岁去世了。然而，我想，你就是那个19岁的少年。电影和音乐，就是那个少年。”这天，在分别半年之后，我回家了。我又见到了我的父亲母亲。父亲去机场接我。这天下午，本来下着大雨的武汉天晴了。我喝了一碗久违的母亲做的萝卜排骨汤，还吃了母亲做的我喜欢吃的最普通的小炒——干子青椒肉丝。武汉很闷热。

晚上，我和父亲去附近的菱角湖散步。湖上有栈道，总是会看见一些戴着口罩的市民三三两两散步，或者小跑。楼房的灯光倒映在湖水里，是黄色的、白色的、橘红的。父亲说他刚买了一个华为手机，方便拍照。我们就在一起，一边走一边用手机拍照片。他拍走路的我。那天，我穿着一件白色无袖短衣，一条橘红色的长裤。我总是不知道自己的样子。或许一辈子，我都不知道在别人的眼里，我真实的模样。镜子和照片，就像面对我的父母和孩子，互相拉扯，互相牵挂。在那里，都有真实的我。然而在大部分时间里，我得独自面对这个世界。

然后，就遭遇了大雨。清晨，街道上一片凉爽。我去买早餐，几乎两年没有吃过的武汉早点——牛肉米粉。热干面热量太大，吃了中午不想吃饭，我连着两天，早餐吃牛肉米粉。第三天，我点了糊汤米粉配糯米包油条。过了几天，和父亲去了早点一条街。那天，我们步行。回来的路上，父亲带我穿过一条小巷。最真实鲜活的武汉市井生活久违了。武汉人的直爽。一条长长的摆满新鲜菜品的小巷。五颜六色的挂满服装的小小的裁缝店。兜售洁白清香的玉兰花的老妇人。父亲看到路边一个老人卖大小不一的剪刀，一排排摆在那里，从大到小。他买了两把。他说，用来修剪胡子和脚指甲。

我喜欢夏天的大雨。我喜欢享受，长长的暧昧的柔情的梅雨季。夜里，开着冷气，床头点着小灯，雨水啪嗒啪嗒地滴落在窗外的树叶上，这是一种问候。总会有一个人来拜访你，记得你。这就是雨水。这是一种温暖的感觉，就像握着爱人的手睡去。而此刻，父亲就在我的身边。他在写作。白天的大部分时间里，我们聊天。我们重访了汉口江滩和老屋。精明而坚韧的武汉人，不害怕上涨的江水。那些在炎热里守着江滩大堤的人们对我们说，不用担心，没问题。而我在汉口的那些百年老街弄里行走，看到的是另一种武汉人的坚韧。他们生活在这些老旧的房子里，洋溢着一种知命的洒脱和坦然，没有人抱怨。再旧再小的房子里，人们也认认真真地吃饭、消遣。我们都说着亲切干脆的武汉话，在这座城市里，武汉人就好像一家人。

有一个晚上，父亲带我去汉口西北湖的花园道。那是一个迷你的文创社区。夜里，时髦的女孩子们打扮精致，出没在这里。大群的年轻人在西餐厅外露天聚会。精品服装店里没有人，只有冷气和销售小姐得体的矜持。父亲也打扮时尚，酒红色的棉T恤，明黄色的短裤，白色跑鞋。我们选择了一家热闹的酒吧，入座，购买酒水，聊天，拍照。因为夜里9点，就会开始有乐队驻唱，我喜欢酒吧里有歌手表演，喜欢揣测他们的命运，他们有着怎样的故事，他们如何平衡自我和台下黑暗里的那些眼睛。我想发现他们所戴的那个面具，有着怎样的厚度。是的，那个女歌手和男歌手的面具还蛮厚的。我几乎不期待看到这些酒吧歌手会有真情流露的时刻。他们的妆容、服装、寒暄、演唱方式，像大型超市货架上的批量罐头。如果不被生活磨炼成这样，他们就混不开，无法谋生。聪明的人只是在必要的场合装一装，更多的时候，他们会保持一份自我。但是在这个世界上，大多数人都被那些成人世界的游戏规则洗脑了。长大之后，他们下意识地与其他人保持行动一致，让这个世界变得千篇一律。在酒吧里响起的这些歌声，还是艺术吗？

现在的西北湖，对于我和父亲，对于文艺青年们，又增添了一份牵挂。那就是这里新开了一家名叫“德芭与彩虹”的书店。多年前，“德芭与彩虹”书店还在武汉天地。在很多个午后，我曾经和好友约在这里见面，吃饭，然后去看一眼书店。我们坐在沙发上，将那些画册摊开放在双腿上，窗外，夏天的雷雨天将这座城市弄得湿漉漉的。书店里静悄悄的，那是一种文艺的、高档的静谧。我偶尔会买一两本书，其实是为了纪念这份邂逅。但是后来，书店停业了。因为书店创办人的个人变故，以及高额的租金。今年6月，朋友告诉我，新的“德芭与彩虹”书店又将营业了。这次回家，父亲带我去书店看看。书店开在一面湖水之上，地方不大，一大面墙上，摆放着关于自然和动植物方面的书籍；面临湖水的那一边，是长桌和椅子。那个夜晚，有4个年轻人坐在那里，有的聊天，有的戴着耳机用电脑编辑音频。我自然是有些失望的。为什么店主只是售卖自然科普这类的书籍呢？在这座城市，又有多少人喜好研究这类专业？如果生意不好，它会再次关闭吗？

汉口的江汉路，早就是一片生机勃勃。佳丽广场、万达、新世界百货、步行街、Happy站台。在傍晚，我和父亲来到这里，去横店影视城看电影《第一次的离别》。新佳丽广场的一楼，精致的小店子五彩斑斓，让我想起了电影《千与千寻》里热闹的浴场。街头，汇集了武汉的年轻人。在这里，流动的永远是正当年轻的人们。一拨又一拨的前浪追逐上来。这里，永远上演着人类的繁衍和历史的较量，似乎人类的坚韧略占上风。江汉路变了很多。我的前半生见证了这座城市的变迁。城市不像人，是会越来越年轻貌美的。我已经不知道，以前的江汉路新华书店、外籍书店、四季美汤包馆、吉庆街、人行天桥消失之后，它们都去了哪里？会不会也遭遇若干次轮回，在此刻，一个适当的时候，又有了生命，化作了如今武汉漂亮发达的地铁交通和时尚的城市规划？我进入武汉的地铁里，江汉路2号线。此刻，我的耳机里又响起了莫里康内的配乐。这是我最喜欢的电影配乐之一。电影《美国往事》，是导演赛尔乔·莱昂内写给美国20世纪20年代到60年代黑帮史的情书。他是意大利人。我想，这也是他以电影的方式向他的祖国、他的家乡、他的童年时代、那些珍贵的生命之光致敬。每一个人，都会因为他拥有一段难忘的往事而骄傲。那或许是童年往事，或者是一段悲怆的暗恋，或者是一段黑暗的忧郁。然而，那些往事都会结束，会成为一部分甜美的记忆，会成为一部电影，会成为一段美丽的电影配乐。你的家乡，这座城市，如今也有了漂亮的地铁，我看见那么多的年轻人，美丽的女孩和挺拔的男孩，我们都为自己的这座城市骄傲。此刻，我们戴着口罩，在这段精致的车厢里相遇，就像《美国往事》里的“面条”和黛博拉相遇，然后分离。就像有一天，你会与这个世界告别，就像莱昂内和莫里康内一样。你的生命，就是那些跌宕起伏的配乐，在这个世界上留下痕迹。于是，总有一个人，会想起你，会反复聆听那些配乐，站在那些崭新的城市地铁里。

（作者系专栏作家、影评人）

（标题书法：周军）

（插图：段银枝）

家有幽蘭

秦和元

春节期间，我家阳台上的兰花发芽了。这淡黄的小精灵，陪伴着我们度过一个特别的新春佳节。全家人都没出门，每天看着它慢慢长，慢慢长，想着：兰花开花了，春天也就来了。可是，它的芽儿一直长到五六厘米高，花苞也越来越饱胀，却就是迟迟不见开花。这可爱的小精灵，究竟在等待什么呢？

这天早上，一觉醒来，房间里忽然弥漫着清幽的馨香，我知道，这是兰花开了！我翻身起床，“唰”地拉开窗帘，灿烂的春光一下子涌进来，阳光打在花叶之上。兰花微微张开着，浅黄，娇嫩，却又蓬蓬勃勃的样子，让人一见就心生欢喜。我想，这就是生命的力量吧，经过一冬的积蓄，它终于在这个灿烂的清晨绽放了。

前年，在随州千年银杏谷赏玩秋色时，遇人在满地金黄的路边售卖兰花。那刚从山里挖来的幽兰，水灵之中透出一种野性的朴实秀美，叫人一见倾心。但是我没有买，我要自己去寻。

于是，与朋友往山里走。深秋，山中疏疏朗朗，我不禁想起“霜落熊升树，林空鹿饮溪”的诗句。地上积满栎树、栗树、樱树、枫树、柿树及其他杂树的落叶，厚厚的一层，色彩斑斓，踩在上面，发出“沙沙”的响声。一树树的红柿子，像挂的一盏盏小灯笼，照着前进的路。我们溯溪而上，手脚并用，爬坡，攀岩，探险，跨越泉溪……

“芝兰生于深林，不以无人而不芳。”在一处幽谷的老树下，终于发现两片青草，从枯叶中探出头来。我心里暗喜：肯定是兰花。我轻轻地、慢慢地扒开树叶，兰花渐渐地显现出来，独茂于壑谷。我忍不住大声喊道：我找到啦！我仔细地将兰花挖出来，连同腐殖土一起，用塑料袋装好，带回了家。

兰花叶片深绿，扁平修长，有暗淡的脉纹。它不争艳，不媚俗，素洁、典雅、清远，不畏严寒，不惧霜雪。它既有仙风道骨的气质，又具有清芳自足的品质。

首次寻兰即能遇兰，朋友们都说我与兰有缘。其实，我是有一颗对兰花虔诚敬畏的心。

回家后，我以同样的心情，对兰花精心栽培。选一个透气性良好的紫砂盆，将红土砖碎渣混合颗粒泥炭，作为栽培的基质垫底，连同从大洪山带回来的腐殖土，把野生兰花妥妥地栽入盆中，定期给它松土、施肥、浇水，精心呵护而不溺爱，倍加怜惜而不娇惯。

兰花的株形端庄秀丽，花香清幽纯正，朱德同志说“唯有兰花香正好”——正气也；兰花有气质，文雅内敛，修为高雅，和悦谦恭，洁身自爱——雅气也。董必武同志诗云“竹自具五好，兰有其四清”：气清，色清，神清，韵清——清气也；兰花富有致静的境界，静不失虑，静不失态，沉稳练达——静气也。幽兰这“四气”在人们的生活中非常重要。养兰就是养气。

现在，这馥郁的清香，蕴涵着淡雅的诗意，叫人迷恋，令人沉醉。

在这众志成城抗疫情的特殊时期，在这场没有硝烟的战“疫”中，像我这样的耳顺之躯，以及许许多多的普通民众，既当不了志愿者，又参加不了突击队。那么，不出门，不添乱，对自己负责，对他人负责，就是为这场战“疫”防控出力，就是为社会作贡献，哪怕是节约一只口罩。

而在家安居的日子里，幽兰是我的好朋友，也给了我最多的心灵慰藉。

兰花生幽谷，教我耐得住寂寞。这段日子，兰花是我身边最鲜活的事物，每一次俯下身来仔细观赏，它都会帮我置换心境，让我把自己想象成空山中的另一种幽兰——长在幽谷人未知，独有风韵静自开，它让我在焦躁不安时，忽然变得气定神闲。

兰花不择地势，不畏风雪地顽强生长，教我不怕困苦，不惧磨难，坚韧刚强。我所住的不远处就是金银潭医院，主要收治重危患者。我知道自己离疫情现场很近，但每天坚持早睡早起，在有限的空间内，读书、写作、锻炼身体。白天，我与兰花同呼吸；夜晚，我与兰花共剪影。此心安处是吾乡。

兰花所有的特质和秉性，所有的情操和精神，无不鼓舞着我，激励着我，熏陶着我，给我以战胜疫情的勇气和力量，给我迎来春光的意志和信心。

虽然疫情防控形势依然严峻，但是，兰花开了，明媚的春天来了！

（作者单位：武汉市将军路中学）

（标题书法：黄德琳）

（插图：胡赞美）

母亲的家国情怀

朱世坤

母亲今年77岁，独居在武汉黄陂乡下。她的族亲都在千里之外的上海，一年四季难得见上一面。爱热闹的母亲，盼望在武汉工作的我们常回家看看。

离今年春节还有些日子，母亲就忙开了，精心置办了好多年货，就等着我们回家过年。我们答应母亲，单位一放假，就带着孩子们回老家陪母亲过年。

腊月三十上午，正当我们兴冲冲准备回老家时，才知道武汉已经关闭离汉通道了，通往黄陂的道路已经全部封闭。当我把这一消息告诉母亲时，母亲深感不解和失望。

在全民禁足的日子，打电话和母亲保持“热线”联系，成了我每天的“必修课”。在我的解释下，母亲慢慢理解了政府的“封控”措施，并在电话里对我说：“今年不回家过年，是为了以后年年能回家过年。”我问母亲这句话是谁说的，她说村支书天天这样讲，墙上也挂着这样的标语。我对母亲说，这话讲得有道理，我也附和母亲道：“现在不回家，是为了以后能够常回家。”母亲说：“那就听政府的号召，大门不出二门不迈，老老实实在家待着。”

疫情发生初期，一些乡亲对病毒的严重性、危害性认识不足，还像往常一样串门拉家常，三五成群聚在一起谈天说地。母亲看在眼里急在心里，利用村支书挨家挨户上门测体温的机会，她提醒村支书：“这样不行，要好好管下。”之后，村里很快出台了“疫情防控期间不准串门、不准聚众、不准下棋打牌”等规定，村干部挨家挨户宣传，村民们也自觉遵守执行，再也没有发生聚众扎堆的事情。

疫情刚发生时，除了村干部外，母亲是乡亲们中较早戴口罩的村民，为此，还和乡亲们产生了“隔阂”。晚饭后约上左邻右舍散步，是母亲多年形成的习惯——乡亲们边走边谈，上到国家政策，下到十里八村的逸闻趣事，国事、家事、农事，什么事都谈，这是母亲一天最快乐的时光。见母亲戴着口罩散步，有的乡亲认为母亲“特殊”，还有的在背后说风凉话，为此，母亲暂停了散步的习惯。

母亲人缘好，常有乡亲们来家里串门拉家常。疫情防控期间，母亲不好拒绝乡亲们，就以“要做家务”“要去地里摘菜”等理由婉言谢绝乡亲们。时间一长，有的乡亲有了想法，母亲打电话向我“诉苦”，我安慰母亲，说母亲做得对，这是为了你好我好大家都好，用不了多久，乡亲们会理解的。

我也把在网络上看到的抗疫宣传标语讲给母亲听：“今天到处串门，明天肺炎上门”“东家走西家串，害人害己不划算”“疫情当前不添乱，待在家里莫乱转”……母亲听到这些朗朗上口的标语，一再要我说慢点，她要拿笔记下来，讲给乡亲们听。

我和儿子下沉社区当志愿者的事，因为怕母亲担心就一直没有告诉她。3月下旬的一天，正在社区忙碌的我，突然接到母亲的电话，母亲问我在干什么，我一时不知道说什么好，就说在家里做家务，母亲说：“电话里这么嘈杂，不像在家里。”她还说我和儿子在社区当志愿者的事情上了《湖北日报》，垮里人在手机里看到并告诉了她，埋怨我不该瞒着她。

我见瞒不住母亲，只好如实相告。母亲对我说：“那么多解放军，还有好多医生护士来武汉救人，你们更要出力呀！我支持你们到社区当志愿者。”最后，她再三叮嘱我们要保护好自己，说要我保持当兵人的好作风，为居民买菜买药、送米送油放勤快点！

我参加工作30多年来，无论是在部队还是在地方，母亲都一直严格要求我不能搞特权，也从未要求我为老家或亲戚朋友办什么事情。而今年却例外，竟破天荒要我想方设法给村里争取一点口罩、消毒液什么的，并再三嘱咐我：“人命关天呀，一定要想办法啊！”接到母亲的电话，我急忙与爱心企业联系，为村里争取到了口罩、消毒液等防疫物资。不久母亲来电话，说乡亲们都戴上了口罩，塆里隔三岔五就有专人四处消毒。

母亲是个闲不住的人，一辈子劳动惯了，年纪大了也停不下来，她开荒种了好多菜，一年四季都有新鲜蔬菜吃。疫情防控期间，她常把大把大把的蔬菜送到需要的人家，或者干脆让人家到她地里随便摘。

前几天，母亲又来电话，说她又种了茄子、辣椒、黄瓜等好多蔬菜，还种了大片的花生。我劝母亲不要种那么多蔬菜和庄稼，种一点自己够吃就行了。母亲却对我说：“家中有粮，心里不慌。多种点蔬菜和庄稼好，这样心里才踏实，能睡个安稳觉。”

百花盛开的时节，人间芳菲的春日，好消息一个个接踵而来，从电话中听出，母亲的心情也是一天比一天好。母亲告诉我，田间地头到处是忙碌的人群；塆里前天有一批人去附近工地上工了，今天又有一批人到外地打工去了；明天街上要开集了，以后买东西就方便了……

春暖花已开，江城在复苏，那熟悉而又分外亲切的烟火气正缓缓而归，我们期待着早一天在武汉与母亲相见，除了陪母亲去看看解放公园和汉口江滩，还要带她去逛逛黄鹤楼，再到户部巷美美地吃上碗热干面，喝碗蛋酒，在热腾腾的蒸气里，重启火辣辣的生活，回到从前的模样。

（作者单位：湖北省地方金融监督管理局）

（插图：蒋勇）

请把所有的赞美送给他们吧

高 池

冰雨夹着雪
枯枝挂着风
阴霾依然没有散去
很多天我们看到的
总是我们最不想看到的
浑浊的天空

他们来了
他们在回家过年途中折返
他们在危难关头逆行
他们在一家团圆时刻的分别
他们在亲人最需要时刻的离去
怎么不让我们感动

是他们的到来
让我们这座城市
陡然安静
变得安静的
还有 1,000 多万份的不安
和惶恐

没有硝烟
没有炮声隆隆
不见刀枪

不见红
他们走进这座城市
就是走向战场就是发起冲锋

剪去一头秀发
套上厚重防护服
隔离在隔离室里
在病人的呼吸里能听到自己心脏的跳动
一动不动地与死神赛跑
有一种速度叫显微镜下的追踪

吃盒饭
饮矿泉水
夜宿帐篷
万家灯火除夕夜
他们只能遥寄一片思亲乡愁
给没有星月的夜空

谁没有儿女
谁不是儿女
当做儿女的泪别父母
当做父母的吻别孩童
这份情这份爱
眼泪读不懂的是比长江的深比泰山的重

谁有多余的生命
他们是用生命去守望生命
江城宝贵的安静啊
我们读懂的是他们的从容

武汉加油
武汉在加油
武汉挺住
武汉一定能挺住
因为有他们站在我们之中
我们感到力量无穷
有阳光就没有驱散不去的阴霾
我们已经听到春天脚步的匆匆
胜利一定属于我们
时间肯定会给予我们这份光荣
我们想在胜利到来之前
为他们请功
请把所有的赞美都送给他们吧
白衣都是这座城市的天使
穿军装的和不穿军装的都是我们心中的英雄
请把所有的赞美都送给他们吧
他们是新时代最可爱的人
他们是大武汉的最感动

（作者单位：中共武汉市蔡甸区委宣传部）

（标题书法：柳鉴祥）

（插图：朱良川）

赠别

——给诗人弱水吟，她曾随甘肃医疗队驰援武汉

余笑忠

这是终于可以在人前以泪洗面的时刻
庆幸同行者全部归队
这是一座城变得越来越小的时刻
在飞机的舷窗外，退缩为一个点
而太多的不舍将一一还原
冷清的街道、拥挤的医院
你隔着乳胶手套攥紧的
失亲者的手，天色微明中
你看到的窗台上的一束花
你从不曾将消毒液对着它喷洒
因为相信它来自一小块净土

在一首诗里，我们曾相拥而泣
病毒的传播何其迅疾
抽丝剥茧，让病体一点点康复何其艰辛
一切悲苦不会终结于医院
人力不能胜任的，要用仁心扩大他的疆土
这是终于忍不住热泪盈眶的时刻
谢谢你，谢谢你们
——远道而来的亲人
原谅我们甚至不能目送
唯有对着蓝天双手合十
而回望百花深处，有你们含泪的笑容

（作者单位：湖北人民广播电台）

静待

刘怀远

开启这样的生活模式
忽略日出和日落
无关懒惰和荒颓
宅于斗室就是一种庄严的责任

此刻的窗外
白衣天使正在擒魔驱毒
而我们，唯有静待
唯有隔离唯有保持安静
才能确保胜利曙光的早日到来

希望生长于静待的时光里
祝福生长于静待的时光里
健康生长于静待的时光里
平安生长于静待的时光里

静待的时光适合胡思乱想
我想天，想地，想你
我知道，此刻你也在家中静待
大家一起
让往昔喧嚣的大街变得冷清和空旷

孤寂中，我的静待长成了一株鸢尾花
待到春暖花开，她就会拍打着翅膀
拍打出掌声般的声音飞在洁净的天空
我们都是放风筝的人

（作者单位：武汉远景化工保温工程有限公司）

（标题书法：高文琪）

（篆刻：张传斌）

海晏河清 朗朗乾坤

2020年武汉的春天

喻建设

这个春天
我想到布达拉宫感受震撼
我想到三亚嬉戏海浪
我想到呼仑贝尔草原纵马奔驰
我想拥抱泰山的朝阳
我想到阿尔卑斯山看星罗棋布的童话小屋
我想看非洲野生动物大迁徙的奔腾雄壮
我想飞到天上
访问云的故乡
我想挥手我的城市
走向诗和远方

可我不能
我是一棵不可移动的树
必须和我的城市一道生长
我是我的城市巨轮上的一名船员
必须挺直腰杆、迎风斗浪
在风雨之后的彩虹中
一路高歌、扬帆远航

这个春天
城市的飞鸟已经停止了鸣唱
繁华的江汉路、光谷步行街成了穷乡僻壤
超市、商场、公园、游乐场门可罗雀
武汉大道、长江隧道空空荡荡
市民摇着扁舟
停泊在家的海港
城市的春天像羞答答的玫瑰
静静地、落寞地开放

这个春天
运输救急物品的车辆
没有红灯阻挡
坐满医务人员的银鹰
准时降落在机场
戴着红袖章的逆行者
及时出现在城市需要的岗位上
城市的春天
正挥动利剑
斩断病毒的猖狂
城市的春天
正负重前行

展示斗志昂扬
城市的春天
正挥毫泼墨
抒写可歌可泣的诗行

这个春天
东湖依旧碧波荡漾
武大樱花依然绽放
黄鹤楼依旧雄姿巍峨
龟山电视塔依然笑傲穹苍
长江、汉水两岸
依旧是万家灯火、霓虹闪亮
白云黄鹤的故乡
是无边的温情和无限的刚强

这个春天
请不要对我的城市流露失望
用不了多久
我的城市会还你夏天的月色荷塘
还你秋天的菊花飘香
还你冬天的红梅傲霜
还你来年一个杨柳依依、鸟语花香的春光
还你欢乐谷欢乐的海洋

那时
你就会豁然开朗
我的城市
就是诗和远方

（作者单位：武汉市洪山区文化和旅游局）
（标题书法：林幼槐）
（篆刻：程迟生）

传递善良

围城不孤

宅家有爱

吴 艺

1

几百元一箱的澳洲车厘子
每天大把大把地塞进口里
十元一枚的新西兰金果
不知不觉只剩空盒
即便是过年，又何曾有过这样的奢侈啊
原本是为母亲准备的礼品
十几分钟的路程，却不能送到跟前
面对“新冠”病毒的种种传言
八旬的老妈一再电话叮嘱
“不许来拜年！来了也不开门！
我这啥都有！都各自在自家过年！”
这么多平日舍不得尝鲜的水果啊
一边在唇齿间留下香甜
一边沉淀在心底，成为对亲人的思念

2

“妈，今天终于抢到了防护专用口罩！”
孩子下班一进门就兴奋大声喊道。
“昨天不是买了 50 只医用口罩吗？”
“去超市人多的地方必须戴今天这种！
您这老同志啊必须要重点防护！”
“妈，尝尝我这番茄牛腩煲做得咋样？”
“要看《只有芸知道》么，我给您投屏。”
平常有些不着调的大小伙儿
居然也能安心窝在家里下厨做菜
为我推介和下载电影
这生死关头的贴心陪伴
让宅家的日子变得格外温馨

3

“你还好吗？家人都没事吧？”
“尽管你身体好，也别恃强出去瞎转。”
“听说这病毒传染迅猛，千万注意防护安全。”
公交停运了，地铁停运了
湖南，海南，广东，山东……
每天都有朋友问我在武汉是否平安
就连贺年的红包都是 16.6 和 66.6 元
我知道每一个红包都带着隐喻
点点滴滴的爱，正在汇成一股澎湃的暖流
卷走了我日渐加深的焦虑、惶恐和担忧

4

整整一周了，街道仍然空旷、宁静

我们足不出户，时刻关注着疫情
把好消息和坏消息都当成生活的一部分
我们牵挂着那些奋战在一线的医护人员
为拥有一千张床位的“火神山医院”
能在一周完工而欢欣鼓舞
为更大容量的“雷神山医院”
能在十日内建成而骄傲自豪
我们见证了中国速度在危难中的表现
我们虽有前期的质疑、彷徨和不确定
我们更有后期的重视、跟进和万众一心
当万人推窗齐唱《义勇军进行曲》
当“武汉加油”的呼喊声不分男女老幼
来自每一个家庭每一个市民
我们还有什么理由不相信武汉必胜！

同舟共济

5

钟南山院士来了，李克强总理来了
天南地北的医护援助队来了
数以万计的紧急抗疫物资进汉了
更多的力量和资源都在向武汉聚集
武汉不是一座孤城
风中逆行的天使和雪中送炭的专家
让春天离我们越来越近
此时此刻，谁不知道隔离的
只是川流不息的车辆和频繁接触的人群
唯有心，永不隔离
唯有爱，永不封城

爱不封城

（作者单位：武汉市东西湖区教师进修学校）
（篆刻：桂建民 魏晓伟）

江城拾忆

汉阳门的春天

张执浩

我在走投无路的时候
常常会来到汉阳门
通常那里会有很多人
聚在桥下看江景
大江东去的声音在心中回旋
很少有人听见
我也像游人一般
凭栏眺望
春天又来了
少女把下巴搁在亲爱的肩膀上
她多想就这样
一言不发
一辈子
梅花落完之后
白玉兰又开了
火车穿过我们的头顶
江水绵绵不绝
仿佛是上辈子的事情

（作者单位：武汉市文联）
（标题书法：周志刚）
（篆刻：陈才俊）

历史是一位智者

武漢詩章

阿 毛

龙灵山的节日颂

过军山大桥至龙灵山
庆一个国度的两个节日
听红旗的欢乐颂
吟满月的阴晴句

琼花摇曳桂花雨
浆果倚靠玫瑰刺
蜻蜓的无人机与蚱蜢的不系舟
检阅了十里长坡的波斯菊
与百亩荷塘的嬉水鱼
千亩茶园的蝴蝶
舞醒了山顶的小吨与水边的遐思

去年的凄凄芳草回眸处
成了今年夏洪之后的钓鱼台

节日的人们热泪盈眶地观看了
一个复活城市的所有快闪

梁子湖的秋色

它的叶子，与它的果实
比如红叶石楠与火棘
有相同的颜色

而一坡的鼠尾草
与它们头顶的天空
是紫蓝与碧蓝

河塘的枯莲，灰偏蓝
水葫芦的花，蓝偏紫

临湖有幢蓝房子
主妇的青绿衬衣与粉红裙子
对应门前栾树的树身与花朵

而她阳光下的头发
在与稻谷同框的镜头里
成为金色

……这么多远亲近邻
簇拥着灿烂的秋天

而茫茫湖水模糊了地平线

重阳节登高八分山遇雨

众蚂蚁穿过青苔与杂草
爬向山顶
我们经过荆棘、杉木注视的碎石道
登山

山顶雀跃者
俯瞰八分山下的水库、帐篷
及全江夏的湖光山色

是日，庚子年重阳节
登高者众
或口罩，或裸脸

一对夕阳红
寻慈云寺右侧僻静山臂处
小憩
插茱萸

申时，白石上涌现无数黑蚁
蚊虫声起
树林漏下雨滴

旋即起身，收拾行装
随众人
经慈云寺后门石径
络绎不绝地下山

（作者单位：武汉市文联）
（标题书法：秦元昌）
（插图：段银枝）

自然课（节选）

哨兵

一

我父亲，七十八岁。中学校长退休
网购我的诗集，读两页就在行间
朱批，简直在糟蹋汉语。这是象征
我儿子，理工博士在读，见我又央求
帮忙把手稿敲进电脑，昨天
送我最新款 IPAD，恳请我
嗨哥们，别太在意传统，世界
由现代技术支撑，不是诗
这也是象征。而我写作
从未满足这两代人，我仅取悦
自己，并给未来立下遗嘱

二

我以诗探寻洪湖，并在泥水里
插栽语词，如植莲
种藕。暮春。凌晨一点
步入夜间荷塘边
最深的寂静，虫鸣
模仿人世的喧嚣，却把寂静
加重一分。要是天亮
你会惊诧几朵荷挂不住朝露
却早早地开了，如奇迹
其实大可不必。我在水边
半辈子，也没悟透
莲的一生，不懂寂静
如何让空气和虚无熟成莲花。世界
未知，小荷却露尖尖角，现实
早已破湖而出

三

待在孤岛真好。晚上不下雨
滩再浅，也能揽月藏星。抬眼打量
世界，洪湖在黑暗中早已重建
星空。总有归人踩着双脚船在星际间
漫游，无需半个时辰就能穿越银河
浩瀚和未知，却不过是日常尔尔
而白天一只鸭子被黄鼠狼咬断单腿
獐鸡躲在屋后芦苇，却彻夜啼鸣
如悲，似泣，又像安慰。至天微亮
我都捧着那两道伤口，它小小的眼中
满是镇定，却带着疑问。好奇
我生在湖中，为什么不长羽毛和翅翼

四

又一晚，月亮
漂在湖上，却照看屋后的稻田
荷塘和变暗的世界。夏夜的渔村
睡在莲花丛，却无人入梦
黎明前一直都这样，隔壁的牛
啃着我家门前的夜草，总忍不住
偷食秧苗。谁在今天糟蹋
现实，就有谁在明天失去将来

五

与雾相伴，这些日子，我倍感虚无
虚无最深时，我乐于
和洪湖入江口
探讨雾。但没有语词
可以打断流水，流水不是喧嚣
就是寂静。所以在人类里
我沉默，仿佛写诗
犯有原罪，值得我耗尽一场雾
宽恕诗。雾浓时
会有孤舟栓上岸，那是母亲
赶在天黑前送来一罐藕汤。与雾相伴
虚无是我的来历和粮食

六

我了解世界的焦虑，在鸭子
青鲫和水獭与芦苇中，我了解
我终生浪迹其间的奢望，这种
祈求，已在心头淤积
成另一座洪湖。我了解鱼禽
和动植物的方言，在人类的对立面
如何叙说人。而湖水从西向东
兀自寻找长江和大海，却把夕阳
送出东半球。天黑前，扁嘴鸭
聚在芦苇丛嘀嘀咕咕，散布流言
当晚餐。此地矛盾重重
又言不由衷

（作者单位：《芳草》杂志社）

天地之間黄鶴樓

胡榴明

岳飞《满江红》和陆游《入蜀记》

曾经以为，南宋是一个凄哀的朝代——所有的一切都如深秋的草木枯萎凋落，即将剩下支离破碎的枝条……

后来得知武昌兴盛于南宋，我确实很诧异。

1152年，南宋王朝以长江为天堑与金国南北对峙，守住半壁江山，坚持这么多年还是不容易。靖康之乱后，宋军和金军在中原地区和长江沿线先后进行十几次惨烈战役，阻拦金军渡江，保住长江南岸，临安（今杭州）朝廷才能笙箫歌舞。

在这样担惊受怕日夜心悬的情况下，长江流域的三个城市扬州、镇江、鄂州（今武昌）日益繁荣——原因很简单，黄河流域华夏文明的金钱、技艺、思想、文化全部转移到长江南岸。乱世求太平。生产生活贸易娱乐文化教育，士农工商，该干什么干什么，哭是没有用的。

宋代鄂州繁华胜前朝，城墙扩大到蛇山脚下。

宋代黄鹤楼图，一幅水墨，一幅青绿，作者和年代均不可考。

水墨黄鹤楼图因年代久远墨迹模糊，望去如薄云缥缈中的仙山琼阁，重檐歇山顶，楼阁巍峨高耸。另一幅高楼雄伟，十字脊歇山顶，雕栏围绕，画廊凉亭。

推测北宋时黄鹤楼不仅存在而且建筑壮观，南宋时黄鹤楼在还是不在就令人担忧了。

岳飞《满江红·登黄鹤楼有感》直接给出答案。

公元1134年至1141年，主战派名将岳飞在鄂州（今武昌）屯兵驻守七年，以鄂州为基地三次北伐中原，今江汉平原（荆楚地区）和黄河中游平原（中原地区）曾经是岳家军和金军作战的主战场。

“遥望中原，荒烟外，许多城郭。想当年，花遮柳护，凤楼龙阁，万岁山前珠翠绕，篷壶殿里笙歌作。到而今，铁骑满郊畿，风尘恶。兵安在？膏锋锷。民安在？填沟壑。叹江山如故，千村寥落。何日请缨提锐旅，一鞭直渡清河洛！却归来，再续汉阳游，骑黄鹤。”

岳飞在鄂州期间，宋高宗（赵构）绍兴四年至绍兴十一年之间，黄鹤楼在。

公元1140年，岳飞和儿子岳云率领军队从鄂州渡江进击中原，在郾城（今属漯河）、颍昌（今属许昌）与金军激战，进军朱仙镇途中被朝廷召回临安，军队返回鄂州城。

这是岳飞一生中最后一次领军北伐。

“何日请缨提锐旅，一鞭直渡清河洛！却归来，再续汉阳游，骑黄鹤。”

可是，归不来了。

公元1142年，岳飞冤死临安。宋宁宗时追封岳飞为鄂王，纪念他最后几年驻兵鄂州。

今黄鹤楼公园，蛇山脊建岳飞亭，立8米高青铜岳飞塑像，25米长青石浮雕，上刻岳飞手迹“还我山河”。

公元1169年（乾道五年）12月，陆游受任夔州（今重庆奉节）通判，携家人从山阴（今绍兴）乘船逆长江而上，第二年经过鄂州、汉阳。

陆游《入蜀记》详细描述鄂州城，“由江滨堤上还船，民居市肆，数里不绝。其间复有巷陌，往来憧憧如织。盖四方商贾所集”；江面“贾船客舫，不可胜计，衔尾不绝者数里”；“市邑雄富，列肆繁错。城外南市亦数里，虽钱塘（今杭州）、建康（今南京）不能过，隐然一大都会也”。

宋代鄂州城以黄鹄山（今蛇山）山脚为限，军事行政机关设在山北和山脊，南城门外（今阅马场以南）设南草市（当时商贸集市）。南草市从长江边码头兴起向东南方发展，在南湖中间筑堤成街，商埠罗列，居民聚集。

陆游途经鄂州这一年与岳飞驻军鄂州最后一年，其间相隔近三十年。三十年前黄鹤楼在，三十年后黄鹤楼不在。

“今楼已废，故址亦不复存”（《入蜀记》）——不仅楼毁了，连遗址也毁了。

这一年（乾道六年），陆游来鄂州游黄鹄山寻访黄鹤楼，同年，鄂州城百姓在黄鹄山尾东城门外（今武昌大东门）建忠烈庙祭祀岳飞。两件事看来毫无关联其实冥冥中相互关联。

陆游一生倡议北伐，一生不了其愿。“铁马冰河入梦来”“家祭无忘告乃翁”——悲剧时代悲剧命运，英雄死，壮士老，黄鹤楼毁，历史翻过旧的一页。

锦衣卫画师安政文

公元1371年（洪武四年），江夏侯周德兴扩建湖广会城，扩大武昌城，蛇山南北平地、宋代南草市一律圈进城墙内，在蛇山上和蛇山北大兴土木建造官衙府邸，同时在黄鹄矶上重建黄鹤楼。

在扩建城池的同时，周德兴在蛇山南坡建造楚王府，八年完工，宫室巍峨，上与浮云齐，占据半个武昌城，同期修复宝通寺设为皇家寺院。

公元1402年（建文四年），燕王朱棣废建文帝登帝位，永乐十九年迁都北京。

永乐帝（明成祖朱棣）笃信道教到痴迷，公元1411年（永乐九年）征三十万劳力在武当山建宫殿式道教建筑，供奉北方玄武真武大帝，工程浩大，建筑华丽，十四年完工。

上行下效，一时间中国各地大兴道教大建道观。公元1414年（永乐十二年），武昌东城门外（今武昌大东门）的长春观得到维修与扩建，形成今天的规模。楚王朱桢用实际行动向他的兄长致意。

楚王朱桢，明太祖朱元璋第六子，驻藩武昌。

燕王朱棣，明太祖第四子，夺帝位后对几个兄弟实行“怀柔”政策。各位藩王各踞一方，小心翼翼，看永乐帝的眼色。

唐代兴佛教，明代兴道教，都是皇帝起的头。

明代画师安政文《黄鹤楼雪景图》：黄鹄矶上青砖垒砌高大的台基托住黄鹤楼建筑群，主楼重檐歇山顶加两个小歇山顶，屋脊正中宝瓶，檐下斗拱密集雕花繁复，楼内雕花木围栏，楼外雕花石围栏。山脚下一棵枝干虬然的古松，三三五五步行骑马的游人，楼阁上推开隔扇窗卷起竹帘撑开布篷，薄雪覆盖琉璃瓦的颜色……

台基上一群人拱手向天拜揖，画面右上方烟云缥缈处隐隐约约一只鹤载一个人，不知是飞去还是飞来。

道教文化色彩含蓄婉转地显露在这一幅画里。

当时，官宦、士子、商人来黄鹤楼往往聚一起谈仙论道——费文伟吹笛驾黄鹤翩然而去，道教传说与黄鹤楼千百年来联系紧密。

史籍记载：明代黄鹤楼建筑群华丽恢弘史无前例。

画作者安政文，在史籍中除了“锦衣卫千户”这个职务外没有太多的记载。

明太祖朱元璋于洪武十五年设立锦衣卫，它先是直属皇上管理的亲兵侍卫队，后来职责范围扩大——秘密特工、独立执法，奉皇上命令监控群臣，成为一人之下、万人之上的朝廷私家军队。洪武二十五年，锦衣卫被废除。明成祖朱棣在位时恢复锦衣卫的建制并将其发展壮大。

明永乐年间，征天下画艺高绝的人入宫。明朝是宫廷画师最兴盛的朝代。

永乐十五年，明成祖指示画师兼军职，入职锦衣卫，例如锦衣卫百户或锦衣卫千户画师不等。绘画本行，军职虚衔，待遇优厚，以示皇上对画师的“恩宠”。

画师兼军职由永乐帝开始，但锦衣卫千户安政文并不一定是永乐年间的人。

明成祖后，宫廷画师兼职锦衣卫制度沿袭，宣德、成化、弘治，宫廷绘画抵达顶峰，直到明中期后江浙文人画兴起，民间绘画大家诞生，宫廷画派日趋没落。

2006年版《中国古代绘画中的建筑与环境》（王其均著），其中《明代绘画中的楼阁建筑》一章，以安政文为明代建筑绘画代表，收入他的《黄鹤楼雪景图》和《岳阳楼图》。

安政文《黄鹤楼雪景图》，想象和现实重叠，其中有依实景描摹的部分，也许是武昌楚王请他来楚王府作画，也许京城皇帝派他来武昌作画，总之，画留下来了，画的意义就不仅仅只是画了。

汉江揽胜图

古时的武昌城有一圈高而厚的城墙，东南西北，四方八面，九个城门，固若金汤，城内有官衙、学府、商埠、民居，城外有田地、山岭、湖泊……

武昌长街（今解放路）沿长江岸延伸，四方生意，八方来客，三江五湖的船停泊江边码头，沿街店铺，门朝长江，背靠城墙，黄鹄矶在城墙内，黄鹤楼在山崖上。

长江北岸汉阳古城，建城历史早于夏口，长江中游商业重镇，汉江入长江口自古以来为军事商贸要冲，平常时日舟车行旅贸易繁忙。

明嘉靖年间，汉阳知府范之箴主持修缮禹稷行宫（禹王庙），东北侧长江边建晴川阁。楼阁正面与对岸黄鹤楼遥遥相对，因崔颢《登黄鹤楼》“晴川历历汉阳树”而得名。

明成化年间，汉水改道，由龟山北注入长江，天长日久，泥沙淤积有了汉口。

汉口，隔汉江与汉阳相对，隔长江与武昌相对，扼长江、汉水两大水道的咽喉，东西南北交汇要冲，舟车商旅经行往复。明中叶时，与河南朱仙镇、广东佛山镇、江西景德镇，并称中华“四大名镇”。

《汉江揽胜图》将武汉三镇尽收眼底。

长江和汉江交汇，图左为武昌古城，图右为汉阳古城。那年鹦鹉洲还在长江中央，画作者站在汉江入江口汉口龙王庙高台上。

武昌风景名胜黄鹤楼，汉阳风景名胜晴川阁，当年汉口年轻，没有名胜古迹。

武昌西城门正对汉阳取名汉阳门，黄鹄矶位于汉阳门西南，画中黄鹤楼远远望去和清同治时的黄鹤楼建筑没有区别。

同治七年（1868年），湖广总督官文和湖北巡抚郭伯荫主持重建在战乱中被毁的黄鹤楼。

《汉江揽胜图》重气势，不重技法，属山川地理图，不属山水风景图，看得出画家对图中山石草木没有兴趣，对江河流向城市建筑方位比较在意，技法依然虚实结合：例如想象自己站在龙王庙前长江边的高处观赏两江交汇百舸争流的风景，为后人留下五百多年前武汉三镇的历史痕迹。

《汉江揽胜图》的作者是仇英。

仇英，明弘治年间至嘉靖年间人，年少时开始绘画，一生画作留传下来的很多，工水墨山水和青绿山水，其中山水建筑图多半云烟缭绕，山石劲峭，屋舍或精细或随意，远处近处的林木几乎每一片叶子都是有生命的……

五百多年前的中国画，古风沉郁悠远几乎与世隔绝，后世人模仿不来。

今天黄鹤楼公园，沿袭唐以来园林建造传统，主楼气势恢弘，亭阁台榭、山石花木顺蛇山山脊绵延数公里……建造规模超过历史上任何时期。

古今相比较，遗憾是肯定的——地理位置变了，古人诗词里的黄鹤楼风景多维度视觉效果绝对不会再有；时代空间变了，古人绘画中的黄鹤楼木柱木梁木架构绝对不会再有——每逢节假日游人堆山填海的今天，古风悠然的黄鹤楼意境存在心里最好。

（作者单位：武汉市硚口区教委）

（标题书法：龚勋）

（插图：胡赞美）

（篆刻：韩勇）

灵醒的武汉

宋小词

算起来，来武汉也有十五个年头了。起先一直在武汉打漂，东一榔头西一棒子的，居无定所，疲于奔命，无半点空闲来细细品味武汉，陌生的街道，陌生的人流，远超收入的物价，房价、爆挤的公交和讲话像放炮仗的武汉方言，对于那个时期的我来说，武汉这座城市如同猛虎，时时张牙舞爪，令我感到恐惧。

对武汉生出好感是在我工作稍微稳定之后，那时我在江汉区文化馆落下脚，这个地方是武汉汉口最为繁华的中心，馆里十八个工作人员，上至馆长书记，下至厨工清洁工，除了我和另外两位是外地的，其他皆是祖传的正宗武汉人，算是武汉人的“地盘”。成天在武汉人的窝子里打搅，与武汉人在同一个锅里吃饭，耳鬓厮磨，形影不离，一点一点的渗透，一点一点的了解，虽然没有学会武汉话，但也逐渐了解了武汉人，也逐渐了解了武汉这座带有码头文化气息的城市。

我一直觉得要想了解一座城市就必先得这座城市的人，从小从祖辈就扎根在这里的人，他们的身上自有一种传承，关于风俗的、历史的、人文的、变迁的、发展的，武汉人才是武汉这座城市活着的一张张名片。开始与武汉人打交道，我很是发怵。是城市与农村两种文化的冲撞，是现代与落后的两种观念的冲撞，是本土与外码两种地域的冲撞，是富有与贫穷两种状态的冲撞。

我一向对穿衣戴帽是没有任何兴趣的，我的思想一直停留在穿衣只要干净朴素就行，甚至就纯粹认为穿衣不过是为了蔽体遮丑，就是一种功能。所以一开始，武汉同事们对我“抨击”最多的就是穿着，而我那时的思想很是固执，看着同事们每天对对方的衣着评头论足，兴致盎然，谁谁谁买了一件新衣服，新鞋子，新包包，新的香水，新的指甲油，还得抽空串办公室去看去交流一些心得体会，这种乐趣我是百思不得其解。但经过长期的熏陶，长期的耳提面命和旁敲侧击，我的固执土崩瓦解，单位离步行街又近，到处都是大商场，满街上都是引领时尚的青年男女，在经过武汉同事们的不断批评下，我自省好像自己的穿着确实跟现代化的大都市格格不入。乡里气息于五丈八尺开外就清晰可辨。遂开始了银钱大把往外流的改头换面自我革新时期。才清楚，日常的穿衣竟是一门大学问，武汉的女人们为这个学问那是交了不少学费，也花费了不少学时，才成就各样心法。头饰、耳饰、袜子、指甲油、眉形、口红、服装款式、每一处都亮着潮流的小心机。我也是那个时候才知道一些奢侈品牌。话是拦路的虎，衣是瘆人的毛。远重衣冠近重人。汉口地界，商业气息浓厚，经济较其它地方要雄厚些，一身穿戴便体现各自的家当。衣品的背后是审美是财力是认知是眼界，所以武汉人对衣品那是相当看重的，一定要穿得让人感觉很灵醒。

武汉人对吃也是挑剔得很。我来武汉头几年，一点都不习惯热干面，我们那儿早上喜欢吃点汤汤水水的食物，觉得滋养肠胃，不会一觉醒来就整碗干货在肚里，我是来了武汉好几年才开始接受这个地域代表美食，热干面。圆形碱面烫过后，拌上油盐酱醋、碎萝卜丁、芝麻酱，葱花，再搅拌均匀，就是一碗可以在街道上极速行走又可以狼吞虎咽的热干面。边走边吃那也是武汉人练就的绝活。像我们外地人吃热干面，觉得家家都一样，碗碗都相同，但只有在味觉敏感的武汉人嘴里，一碗热干面，一个面窝，一碗糊汤粉，一杯绿豆汤，一只烧麦，那各家各店各有千秋。哪个屋里的热干面好吃，哪家店的面窝地道，武汉人的心中都有一个美食图谱。他们连犄角旮旯躲着城管偷偷炸油条的老爹爹老婆婆的手艺都不放过。记得有一年，我们单位负责江汉区非物质文化遗产的申遗工作，其中有一项是传统美食，当时蔡林记的传人亲自来我们单位，在我们食堂展示了一次地地道道的热干面技艺。听说师傅一大早就来到了食堂，准备的调味料整整十八个碗，花生碎、香菜碎、酸豆角、芝麻粒等等。白衣白帽子的师傅说正宗的热干面就是有十八种调味料，简约而不简单，而我也是看了那摆了十八个碗，气势如虹的作料才对武汉一碗热干面刮目相看的，大街上司空见惯的热干面，其秘笈只有深藏在江湖中的人才知道。一碗面里也能包罗万象，五味俱全，这便是武汉人对味觉的极致追求。

武汉人是好面子的，这大抵是整个湖北人的“病”。穷得吃土了，在外面也要摆出一幅阔了很久的架势，绝对不会露出半点窘像。以前有人说六渡桥那里的女人都是“鸡窝里飞出金凤凰”，意思是说家里不管不收，住得条件不行，但一个个出来那都是香喷喷，光鲜亮丽的。这种要面儿心理大抵就是一种自尊吧，不愿让人看见自己的不好，愿意把自己美好的一面展示出来。这种要强自尊的人文积淀也才能酝酿出武汉这座城市特有的气质。如今随着城市化的推进，武汉这座城市也越来越有国际大都市的范儿，随着军运会的东风，城市也进行了全面提升。有次从南昌回武汉，在武汉坐地铁，一群武汉的爹爹婆婆在地铁上看了武汉的广告片后，在那里评头论足，爹爹说，武汉现在发展得几好哟。一同的爹爹婆婆都齐声符合说，是滴是滴，确实有看相多了。然后以此为口子，各自说起自己的退休待遇，有人说，现在就是要追求健康，多活几年，说活到 90 岁，国家又给涨 500 块钱。听着这些武汉老人的谈话，心里竟有微微感动，这是藏在老百姓中最真实的声音，他们身处武汉，亲眼见证了这座城市大规模的发展和品质的提升，他们也由衷地肯定了这座城市，这座城市给他们的生活带来了快乐和希望，令他们活得有盼头了。

而一场疫情再次刷新并加深了我对武汉对武汉人的印象。困在家中，怕小孩憋得难受，遂带他下楼在小区溜达，一个武汉婆婆看见了对我大声说道，都么时候了，还把个伢弄出来，快点回去，我们老的死了就死了，但伢不能。虽然她说的恶狠狠的，但我却差点掉下泪来，这“恶燥”里藏着武汉人维护弱小的大义与胸怀，武汉的伢是武汉的未来与希望，要活下去。有一次，我咳疾发作，在小区里发了一条求药的信息，隔壁一栋的武汉小嫂子立刻就将药送到了我单元门的树枝上。我下去取药时，人都没有看见。解封那天，我带着孩子去常逛的超市，所有的工作人员都热情相待，劫后余生，令每个人看到另一个活着的武汉人都有一种如与亲人重逢的欣喜。

灾难并不值得歌颂，但在灾难中，我窥见到了武汉人的大局观，虽然平时偶尔武汉人争公交地铁大打出手、也有路边骂街吵吵闹闹的新闻，但在关键时刻，武汉人默默扛起了所有，团结、乐观、不服周、讲味口。武汉人的武汉只有武汉人自己有资格骂，如果外地人说武汉不好，那就等着翻脸比翻书还快的武汉伢把你戳得稀烂。

上次坐公交去余家头，路越走越不对，我不禁嘀咕，这是不是余家头？坐我前面一个婆婆扭头把我看了一眼，然后一口武汉飙了出来，这是么到余家头呢？这是么到余家头？苕样的，快点下车，到对面坐 502，快点，快点，马上到站了。急死人。哈哈，我下车赶紧说谢谢。还是那个“死样子”的武汉臭脾气，说话像丢炸弹，但只有接触深了，你才知道，人家这是真心替你急，怕你误事，是份真诚的好心。

如今我自南昌归来，走在武汉的大街小巷，冬去春来，草木繁茂，车流滚滚，一幢幢高楼大厦，一座座景观花园，好像多年的雾霾天气也没有了，头顶也见蓝天白云，城市灵醒，人也灵醒！

（作者单位：《芳草》杂志社）

（标题书法：李劲松）

武汉的梅雨

马建国

一到春末夏初，武汉的天空便阴沉起来，不觉间飘洒起绵绵细雨，而且一连好几日甚至半月，把三镇的一切都弄得湿湿的。但是三十余年的江城生活，使我觉得这梅雨并非可有可无，而是恰逢其时。

此时，武昌桂子山、珞珈山等处的梅园里的梅子黄熟了。那日雨中，我与妻走在汉阳墨水湖畔，经过一处梅林，惊喜地发现那些梅树上也挂有黄澄澄的果子。树下有掉落的，走过去捡起一枚，拿在手里仔细端详，果真是金黄黄的、软乎乎的，好想咬上一口，尝尝其味。这比杏子李子稍小些的果子便是这雨天的标志物，是它们把梅雨吸引来的，还是梅雨把它们催黄催熟的呢？眼前，它们沐浴在梅雨里，格外水灵。一直是赏梅花的，并未注意那梅树结果。这个时代水果太多，哪个会去品尝酸酸的梅子；许是梅树的花盛而使其果退化了。我想起三国曹操与刘备青梅煮酒论英雄的情景，我还想起望梅止渴的典故；古时，梅子竟然与战争、争斗有关，那时的血雨腥风里也定然会有梅雨。而此时此刻，我们闲庭信步在江城温情脉脉、凉爽依依的梅雨里。

不用担心惊雷狂风，也不用担心暴雨，我们悠悠地前行，步道两旁的大树撑出绿色的空中屏障。暂且合上伞吧，任这细雨湿润一下头发、衣衫又何妨。除了梅子，还可见别的果实：枇杷已先于梅子成熟，枝上仍可见少许；桃花早已随春风而去，而小小的桃子已挂满桃树；石榴树上也挂出小巧可爱的果实。这些果子在享受着梅雨的滋润。在梅雨里，满眼的绿色更加清新，我知道这时江城处处皆如此。在这无边的绿里，有各种各样的花朵盛开着，给这冥冥的自然增添了亮色；有快凋谢的杜鹃花，有高大艳丽的美人蕉，有含苞待放的芙蓉花；或金黄或绯红的合欢花依然是一树灿烂；最耀眼的是那大大的荷花，或粉白或粉红，它们是这个季节的最亮色，装扮着武汉大大小小的湖泊。而在湖畔，与梅雨相搭的还有垂柳，远远望去，它们朦胧成烟柳，与那一处粉墙黛瓦的院落形成绝妙的景致。多孔的拱形墨水湖大桥也被梅雨湿润成比平日更具特色的景致，亦真亦幻，惊为天象，非凡间之物。

在静谧中还响起鸟鸣。三五只燕子在空中上下飞舞，如在雨线中的梭子；成群的椋鸟极速地飞起，从一棵树飘向另一棵树，它们叽叽喳喳，在梅雨里欢歌；乌鸫鸟躲在树丛的地上，蹦跳着觅食；一只灰鹭孤零零地立于湖中的一根细杆顶上……我想，它们一定都是喜欢梅雨的。

我们一直往前漫步，置身在这都市难得的僻静处，真感谢这美丽的湖畔小道；若在十几年前，此处可是荒芜杂乱，一有风雨，更难落脚。我不禁问妻是否喜欢梅雨。妻答道："这天气把一切都淋湿了，空气是湿的，心也是湿的。"是啊，雨洒四野，亦染湿了人心。在这个季节，在这种天气里，最易让人生发怀旧与思乡之情。

二十世纪八十年代的一个春末，我搭火车来江城，一走出武昌站便嗅到空气中湿湿的味道，那是异于北方故乡的。一住下来天就落雨，一周不停，不见太阳；然而树木花草却格外清翠鲜亮。后来在桂子山读书，饱受梅雨带来的潮湿与霉变之苦。书潮了，衣物潮了，更难受的是皮肤瘙痒。随后留在武汉，那皮肤的不适渐渐减轻了；我想我喝了长江水，吃了江城湖泊里的鱼虾，就适应了梅雨吧。毕业前夕的梅雨里，我们三两好友骑车爬上东湖磨山，意外发现一处草坪上满是地皮菜，另一处长满野韭菜，这是梅雨滋养大地而产生的馈赠。

我们曾在晴川的江边住过十年，被梅雨沐浴了十年。那时住一层的平房，一到梅雨季节，屋内的地板就吐出水珠来，被褥衣物就见白毛，总眼巴巴地盼着出太阳。当然也有浪漫美好的记忆。我与妻带着儿子漫步在柔柔的雨中，漫步在静静的街巷。走在高公街古旧的青石板路上，颇有穿越进老时光的感觉，也会生出戴望舒笔下雨巷的意境。我们也曾撑伞走在汉正街，体验小商品市场雨中不减的繁华。然而，高公街之类的雨巷越来越少了，人们陆续住进了高楼，躲开了梅雨带来的霉味，享受社会发展的红利。我们原本住过的地方如今应是极欢迎梅雨的，因为南岸嘴已是绿树成荫的一大片森林，先前的居民现在都幸福地生活在汉阳桃花岛了。

如今，居高楼真就不怕任何风雨。我总凭栏远望，一览城市雨景，天空如淡墨晕染，高楼鳞次栉比，街市繁华热闹，湖泊如镜，江河如带；更远处，高高的桥塔耸立，白雾缭绕，恍若仙境。这是梅雨的力量，我想应叫梅雨为美雨吧。

在这样的美雨里，江城的景物呈现写意的效果。我想去看看梅雨里的黄鹤楼、晴川阁、古琴台与归元寺，这些历史悠久的亭台楼宇与寺院会幻化成何等的美与庄严呢？在梅雨里，我登临黄鹤楼，人在楼上，楼在云里；举目西望，只见大江东去，气势磅礴；对岸龟山下果然是“晴川历历汉阳树”的景象，符合诗人崔颢的诗句，也符合其怀乡的心境，又宛若黑白山水画中缥缈的仙境。我想去别处的湖畔走走，譬如月湖、莲花湖、东湖等等，它们各有特点，但在蒙蒙梅雨里都笼罩在静寂与云雾之中；雨虽不大但范围广且时长，因而会给这些湖泊增添水量，焕发新的容颜。我还去眺望一下江城的大桥，它们不仅使天堑成通途，更成为武汉的靓丽名片。我走到江边，只见鹦鹉洲大桥、杨泗港大桥的桥塔钻入了云端，蔚为壮观；而横跨南北的大桥梁体则画出一道道美丽朦胧的弧线融在似风似雾的雨中，人类的杰作便与自然的力量完美协调在一起了。再看汉口江滩那片浩荡的芦苇，在雨中正节节拔高，洋溢着旺盛的生命力，为秋日的壮阔积蓄能量。

我默默地赞叹这梅雨里的景与物，想吟诵出一首诗来。

在梅雨里，我也会朝着北方故乡的方向遥望，想起小时候雨中泥泞的街道以及赤脚走路的那个少年。多少年过去了，我们的路、我们的街道越来越平坦好走，我们的日子也越来越富裕，无论故乡还是异乡。

我想，梅雨带给我们的不是狂欢，而是思索与怀念；春末夏初，前有清明，后有端午，眼望盛夏与秋收，只有脚踏实地去工作去劳动；即使在雨中物品发了霉，但我们的心决不能发霉。不要埋怨这阴柔绵长的梅雨，更不要因之而躲在屋内叹息，可以出去走走，醒醒大脑，吸吸清气，何其惬意！

其实，我就蛮喜欢独自一人走在梅雨里，静静地走在湿而不泥泞的路上，静静地呼吸着清新凉爽的空气，边走边平复心绪，暂且不去想那些琐事。这雨真可谓静雨与净雨了。梅雨是考验也是希望，有了梅雨才觉出晴日的可贵，而炎热难耐的盛夏却又让人比较出了梅雨的柔情。

在梅雨里，我仿佛听得见江城万物竞相生长的声音，蛙们已在水里起劲地合唱，蝉们也开始在树上鸣叫了。梅雨暂歇的傍晚，阴暗的云层闪开明亮的缝隙，一个弯弯的月牙儿挂了出来……

（作者单位：中铁大桥局）

（标题书法：曾祥华）

（插图：段银枝）

高山流水遇知音

张慧兰

一年中，总有几次机会带着朋友去踏访子期纪念园。

说是纪念园，实则是湖北省文物保护单位钟子期墓的所在地。纪念园入口处有一个高大的具有楚文化特色的“高山流水”的牌坊，背面刻有篆书“知音源”三字，园内有子期墓与知音亭，周围遍植苍松翠柏、垂柳香樟，环境幽静清丽，古朴雅致。

子期纪念园坐落在武汉市蔡甸区马鞍山下，是两千三百多年前伯牙与子期“高山流水遇知音”故事的发生地，蔡甸区因此也被称为知音故里。来到知音故里，置身于子期纪念园，漫步其中，你会恍若听到伯牙弹奏古琴的泠泠之声，还有那穿越时空的中秋之夜伯牙与子期结为知音的叩拜之声。

据冯梦龙《俞伯牙摔琴谢知音》所载，钟子期重情守信，临终前嘱其父母将其安葬在马鞍山南面的凤凰咀上，正对着与伯牙约定的凤头渡，虽死也要践知音之诺。一直到现在，当地还流传着一首民谣：“家住凤凰尾，葬于凤凰头，挨着凤凰眼，穿过凤凰颈。”描述的就是钟子期故居和钟子期墓的地貌。如今，两千多年过去了，自然界万事万物早已更迭变幻，唯子期以不变的姿势翘首以盼，一年又一年执着于心中的信念：伯牙必来，知音必来。为此，他会守上两千年，五千年，乃至一万年。只为一个人，一个约定。

说来也巧，那些文人墨客、专家学者、外国友人前来子期纪念园常常会遇到恶劣的天气，要么小雨淅淅沥沥下个不停；要么大雨瓢泼；要么冷雨嗖嗖，寒风刺骨。明明前夜月朗星稀，偏偏第二天雨骤风狂，翻脸比翻书还快。凄风冷雨渲染离愁别绪，叫人想起伯牙当年在子期墓前挥泪哭祭摔琴绝弦的悲恸与绝望。“摔碎瑶琴凤尾寒，子期不在对谁弹！春风满面皆朋友，欲觅知音难上难！”想来，伯牙与子期的相遇原是一个悲情的故事，自然，只有这样的天气才适宜凭吊、追思或怀想。

在子期纪念园里欢歌笑语是不可以的，大声喧哗也是必须避免的，哪怕顶着报纸或是打着雨伞似乎都是对子期的不尊重。因此，很多时候，那些踏访者都会顶风冒雨，在知音牌坊前拍照留影，在墓前的香炉里焚几张纸，燃几炷香，叩几个头，然后围着子期墓转上两圈，看看知音亭和亭中的重修碑记，直至被淋成落汤鸡才匆匆离去。轻烟袅袅，不一会儿便消散在山林中，犹如前来踏访的友人，来去匆匆，干净得似乎从没来过一般。

除开这些偶尔的喧嚣，一年四季，子期是寂寞的、清冷的。阴雨绵绵的日子，纪念园形如断琴的大理石地面湿漉漉的，明净得照得见人影，古琴模样的牌坊高高地向上托起，仿佛在演奏一曲天籁。钟子期无声无息地安卧在墓冢里，只有飞檐翘角的知音亭默默地守护着他，还有那些在雨中瑟瑟的绿植陪伴着他。倘若天气晴好，偌大的马鞍山阳光明媚，垂柳依依，松柏肃立，唯有鸟儿在低吟浅唱，从一棵树飞到另一棵树上，那份快乐反倒越发增添了子期的惆怅与孤独。没有谁理会在墓冢里沉睡的子期，没有谁会给子期弹琴奏乐，没有谁来排解子期心中的忧伤，只有平时来做清洁的老大爷才会和他说说话，一边说话，一边拂去墓碑上的灰尘，扫除园内的落叶和一些游客散落在墓前的垃圾。

大爷是附近的村民，七十多岁，每隔几天他便来园内清扫。他听不懂古琴，更不会弹琴，可他知道伯牙与子期的故事，知道子期是附近集贤村的一名樵夫，知道他不仅会弹琴听琴，而且是晋国上大夫著名琴师伯牙的知音。所以，他以子期为荣，他会喋喋不休地给子期讲马鞍山下汉水改道的故事，讲不远处那条马路被命名为知音大道的缘由，讲南湖更名为知音湖的经历，讲他的儿子和孙子外出打工的故事……

“伯牙子期的传说”于2014年被列入国家非物质文化遗产代表性名录，因其所独有的“诚信、感恩、平等、和谐”的内涵而衍生出的知音文化更是楚文化和中国优秀传统文化的典范。为弘扬知音文化，这些年来，蔡甸区人民政府每年清明节都要举办祭祀伯牙子期的文化活动，每场活动都会邀请到社会各界的专家朋友、海外侨胞、各国友人等。活动开始，演员们在纪念园广场的舞台上跳舞弹琴，高歌《天下知音在》，还有一群身着汉服的中学生用清脆的嗓音齐声诵读祭文。园内鼓乐齐鸣，歌声悠扬，寂静的山林有了节日的气氛，鸟儿飞跑了，子期被吵醒了。一向寂寞的他侧耳倾听为他举办的祭祀大典，止不住热泪长流。在细细的倾听中，他知道蔡甸的乡亲并没有忘记他，他们为了纪念和宣扬他，打造了享誉全国的歌剧《高山流水》，而古琴家管平湖先生演奏的《流水》一曲早已走向太空，在太空寻找人类以外的知音……这一年中难得的热闹是子期与伯牙在另一个世界以另一种方式欣喜的重逢。

早在南朝，刘勰就在他的《文心雕龙·知音》中慨叹道：“知音其难哉！音实难知，知实难逢，逢其知音，千载其一乎！”伯牙子期的知音之交千百年来传颂不衰，在我看来，除了知音难逢，更在于他们超脱了世俗的偏见与身份地位的羁绊，这才是被人津津乐道的根本。因此，在众多文本中，伯牙是故事的主角，人们大多歌颂伯牙敢于突破封建礼教的束缚，与一个乡野樵夫结为兄弟，而忽略了子期的存在与可贵。在伯牙子期的故事中，子期是被动的，因而也是寂寞的，孤独的。没有人去探究子期心中是否有过犹豫、想过拒绝，更没有人在乎子期与伯牙结为兄弟时心里经受了怎样的踌躇与挣扎。但不管怎样，子期视伯牙为兄长，诚实守信，哪怕在生命的最后一刻也念念不忘与伯牙的约定。

寂寞子期，绝世知音。寻找知音是人类永恒的话题，知音境界是人们所广泛追求的一种理想境界。时代发展到今天，随着全球一体化的进程，对知音的渴求更成为人们的一种自觉行为。渺渺尘世，知音如沧海一粟，需得人用心甄别，以诚相待，并要舍得花费时日，乃至耗费毕生的精力才能觅得。但也许，很多人终其一生也无知音。

然不管怎样，怀揣美好的愿望，相信这世上的某一个角落总有一个懂得自己的人。它让我们永远相信自己是寂寞的，但一定不是唯一的、孤独的。

（作者单位：武汉市蔡甸区文化体育局）

（标题书法：敖启权）

（插图：胡赞美）

梅子山下荷塘月

张峰

作为一个汉阳人，在月湖这边住了大半辈子，搬家两次，从月湖新街到梅子山下，一直都没有远离我心中的那片湖，那片月……

记得一九七八年要上小学的时候，我们家从汉阳腰路堤搬家到了月湖新街长航宿舍一栋一单元二楼。那时的宿舍不高，就三层楼，楼顶的平台搭一个梯子就可以爬上去。站在平台上，整个月湖尽收眼底，长航宿舍的位置现在来看，真是风水宝地呀！往东可以看见龟山，月湖东南角就是古琴台公园，湖对岸就是西边，梅子山就静静地伏在那里。远远望去，梅子山就是一个起伏很缓的绿色丘陵，不高，但是绿意葱茏。湖的南岸是一片民居，那时还叫板子桥，更远处就是汉阳钢厂了。

那时，整个月湖周边没有什么高楼大厦。湖边有荷塘、泳池、小树林，湖的南岸还有好多菜园子。住在湖边的人，自己种菜自己吃，偶尔还拿到街上叫卖，水灵灵的新鲜菜，惹人喜欢。

小时候，我最喜欢沿着湖边跑，抓蜻蜓，网鱼蟹，摘莲蓬，钓虾子。那时的月湖野趣十足，荷花每年都会从湖泥里面撑起密密麻麻的绿伞，红的、白的荷花从绿伞中间挤出头来。那时的我们，就会等莲蓬长大了，掰下来，剥莲子吃。那种清脆，只能是当时才能体会的感觉。阳光灿烂，从荷叶缝隙中洒落光斑，仰头看着天空，那时的天空很纯粹，纯粹到似乎没有一只鸟飞过，时间也停驻，很久都没有我会长大的感觉，童年似乎过了很久很久……

记得月湖东南角有一座石拱桥，它是连接琴台和月湖新街的唯一通道。石拱桥不大，但是桥下有湖水流过，桥边还有一座小石屋，小屋后面还有一棵榆树。远远望去，总是让我想起那句“小桥流水人家”的诗意。每年都有美院的学生和老师在月湖附近写生，七八岁的我就会在后面静静地看着，直到他们画完，收好画具，带走画好的风景。我羡慕不已，眼巴巴地看着他们卷起画纸，仿佛他们把月湖边上的美丽风景给卷走了。从那时起，我也喜欢上了画画，自己在白纸上画船，画鱼，画虾，画荷花，画远处的梅子山、近处的月湖水。直到有一天，就读美术高中的我，也坐在月湖岸边，支起画架，开始涂抹我心目中的月湖，那种成就感，无以言表。

儿时的琴台，不用门票，随便进出。月湖因为有了琴台，更加富有历史文化气息，站在石拱桥这边目之所及，就是琴台的高山流水主殿，飞檐高翘，雕梁画栋，参天古木围绕四周。幽静之外，似有琴音缓缓而来，知音何处？芳草连天，漫步其中，似有叹息微微而去，知音难觅，芳踪何寻……

二〇〇〇年，月湖新街开始拆迁，真的好舍不得啊！可是听说这里拆迁以后，会规划更大的月湖风景区，还要建造现代化琴台大剧院和音乐厅，我就明白了，这里会有一个翻天覆地的变化。我的家从湖东搬到湖西，我每天依然可以看到梅子山下的月湖，一个更加迷人而美丽的月湖。

梅子山下，夕阳漫透湖岸，以前站在湖的那边看低矮的梅子山，曾经有疑问：这梅子山里是否真的有梅子？带着疑问，我走近探寻，山上多林木，却不见梅树成林，失望而归，查阅古籍，见《大清一统志·汉阳府》：梅子山“在汉阳县西三里，旧多梅”。看来古时这里还是很多梅子的，只是现在少了。站在梅子山下月湖北岸，举目南望，琴台大剧院的工地异常繁忙，这已经是二〇〇四年五月，经过三年多时间，一座现代化的汉阳区地标性建筑琴台大剧院，仿佛一只张开巨翅的大鹏，赫然矗立在月湖之滨，那一刻月湖周围无比惊艳。整个月湖风景区，在琴台大剧院的建设工程带动下，逐渐铺开，昔日的旧街道荡然无存，取而代之的是重新规划建设的现代化园林景观：围绕着湖岸铺开，以古琴台公园为核心精心打造新时期的园林，精致的绿道，繁复的假山，花团锦簇的花圃，各式亭台楼阁，错落有致。

最有特色的还是曾经列为月湖八景之一的荷风曲溆：嘉庆《汉阳县志》载，荷风曲溆专指月湖莲花台的荷花，夏日，莲花台荷花盛开，风清气爽，令人流连忘返。而今时不同往日了，现在的月湖，荷花栽植范围更大了，不仅仅是原来的莲花台附近，而是整个月湖，基本上都种植了荷花。特别是南岸和西岸荷花满塘，摇曳生姿，而梅子山下那一块湖面，特别幽静。因为远离主风景区，人迹罕至，如果是某个夏日黄昏，从梅子山居住地往东慢走二百米，沿着湖边独行，一路都是荷叶的清香，夕阳已经把气氛酝酿好了，等着有人来出演：月上柳梢头，人约黄昏后。湖畔有柳，枝条垂落直至湖面，湖面此刻像发酵好的红酒。还没走近，就感受到沁人心脾的馥郁之气，水中白荷也像扑了胭脂水粉，娇羞无比；原本就是粉红色的粉莲愈加醉意，像不胜酒力的小姑娘，一下子润了腮红。荷叶上的水珠在夕阳余晖的映射中，如同一颗颗金光闪闪的琉璃珠子，在摇晃的荷叶上滚来滚去。偶尔会有鱼儿蹿出水面，惊动一下宁静的月湖，荷叶上的金色水珠，就顺势滚落下去，涟漪层层晕开，煞是好看！涟漪散开的同时，湖面上的月影也被揉皱了面庞。原来，月亮早就如约而至，悄悄地躲在荷塘里面。如果不是水珠跌落，我都差点忘了和月亮的黄昏之约。怪只怪夕阳下的月湖荷花太美，美得令人心荡神驰；怪只怪梅子山的黄昏太美，美得令人魂牵梦绕。站在新修的木栈道上，放眼整个月湖南岸，远处的琴台大剧院，音乐厅，目光往左一直到亭亭玉立的月湖桥，都在夕阳的映衬下分外夺目耀眼。

这时候，我感觉一切都变了，大武汉每天不一样的时候，我们知音故里汉阳区也在与时俱进，月湖风景区的重新扩建与改造，在整个武汉的中心区域都是大手笔啊！随着琴台美术馆的项目开始投入建设，不久的将来，这里将会变成一个真正的大艺术中心，琴台大剧院、音乐厅、美术馆、影视中心在梅子山对面月湖南岸依次排开，多么壮观啊！武汉市民们来到汉阳，可以在月湖大艺术中心尽情享受新的休闲娱乐和艺术活动。我每天都在憧憬着这一天的到来。

来吧！朋友们！让我们相约在梅子山下，月湖之畔，一起欣赏荷塘深处的月湖之月吧！

（作者单位：武汉市第三职业教育中心）

（标题书法：褚群杰）

（插图：胡赞美）

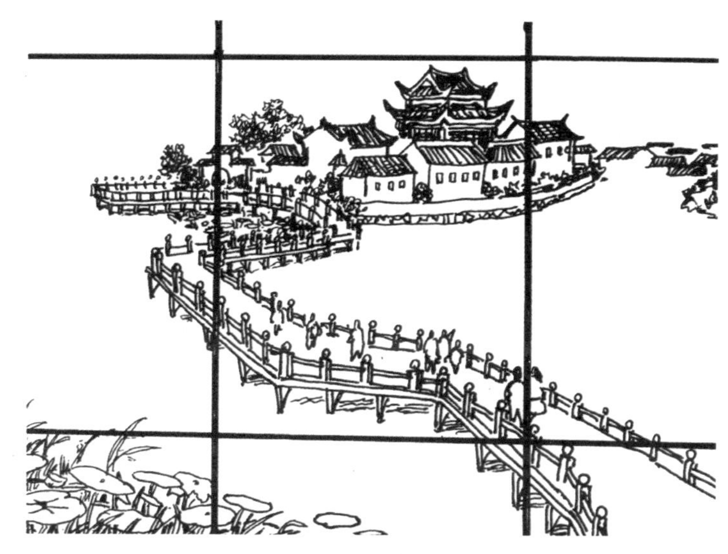

東湖觀鳥记

赵投桃

每年寒露前后，是东湖观鸟的最佳时机。那些迁徙于地球南北的候鸟们，正跋涉在万里鸟道上。当它们飞临东经 114°23'、北纬 30°33' 空域时，鸟儿们久久盘桓，环顾不前。似乎接到了某种邀约，鸟儿们校准坐标点，一批又一批降临东湖水域。这些人类难得一见的珍稀鸟儿啊，兴致勃勃赶来，好像是要出席这场一年一度的鸟类盛会。

东湖曾经是国内最大的城中湖泊，由水果湖、郭郑湖、汤菱湖、小汤菱湖、小谭湖、团窝湖、雁窝湖、沙湖、杨春湖、戴家湖，共十个湖泊组成，并通过闸口和明渠与长江水系贯通。东南两面，山脉环伺，嘉木成林。樱花园、梅花园、杜鹃园、芍药园环湖而建。湖域周遭，林木葳蕤，花团锦簇。湖中，绿水碧波；湖岸，芳草如茵；湖坡，植被茂盛。“一围烟浪六十里，几队寒鸥千百雏”，这些年来，东湖已成为各类飞鸟的天堂。

我居住东湖岸边，整整三十个年头，我认识这里的大多数宿鸟。当它们美丽的翅影从湖面上空划过，当它们熟悉的鸣叫声传入耳膜，我格式化的日常生活，不知平添了几多喜悦。随着东湖生态环境的逐步向好，越来越多的陌生鸟儿先后出现。作为一位资深爱鸟者，我追踪它们，观察它们，我认识它们，热爱它们，在一年的春夏秋冬里，这些灵性鸟儿，总能给我带来一个又一个意外的惊喜。

东湖报春的鸟主要是画眉、黄鹂和柳莺，还有野鸭、秧鸡等水禽，它们也是江汉地区常见的鸣禽。在料峭的早春拂晓，万籁俱寂。“嘀欧——嘀欧——”，在东湖西岸放鹰台的密林里，画眉鸟率先打开了歌喉，它的叫声于静谧的空气中持久振颤，余音袅袅。画眉鸟所操美声唱法，音调婉转，音色亮丽，可谓十足的天籁。

东湖的金黄鹂，体羽鲜丽，黄红黑三色相间，是黄鹂中的上品。此鸟行踪诡秘，直线飞行，疾如箭矢。在磨山的树林中，我偶尔遇见过它们。“嘀嘀——嘀嘀嘀朵”，你别误以为是“谁家玉笛暗飞声”，这是金黄鹂在炫耀自己的歌喉。清脆，灵动，圆润，飘逸，让人为之陶醉。

东湖柳莺倒是多如麻雀。在冷雨初歇的早春，柳莺儿饮露而歌，“仔儿——仔儿”连声叫着，轻脆，娇嫩，似银铃鸣响。“留连戏蝶时时舞，自在娇莺恰恰啼。”诗圣杜甫拈一“娇”字，穷尽柳莺之声色情态，精准绝妙，无一字能替代。柳莺俗名柳串儿，体小如拇指，羽毛以橄榄色为主，品种有八十二种之多。东湖柳莺多为黄眉柳莺和黄腰柳莺，春天攀登珞珈山，总能看见一群一群的柳莺。

进入仲春之后，东湖鸣禽的大合唱中加入了更多的新成员。飞鸟水禽，纷至沓来。湖岸上，有喜鹊、百灵、伯劳、乌鸫、椋鸟、八哥 、白头翁、乌鸦。湖面上，有小天鹅、琶嘴鸭、黑颈䴙䴘、黑顶秧鸡、红喉姬鹟、粉红胸鹨等水禽。到了春夏之交，更多不知名的水禽次第飞来，它们在这里生息繁殖，一叫就是一整夜，而这个时候，“快快布谷”的杜鹃，也开始彻夜啼鸣了。

曾经，东湖生态环境恶化。十年前，市政府将环湖二十七个排污口全部截流，总投资一百六十亿元，实施通江连湖工程。楚河明渠的建成，打通了东湖与沙湖的通道，扩大了东湖的水域半径，引来长江活水进入东湖水网，在循环中逐渐优化湖体水质，再辅以湖底清淤，修复水体生态，水质可以达到三类水平，从而构成一个环大东湖生态湖泊湿地群。至此，越来越多的禽鸟，选择东湖作为理想的栖息地。

东湖东部，磨山景区和武汉植物园一带，珍稀鸟种频频出现，如橙头地鸫、三宝鸟、白颈鸦等。这里是一片串联的湖泊沼泽，保持了湿地自然原生态，鱼类和昆虫丰富多样，禽鸟的丰富度和分布密度相应增大，黑颈䴙䴘、长趾滨鹬、尖尾滨鹬等一些较为珍稀的鸟种都在这里被发现。在马鞍山森林公园周边，一个迁徙季节，就可能观察到近二十种猛禽，武汉市历史上从未记录过的蛇雕，也显露出了身影。

东湖西岸，行吟阁和听涛景区附近，鸟种主要是乌鸫、珠颈斑鸠、黑水鸡、白鹭、牛背鹭、夜鹭、池鹭、小䴙䴘等。在南角的寓言公园周边，有厚嘴苇莺、鹟类、寿带、黑枕黄鹂等林鸟。南岸武汉大学珞珈山，常年活动着虎斑地鸫、宝兴歌鸫，以及鲜见的牛头伯劳、棕腹仙鹟、黄眉姬鹟，还有行踪诡秘的猫头鹰类。在东湖南岸与武汉大学校内月亮湖之间，成群的灰喜鹊往来穿梭觅食。

东湖北部，梨园公园和东湖海洋乐园一带，每逢秋冬，万只丝光椋鸟齐聚，形成宏大的鸟阵，如此鸟类奇观令人叹为观止。“鸟儿军团”旋转着上升，像云雾在天空变幻万端，然后，犹似鹅毛大雪降落，栖息到茂密的樟树林中，这是丝光椋鸟在组团觅食。据武汉市园林和林业局统计，目前全市行道树种植樟树近二十七万棵。冬季成熟的樟树果实，引来大批的丝光椋鸟。要知道，二三十年前，丝光椋鸟在武汉还属于夏季候鸟。如今，这种鸟选择了东湖，即便是在冬天，它们也舍不得飞走了。

寒露前后，两万只以上红嘴鸥齐聚东湖，可谓盛况空前。最佳观鸟点在磨山景区和落雁岛水域。红嘴鸥俗称“水鸽子”，因红色的扁扁小嘴而得名。鸟喙尖端黑褐色，身羽白色，展翅高飞，犹如白衣仙子，精灵古怪。它飞翔滑行时，突然一个俯冲，一个猛子扎下湖水中，迅疾叼起白光闪闪的刁子鱼。漫天飞舞的红嘴鸥，蕴含着东湖的无限生机。红嘴鸥夏季在西伯利亚繁衍生息，冬季迁移至南方某地越冬。如今的东湖，成了它们理想的目的地。

武汉观鸟会发布的观测报告显示，通过对环东湖地区持续九年的鸟类观察，共记录到野生鸟类234种，超过武汉鸟类总数三分之二。其中小天鹅、鸳鸯、白琵鹭、灰鹤等珍稀水鸟，蛇雕、苍鹰、游隼等珍稀猛禽，都先后出现在东湖地区。

初冬的一个晴日午后，我独自走进东湖大门。天空澄澈，树林青葱发亮，湖水绿泱泱的，空气像湖水一样透明，植物的幽香丝丝缕缕萦绕鼻端。几只白鹭安静地伫立于湖边，把自己的剪影倒映在水面上；在近岸的湖面，两只绿头野鸭欢快地凫水，一只小䴙䴘机警地游弋；红胸秧鸡“吨吨”地啼鸣，未几，它突然从芦苇丛中起飞；更远处，小天鹅的啸叫，划破静谧的长空。

在六十米开外的草坪上，有三只绮丽小鸟上下翻飞，像是一对夫妻领着一个孩子玩耍。我从望远镜里看到，此鸟棕红头冠，腹羽呈黑色，翅羽五彩艳丽，长羽纷披。这是戴胜。当我走近二十米左右，三只鸟儿黑豆样的眼睛扑闪扑闪，头冠瞬时开屏，“呼嗦嗦”大叫三声，葵扇形头冠半圆形展开，翅膀在空中一张一合，急急飞进了那边的树林。

唐贾岛有诗云：“星点花冠道士衣，紫阳宫女化身飞。能传上界春消息，若到蓬山莫放归。”戴胜既穿道士衣，又有宫女貌，果然怪异另类。看来，戴胜并不诡异，当生态恢复平衡，它便出现了。戴胜恰如其分地掌握了人类和鸟类相处的生存法则。人多的地方不来，无人的地方不去。如果你和它保持一个适当的距离，戴胜就会主动飞来；如果你几欲逼近它的领地，戴胜就会远去。戴胜和我们，似乎是一对时过境迁的情侣，若即若离，两不相忘。

（作者单位：武汉远程传媒）

（标题书法：王勇）

（插图：段银枝）

半城山水半城詩

邹俊煜

我从汉口来到汉阳工作已经整整十三年了，应该说这里的人文景观我都了然于胸，有些大景点一年都要光顾好几回，或是陪领导调研，或是招商引资陪客商考察，或是节假日履行安全保卫职责，或是协调景区单位工作中的问题。但是，这些常在眼前“晃悠”的景点从来就没有以生活的形式走进过我的内心。我曾在自己的一本专著中描述过自己心中的诗和远方：我想象着自己退休以后，要用一年的时间去远游，第一站是一个有茂林修竹、桃花夹岸、泉溪相绕、群山怀抱的僻静山村，我要学着陶渊明在那里种地、教书；第二站是海岛，我会在那里面朝大海，独自修禅；第三站是“大漠孤烟直”的朔北荒原，我会在戈壁沙漠里独行，感悟历史的沧桑和生命的韧性；第四站便是“天苍苍、野茫茫”的大草原，我会像苏武那样放牧，在马背上仰望星空。一句话，诗意在远方，而独不在自己日日站着的脚下。一次偶然的机会，一位久居武昌的好友跟我聊起汉阳，他说汉阳的美是过日子的淡美，需要有闲静的心境，才能读出其中的深意。我的天哪，我曾无数次在招商引资中教科书式、散文诗式地向外地人推介汉阳的人文底蕴，但自己却从没有过这样的视角和体验，这让我顿生愧意。于是，我决定完全抛开工作，以生活的状态游览汉阳，细细看看身边这位“居家美人”。

一大早，我就来到了南岸嘴。南岸嘴是万里长江和千里汉江奔流交汇所形成的冲击地带，有人拿它与“德国角”（德国境内著名的莱茵河与莫塞河交汇处）相类比，称其为“中国角”，认为它是中国的丹田所在；也有人拿它与美国纽约的曼哈顿、澳大利亚的悉尼海湾相比较，说它天生丽质，独具风采。“大江大湖大武汉”，而南岸嘴乃这诸“大”的中心，故又被称为“武汉的心脏”。我呆呆地坐在中国的丹田之处、武汉的心尖之上，云淡风轻地任意识随江水流淌。我看着太阳在江面升起，雄浑的长江与清澈的汉江在眼前形成一道“泾渭分明”的江际线，然后慢慢消融在江流的远方。我想起了《尚书》里的金句“江汉朝宗于海”，众水归宗，多么博大精深！我还想起了孔圣人那句“逝者如斯夫”的感慨，短短五字，纵横宇宙，贯穿古今，其深邃和空灵永远让人咀嚼不尽。有人说长江是武汉的“父亲河”，汉水是武汉的“母亲河”，奔流的两江养育了我，也养育了我的家，我对此深怀感激。老子说“上善若水”，我要说“斯水上善”，眼前的父母之河就是世上最美的水。江水滔滔，拍打着两岸，微风中江声阵阵入耳。回看江滩，有跳广场舞的，有晨练健步的，有江中游泳的，有持竿闲钓的，众色相杂，市井怡然，仿佛这里不是一个景点，而是一个生活的舞台。这江流和人流嘈嘈切切，各自奔流，如此平实而又川流不息。由此，我觉得晨光里那些行走的人们是幸福的，而我也因为看见他们幸福而觉得自己此刻也是幸福的。

我沿着南岸嘴徒步来到晴川阁。它始建于明嘉靖年间，景区由晴川阁、禹稷行宫、铁门关三大主体建筑以及众多碑亭、楼台所组成。平心而论，这些单个的建筑算不得恢弘壮阔，但整体观之却有种自家后花园的精巧别致：龟山就像花园里的后山，长江就像门前的溪流，黄鹤楼就是溪边的亭阁，长江大桥就像一条玉带把假山亭阁连在一起，而园内青草如茵，竹木葱茏，瘦石嶙峋，碑亭掩映，行走其中就像在花园里闲庭信步，可远眺，可近观，赏心悦目。我曾多次爬过黄鹤楼，但这次站在晴川阁上隔江远观，感觉跟过去楼中赏楼韵味大不一样。登黄鹤楼只有高处西望汉阳才会有“极目楚天舒”

的壮阔之感。这有崔颢的诗可证，他的《黄鹤楼》全诗八句，前后六句都是虚写，唯有"晴川历历汉阳树，芳草萋萋鹦鹉洲"两句实景，而且都在汉阳，全诗的气势尽在西望之中。而欣赏黄鹤楼的绝妙之处不在楼内，而在夹江相望的晴川阁，由此远望，黄鹤楼更加巍峨挺拔，更加烟雨苍茫。难怪明末文豪袁宏道、清初名儒刘献廷等登此楼阁皆惊呼其景实远胜黄鹤楼。

从晴川阁下来，便转到了禹稷行宫。它是历代祭祀大禹之地，其内有述说大禹治水伟业的朝宗亭、禹碑亭等；还有颂扬古代荆楚先民抗洪精神的楚波亭。徜徉于这些碑林之间，我深切地感受到武汉的城市命门在"水"里。大武汉因水而兴，武汉的先民们在这两江交汇的龟山脚下修建禹王庙，在对岸的汉正街修建龙王庙原已毁，现重建，名龙王阁，双庙并峙，护佑江城，其着眼之妙令人惊叹。

晴川阁与龟山原是连为一体的，如今一条城市干道把它们分割开来，而连接它们的便是铁门关。跨过铁门关向西有一条山道直通龟山山顶。龟山，我是来过多次的，其中，有几次是专门来爬山的。这里爬山不累，东西两侧都有石阶山路，两旁绿树掩映，登攀起来身爽心悦；南北也都有蜿蜒的车道盘旋而上，人车两便，人行其中也是别有情趣；山顶像龟背，长长的脊背平坦而又苍翠，沿途有禹王宫、龙祥寺、向警予烈士陵园和红色战士公墓等诸多景点。在这里徒步很受用，最大的妙处在于走路不累也不枯燥。平时来这里锻炼休闲的市民很多，难怪有人说汉阳的风景在生活里。

有道是"山不在高，有仙则灵"，而此山则是有龟则灵。相传大禹治水到此，遇一水怪作乱，数载不克，后得灵龟降伏水怪，治水成功。灵龟后来化为一山，即是龟山。所谓龟蛇锁大江，不仅是山水相连的磅礴诗意，更是庇佑江城的冥冥灵器。龟山上下有很多关于大禹治水的传说和遗迹，其中一则于我有特别的意义。我的第一故乡是江西庐山，庐山的第一高峰叫汉阳峰，我的第二故乡便是汉阳。当年大禹在汉阳成功将汉水导入长江后，登上龟山遥望长江，然后他到了九江，登上庐山最高峰，西望长江、汉水，看见汉阳城灯火辉煌，治理长江、疏浚九江的治水方案油然而生。从此，他在庐山登高之处便成了汉阳峰。此刻，我这个汉阳峰下的汉阳人，就站在当年大禹站着的地方遥望家乡，万般感慨，不知该怎样叩拜脚下的这片土地！

龟山景点不少，但我认为其美不在山中，而在山外，在登高壮阔的视野。我登上高高的电视塔，俯瞰江城，壮美的空间格局让我彻底臣服造物的神奇。一条蜿蜒伸展的玉带由西从米粮山、仙女山、锅顶山、扁担山、梅子山、凤凰山经龟山跨江向东奔向蛇山、洪山、珞珈山、喻家山等，龙脉驰骋，形成山系坐标 X 轴；长江"沉沉一线穿南北"，构成了水系坐标 Y 轴；龟山及其电视塔高高耸立，构成了空间坐标 Z 轴；而龟山脚下、两江交汇的南岸嘴便是坐标原点。如此大开大合、气吐乾坤的境界世所罕见，其气魄、其格局，让人叹为观止！从高处俯瞰两江奔流，临风览胜，一些脑海里熟悉的金句扑面而来，引无限诗情到碧霄。"登高壮观天地间，大江茫茫去不还。""无边落木萧萧下，不尽长江滚滚来。""孤帆远影碧空尽，唯见长江天际流。"这些诗句让你灵魂出窍，宠辱皆忘，平日那些挥之不去的蝇营狗苟一扫而空。"滚滚长江东逝水，浪花淘尽英雄。""大江东去，浪淘尽，千古风流人物。"龟山三国文化浓郁，山腰有鲁肃墓，山脚有关王庙、洗马长街等，山顶有计谋殿及众多的三国人物雕像，放眼低吟，历史的沧桑感奔心底而来，风云激荡的三国便立马在眼前活了起来。

怀古与览胜是龟山的两大绝美。站在电视塔上 360 度全景俯瞰江城，别有韵味。向东一条大江奔流而下，龟蛇相锁，大桥纵横，黄鹤楼高耸苍穹，一座雄城依山襟江，拔地而起，铺天而去，其间，绿色掩映之中的浩瀚东湖像珍珠一般镶嵌城中，甚为壮美。向西向南两江夹岸，湖光山色，归元禅寺梵音缭绕，月湖风情琴韵和美，古镇汉阳高山流水，熠熠生辉。向北汉水奔流而汇入长江，锦绣江滩游人如织，外滩高楼鳞次栉比，繁华竞逐，"五百年前一沙洲，五百年后楼外楼"，大汉口书写了人间传奇。登高四顾，大武汉何以为大，其所大之体格、骨感、气质、神韵，一目了然。我就纳闷，上海的黄浦江有长江的气场吗？上海城里有山舞龙蛇的底韵吗？为什么东方明珠票价那么贵，还游人如织？而龟山分文不收，却鲜有此况？我想起好友的话，大抵前者也，看热闹、观外景者众，而龟山是天人合一、发呆遣怀的地方，登临需要有一分内心清静和文化底蕴，因此，它天然属于小众。这倒也好，不经雕饰，品质自在。

我从龟山下来，不一会儿就到了归元寺。归元寺我很熟，但我还是特意请了一个导游，不为别的，就为交流。美女导游在山门前指着寺庙铭牌解释说，"归元"二字取自佛经"归元性不二，方便有多门"之句，意为万法归一。说完之后，她故作停顿，要我再仔细看看铭牌，问它与别的寺庙有什么不同。而我故作不知。她说一般寺庙均横书悬嵌于寺庙山门之楣，而归元寺为直匾，且为道光皇帝所赐，这在全国罕见，堪称丛林一奇。我连声哦哦，并有意反问道，那归元寺还有什么不同？美女职业性地炫耀着说，那多了，一般的寺庙都在深山老林中，而归元寺却在闹市之中。还有归元寺有五百罗汉……我说："你说的都没错，但我认为归元寺最本质的不同，就在于它不是孤悬于世外静待世人朝拜，而是主动走入众生，生活化、世俗化是它的本源，别的寺庙是脱俗，而它是入俗。据说明末清初，天下大乱，还常有水患灾害，从浙江来的白光、主峰两位和尚云游到此，见尸骨遍野，一片凄凉，便想就地修建寺庙，好掩埋尸骨，以超度亡灵。应该说汉阳周边好山不少，但两位法师看中的是当地商人王章蒲的后花园，归元寺由此始建。慈航普度，码头不在深山，而在百姓身边，这才是归元寺的初心和与众不同。”

导游小姐按照既有流程开始给我介绍了。归元寺创建以来，迭经战乱，屡败屡兴。现存建筑，系清同治三年（1864 年）、光绪二十一年（1895 年）及民国初年陆续所建，它由北院、中院和南院三个各具特色的庭院组成，拥有藏经阁、大雄宝殿、罗汉堂三组主要建筑。我说：“你不必按剧本走演，挑几个主要的说说就行，你刚才不是说罗汉堂独具特色吗，那就先去那里好了。”于是，她就开始跟我讲五百罗汉的前世今生、数罗汉的游戏规则……过去我常常是在工作状态下来这里的，但从未数过，今天就我一个人，签好签坏无所谓，无非是消遣。五百尊以脱塑工艺制作的罗汉塑像，形态各异，栩栩如生，在我眼前各展风采。我随即点了一尊，然后按照自己的年龄数到了序号为第三百五十号的大药尊者，法相所现正面跏趺，坐于藤条大椅上，双手笼于袖中，神清气爽，宽额亮目。诗云：“灵山有路千万险，矢志不移志更坚。千江有水千江月，万里飘云万里天。”导游小姐说，好签呀，又是千江月又是万里天的。我说：“就那样吧，没看见前面还有一句千万险吗？套用一句老俗话，就是道路是曲折的，前途是光明的。”我们相视一笑，接着前往大雄宝殿去。大雄宝殿门前人流如潮，导游小姐拉我往殿内走，而我则在佛祖旁的一副对联前久久伫立，不为所动。

世外人法无定法，然后知非法法也；

天下事了犹未了，何妨以不了了之。

导游小姐见我略露呆态，便说：“平时游客在此联面前驻足的还挺多的，要我说，什么法与非法的，了与不了的，不过是顺其自然罢了。”我点头称是：“大道无形，我们非要整个有形的什么法来让人跟着学，其实无法可效；很多事本来就了不了，何必刻意去了，倒不如不了算了。”导游小姐得到我的肯定后，说：“先生，藏经阁那边还有一副更妙的对联，要不去那边看看？”我说，好。

见了便做，做了便放下，了了有何不了；

慧生于觉，觉生于自在，生生还是无生。

这一联禅味极深，上联还很有一点《红楼梦》里“好了歌”的味道，做了便好，好则便了，凡事要懂得放手。下联则颇有些道家无为的意味，无为自在，悟自天成，由此而慧，是“无”生出了“有”，而不是“有”生出所谓的慧悟，守静持虚，无为而治，才是人生根本。

逛完归元寺，随后便来到梅子山旁的月湖公园。月湖像一颗珍珠镶嵌在龟山脚下、汉江之滨，素有“武汉城心，三镇之肺”的美誉，是市民休闲健身的好去处。我徒步行走在月湖南岸，一路向东，穿行在音乐森林区内，流连于高山流水的人文典故之间，不一会儿就来到了古琴台。

古琴台建于北宋，后屡遭损毁，清嘉庆初年重建。景区占地面积不大，但很精致，外借龟山和月湖的风景，把当年伯牙与钟子期在此高山流水遇知音的意蕴演绎得恰到好处，难怪有人称此地为“天下知音第一台”，是中国最著名的音乐文化古迹。我流连于碑廊中的历代石刻及重修琴台碑记，其中，道光年间岭南才子宋湘的题壁诗让我很感慨。其诗曰：“噫嘻乎，伯牙之琴，何以忽在高山之高，忽在流水之深？不传此曲愁人心！噫嘻乎，子期知音，何以知在高山之高，知在流水之深？古无文字直至今。是耶？非耶？相逢在此，万古高山，千秋流水，壁上题诗，吾去矣！”宋湘是广东梅县人，因眷恋琴台，在他七十八岁高龄时特地前来一游，游后感慨万千，写下了这首流传至今的题壁诗。走出碑廊，我来到伯牙台，相传这是当年伯牙鼓琴的地方，“伯牙抚琴”的汉白玉塑像矗立其间。台的中央刻有相传为北宋书法家米芾所书“琴台”二字的方碑和“伯牙抚琴图”，石台四周用石栏围砌，栏板上刻有“伯牙摔琴谢知音”的浮雕图。我不谙乐事，但感动于他们的传说。两千多年前，伯牙临别时对子期说，来年还来相见，这在很多人看来不过是朋友分手时的一句客套话，谁会当真呢。可是第二年，身为晋国大夫的伯牙推掉公干，带上钱财，告别家室，爬山涉水，如期来到当年他们相约见面的地方。他在汉江口的船上弹奏着《高山流水》以等待子期的到来，可是，等来的是子期已不幸逝世的消息。他悲痛欲绝，愤然摔琴谢知音。一个人为了一次相逢相识，为了别后的一句承诺，可以抛家别官，可以放弃自己的挚爱（音乐），这就是古人“一诺千金”的分量！由此，想到社会上闹得沸沸扬扬的各种造假事件以及防不胜防的电信诈骗等，我立马就生出一种“顿足高山不流水，拔剑四顾心茫然”的莫名愤慨。琴台这个地方，是一个洗心的地方，人的一生至少要来三次。第一次，是青春成长恋爱季，来这里学会忠诚；第二次，是事业打拼创业阶段，来这里学会守底线，人可以贫穷但不可以使诈；第三次，是当你老了，一切云淡风轻了，来这里怀念自己曾经有过的感动。

一天下来，不知不觉已经夕阳西下了。我决定晚上在琴台大剧院看节目，内容是《高山流水》音乐剧，很应景。琴台大剧院是国内一流的剧院，演出高雅，置身于此，让音乐消解白天的疲乏，真是难得的精神享受。看完演出，走出灯火阑珊的月湖，只见龟山电视塔与黄鹤楼交相辉映，两江四岸金碧辉煌，白天的胜景潜形于星空之下，变成了别样的诗意流淌，如梦如幻。

（作者单位：武汉市汉阳区人大常委会）

（标题书法：吴靖东）

（插图：朱良川）

栀子花开

吴脉英

端午节前后，空气里弥漫着这个时节里独有的气味。这气味是纷杂的：有粽叶的清香，有艾草的药味，有熟鸭蛋的味道……最使我迷恋的是栀子花的香味。在仲夏热力的蒸腾下，栀子花香扑鼻，让我的心着实甜润。一年中，我最爱这个时节——栀子花开的季节。

栀子花树蛰伏在人间大地的各个角落，这段日子里，栀子花便闪现出来。先是在你骑车或散步的一瞬，它在人家敞开院门的一隅，小小的白色撞入你的眼，你的心一喜，哦，栀子花开了！抑或是迎面走过一女子，一股清丽的香味飘来，啊，太熟悉了，栀子花香！你会扭头去看那花儿在她的发上，还是手中。而那最隆重的，总是出现在东街菜场东入口旁的地摊上。在装满粽子、鸡蛋和咸蛋的提篮旁，有铺开的大张透明塑胶纸。塑胶纸上，左边是一大堆白白的花朵，中间是一大堆花萼下有三两片绿叶缀着的花朵，右边则是一堆二十公分左右长的花枝扎成的花束。这是怎样一位深谙爱花人不同偏好的卖花人！那位坐在花后马扎上的卖花人是一位老婆婆，没牙的嘴瘪着，笑眼眯着，脑后的花白发髻上斜插一朵栀子花，满脸的皱纹也笑成了一朵花。摊前立满了人，有小姑娘喊着妈妈买；有姑娘买了绑上马尾的；有少妇买了放进坤包的；有大妈捏在手里，靠近鼻，嗅了又嗅的……这一群，都是爱花的女子。

我不知栀子花到底有着怎样的魔力，让我热爱并痴迷。它没有玫瑰的妩媚，没有牡丹的富贵，没有莲的高雅，没有菊的悠然……但这润白、清丽的花儿，时而让我心动，如怀春少女；时而让我心静，静得眼前只有它的形，鼻间只有它的香。它如邻家女孩般恬静，如江南女子般温润，就那么平和、毫不张扬地开放着。它让我想起久远或近前时空里的诸多人事。

爱上栀子花，是从童年开始的。那个年代里，栀子花树如其他物资一样稀缺，全村仅有一棵。这一棵花树栽种在村北头靖婆婆家的院里。院子没有院墙，惹得馋花的几个小女孩儿手痒想摘。靖婆婆家却养着一条吓人的大黑狗，终日趴在花树旁。靖婆婆挽着光洁的发髻，穿一件斜襟青布褂，常手摇蒲扇，坐在花树旁的矮脚靠背椅上。见我们几个小女孩巴望着花，她会欣然起身，摘一捧花儿，热心分发。分到花的我们欢喜雀跃，如获至宝。我会忙将一朵栀子花扎于麻花辫发梢的皮筋里，扎了花的脑袋喜欢左右摇晃，便于嗅到花香；另一朵拿在手里赏玩，先是放在鼻前狠狠地嗅，恨不能将花香全吸进肚里去。待到花色由洁白褪到泛黄，花瓣也萎到发软，便扯下一片两片花瓣，用指尖使劲掐，直至花瓣上落下一条一条掐痕，又将掐痕累累的花片儿放于掌心，搓成小条，使劲按压挤兑，硬是要挤出花的香水来，好让香气沾满指掌。那时对花的爱，到极致竟是蹂躏。如今我为自己曾经的那些对花的行径深感不齿、痛悔。如此详尽地书写，权当忏悔吧。这一朵花儿被我罪恶地摧残了，那一朵辫梢上的，我却极端珍视着。时间不可逆地摧毁着它，我却想让它保持鲜活。天擦黑时，我和几个小伙伴一起来到村前秧田边，把萎黄的花儿小心翼翼地插入秧禾间的泥水中。据说这样做，次日早晨花会如从树上刚摘下一样新鲜。虽然我并没有见过返鲜的栀子花，但我幼小的心灵依然对次日清晨的鲜花充满渴盼。至于靖婆婆家养的狗，我一直有着隐隐的怨懑：孩童时的我一直忖思着靖婆婆养狗防偷与热心给花的矛盾。直至那花树和靖婆婆早已不在，靖婆婆的后人依然养狗，我才释怀。

女人在被称为花季的时光里，是免不了和花产生联系的。就在这样的时光里，我做了偷栀子花的贼。高二时的夏夜里，我和三位好友挤在床上，商量偷花事宜，兴奋得夜深不眠。在那个天未亮的清晨，四人一起来到先前确认的地点，虽然按捺着激动的心，但还是摘得手忙脚乱。摘了几朵花，早不记得，但那份窃喜仍在。多年后的如今，听刘若英在《后来》里唱："栀子花，白花瓣，落在我蓝色百褶裙上……"记得我也有一条蓝色百褶裙，也有一个放在心底的男生呵。这歌是如此契合那个夏天的心境，有着羞怯的甜蜜，有着淡淡的忧伤。

记不得是出嫁前的哪一年，家里也种了栀子花树。我再不用稀罕别人家的花了。便在年年春去夏来时，有了踏实的期待。一个下雨的周末早晨，当我还赖在床上，母亲在院里已喊开：起来摘花啦——好香啊——好多啊——这时，我一骨碌翻起身，跑向院里，和母亲一道摘下一朵朵带着水珠的洁白的花儿，将它们放于屋内各个地方，片刻间整个屋子都香了。母亲会把花送给村里的爱花人。我想，母亲也会是某个女孩悠远记忆里赐花的婆婆吧。后来，村里有更多的人家种了栀子树，没种花的人家都有人相送。花开时节，整个村子便弥漫着栀子花香。出嫁后，花期里，父亲或妹妹会送花与我，有时我也会特地去娘家摘花。

婆家当然也是种有栀子树的，因为我挚爱，况且爱人素来喜好养花。栀子树最初是种在院里的，因为院小难透风，光照有限，栀子树迟迟不开花。爱人将它移到院外花坛里。到底城区地窄房挤，比不了乡野村落敞亮，这棵树不及娘家那棵长得茂盛。花倒是在开，多年来我却没摘过一朵盛开的。开花的日子里，我早起开院门，头天记得清晰的花骨朵已不在枝头。想起自己曾经的偷花行径，对摘花人竟无一丝怨恼。自家人想摘一朵花，那得在深夜：爱人手执电筒，我拨开花枝，在光亮间寻到稍大的花骨朵，摘下后插在水杯里。我与爱人常打趣说，我们家的栀子花都是在水杯中开放的。有时，推开三楼去阳台的门，无风的时刻却见院外栀子花树枝叶颤动。我会悄然退回屋内，生怕扰了那摘花人。一个同我一样爱着栀子花的摘花人，我怎忍心让她尴尬呢？

我家后排住着幼儿园的陈老师，她家院前也种着一棵栀子树，比我家长势好，花开得多又大。常有左邻右舍的大妈大嫂聚在树边，谈着栀子花。陈老师让她们随意摘花，她们摘完后说笑一会，心满意足各自散去。见我家屋后的窗开着，陈老师叩窗，捧一把花递进来，说一声："你家的花迟。"竟连我家的花期都了然于心。接了这一捧花，我满心感动。近年，陈老师老两口去南方带孙子，临走前不忘叮嘱邻居们："你们可要记得摘花哦！"她不说，大家也会摘花。她这一说，只为邻居们摘得坦荡。这一说，可是怎样的一种润心、体贴的招呼！

人生之中，除了苟且的生活，总得需要一些什么来温暖灵魂。栀子花，正是这样的世间一物。一株树，开一树花，带给人美好的享受。这美好并不仅仅来自它作为大自然馈赠的花本身，还因美好随着花香在人间生发留存，衍生出无尽的情愫。如我那些关于栀子花的点滴细碎、林林种种，揉和了，便塑成了情怀，凝成了情结。

栀子花，香染了我的记忆，也将香满我的余生。

而我，多么想做个香染并温暖他人灵魂的女子，如栀子花一般。

（作者单位：武汉市新洲区粮食局）

（标题书法：向中盛）

（插图：胡赞美）

生命驛站

张年军

我要去黄鹤楼边大桥底下，那里有我朋友的家。朋友家院子里有小猫小狗，有生命的驿站。猫狗们并不住在里面，它们只是在驿站里稍事休息，或吃点好吃的东西，吃完就离开，然后，下一位，或猫或狗，也是稍事休息，吃点好吃的东西，如此不断轮回。

我要去看看这些小生命。

我有点急迫。

我之所以如此，是因为我想知道疫情之后那些小猫小狗是否还在“人间”，还因为我想起多年前我家的一只小猫。

还是先说说我这朋友吧。

暮春时节，我到这位朋友家拜访，参观他的新房。朋友特别提出，应该看看他家那些巨大的院子。我颔首笑笑，对“巨大”两个字表示怀疑。

这是一间花木繁盛的小院，呈现一派欣欣向荣的景象。

那时正值雨过天晴，我伫立院子高台上，深深地呼吸着新鲜的空气，心中不禁积聚许多感慨。

我说：“无论是谁，能到这里驻足，肯定能多活两年。”

说完我还得意地“哈哈”了两声，仿佛这院子压根就是我给设计的。

我的话音刚落，朋友指着我脚边一间小房子说：“你瞧瞧，你脚下……它也能多活几年呢！”

我循着他手指的地方看去，只见地上隆起一间小屋，红瓦、白墙，小窗、木门，一应俱全，就像一座小小黄鹤楼。那里面，正躺卧着一只雪白的小猫。

我想起我家的小猫。就问：“你养猫啦？”

他说：“没有啊！我设计这间迷你小屋，是想让路过我家院子的小动物们有一个栖息之所。你瞧，这只小猫，显然是一只流浪猫。它刚才还在大快朵颐呢，你来这里参观，它急忙安静下来不敢造次。”

果然，小白猫身边正有半碗猫食，显然是小猫吃剩了的。

据我的朋友说，他的这间名为“驿站”的小房间，除了小猫之外，还能接纳体型较小的狗之类的小动物。

我突然想起哲学家赵鑫珊先生在《孤独和寂寞》一书中的一段精彩描写，内容是关于小鸟客栈的。

此处特摘录部分描写，以便表达我对小鸟客栈的个性化解读。

“德国乡村这种小鸟客栈至少有几百年的传统，它由一些原木（多半用白桦）构筑，小鸟可以自由进出、来去。特别是在大雪纷飞的日子，小鸟可以进来避风寒，饱餐一顿。”

看来，我的这位朋友的创意和赵先生在德国所见小鸟客栈，真有异曲同工之效。

他们的目的只有一个，那就是以悲悯的情怀，来关照所有弱小的生命；以一己之力，将小爱拓展为大爱。

生命原本是平等的，当我们面对弱小生命时，如果能够蹲下来，以平视的方式来和对方进行对话，那么，不仅弱小生命会获得一条通往幸福的坦途，甚至我们自身的灵魂，也会因为能拓展如此美好阔大的胸襟而变得无比高尚。

前述所谓“对话”，其实也就是我们作为人类，为弱小生命铺就的生命通道，而朋友的那间小屋，正是通道上的一间驿站。

我的朋友就是这个驿站的站长，也是生命通道上的守护神。

我走近那只小白猫。我蹲在那里，伸出右手，轻轻地抚摸，就

像抚摸我家的小猫，很轻很轻，轻得小猫似乎没有什么反应，它非常惬意、非常受用地歪着脑袋，那脑袋并没有直直地躺下去，而是悬在半空中，显然是以这样一种奇怪的姿势来认可我对它的情感“入侵”。

看来，从某种程度上说，动物还是有情感认知的，狗自不必说，那些并不解风情的小猫，一旦住进了这样的驿站，它的灵魂之刺，恐怕也会心甘情愿地软下来，而甘愿做我们人类的朋友。

反观我们人类，如果把动物们当作真正的朋友，如果我们所有人都会以“移情手法”进入动物的内心世界，也就是说，让我们眼中的小小动物也有情感，也有一定的思维方式，也有悲悯的情怀，那么，我们的精神世界，不是会变得更加丰富且富有丰足的情感了吗？

赵鑫珊先生在《孤独和寂寞》中描写小鸟客栈的目的，是想说明陌生化的艺术手段是如何能在很大程度上增加人们的审美快感。他说：“这个小小建筑空间是鸟笼子和人住的屋的变形，使之陌生化。在我眼里，它却是一首绝妙的诗。”

赵先生对小鸟客栈的解读前半部分我暂且不论，我感兴趣的是后一句：“在我眼里，它却是一首绝妙的诗。”

同样，当我们走进移情世界，当我们眼中的小鸟、小猫、小狗等等看起来有点卑下的生物，一旦被赋予了情感——人类的情感，那么它们就应该是有诗性的生命。而当我们遇见小白猫躺卧在这个避难所的时候，我们是不是这样来思考：

它知道这家的主人为它备好了一应物资。

它从此就记得这个地方乃是它生命的福地。

它心中记住了只有在一些情况下这房子才是自己的温馨的港湾——饥饿和寒冷，还有风霜雨雪和阳光灼晒。

它有时准时有时并不准时地前来消受，就像我们时不时地去高级餐厅享受。

我们还会这样思考：

如果我们是芸芸众生，我们会把它们看作异类，因而不会施与它们以食宿。

如果我们是富有艺术情怀的人，我们会把它们看作是一体的，于是二者之间就会消除隔阂，同呼吸同命运。

我们会相看两不厌。

我们会焦急地期待，耐心地等待，欣慰地观望，留恋地相送。

如果果真是这样的话，那么，我们的内心世界，是不是就会多了一份柔软的情感和底色，多了一片寥廓的艺术思维的天地，正像著名作家丰子恺所说：“此种诗句中所咏的各物，如牛、燕、岸花、汶上柳、敬亭山、潮水、明月、春风等，用物我对峙的眼光看，皆为异类。但用物我一体的眼光看，则均是同群，均能体恤人情，可

与相见、相看、相送，甚至于对饮。这是艺术上最可贵的一种心境。”

我家的小猫，也是这么白白的啊！我依依不舍地把手从小白猫身上拿开，因为我看见，一位“新客人”到访了，此刻，这只小猫应该让位于“新客人”了。

你要知道，这是一个生命驿站，所有的小动物，都有资格来此消受，不分雌雄，不论贵贱，不管老少，不看贫富。

驿站的服务对象是流浪的小动物，就像我们人类的救助站，而我们救助站的每一个员工，都应该是对于悲悯与同情有着深刻感悟的。

正因为如此，当我们迎来送往的时候，当我们怀揣着焦急的期待心情的时候，我们的内心时不时会涌现出一些如水般的情怀吗？

当我们耐心地等待一个新的流浪猫或狗可能会在下一秒出现的时候，我们会有一种望穿秋水的感受吗？

当我们深感欣慰地观望流浪猫或流浪狗狼吞虎咽地咀嚼着那些香喷喷的猫粮或狗粮的时候，我们会不会从心底里涌现出一股暖流来呢？

当我们依依不舍地送别那些吃饱喝足的流浪猫或流浪狗远去的时候，我们会不会担忧它的下一站的食宿问题呢？

看上去这些问题都是那么的具体而微末，但实际上，我们可以用一个字来表达全部的理念，这就是：爱。

我们并不是一开始就爱上它们的，我们是从同情与怜悯开始然后才上升为爱的。

同情、怜悯、向善、崇美——循着这样一种阶梯往上攀登，你会找到人类苦苦追寻着的情感制高点，而非道德制高点。

又一个“客人”到来了——是一只流浪狗。

其实它就一直在一旁等待着，因为我的缘故，它没及时就座，它老实本分地、听话地在一旁等待。

它一直关注着那只小白猫。

小白猫也很知趣，它稍稍犹豫了一会儿，离开了。

就这么离开了？我家的小白猫！

接下来，后一个“客人”登场。我的朋友立刻给这位“客人”换了另一碗饭菜。

仍然是狼吞虎咽，我抚摸它任何一个地方它都没有反应，只是一个劲地摇摆尾巴。看来它的确是饿极了。

趁流浪狗大快朵颐之际，我离开了它，离开了这个奇特的驿站。

我站起来，呼唤着它的名字（它是有名字的，它叫做“混混”，那只小白猫的名字暂时缺失）。

我得走了，我告别了我的朋友和他家里的那些小动物，我特别看了一眼那只小白猫，它用无辜的目光盯着我，盯得我几乎要心碎。

我感觉自己从此有了牵挂，有牵挂的人不是一般的人，是有责任感的人，有担当的人，有美的追求的人——我自豪地想。这样一来，我可能会离艺术、离诗性更近一些，离美也会更近一些。

赵鑫珊先生说："在德国乡野，我经常骑自行车闲逛。当我看到屋前屋后有个四周敞开的小鸟客栈，我总是有种新奇的反应。"

我想，从此以后，我得努力像赵鑫珊先生那样，并且希望能有更多新奇的反应吧！不，应该是忏悔与自责。

疫情之后，我打电话给这位朋友，问及小猫小狗是否无恙，特别提到那只小白猫。

他顿了一会儿说："你来了就知道了。"

什么意思？应该不会是不祥之兆吧？

我赶紧出门，直奔江那边的黄鹤楼而去。

我忽然觉得自己是一个有牵挂的人，有牵挂的人是有责任的人，多年前我不是，多年前我家养过一只小白猫，可是由于看管不力，而不慎丢失。

我闭上眼睛，无数个小白猫插上翅膀往生命的驿站飞奔而去，它们在黄鹤楼上方盘桓，它们没有停歇。

（作者单位：长江日报报业集团）

（标题书法：熊志成）

東湖

黎 笙

在东湖的记忆里，遍数她所拥有的诸多荣誉，最难忘的是曾经一举摘取亚洲最大城中湖的桂冠。就那么从容地铺开 3,300 公顷的天光云影，沿着磨山、珞珈山逶迤的苍黛，一任鸥翔帆驶，以其水天相连的空阔，消融着这座人口过千万的超级大都市的尘嚣，从而撑起生态大武汉的半壁江山。

东湖风景区的建设起步于中华人民共和国刚成立，爱国民主人士周苍柏捐赠的 500 亩“海光农圃”。经过将近 70 年的发展，特别是近 40 年的改革开放，其步履逐渐加快，“还绿于城，还湖于民”的现代理念，促进了东湖绿道的初步建成。那是一个辽阔的拥抱，绿道张开 100 多公里的臂膀，怀抱东湖四大景区——听涛景区、磨山景区、落雁景区和马鞍山森林公园。

同在一个被拥抱的臂弯里，四个景区各具不同的面貌。

听涛景区，陈列着两千多年前爱国诗人屈原的生平事迹，行吟泽畔，其“上下求索”的足迹，宣示着一个民族追求真理的耿耿初心。

磨山景区，依山而筑的楚风仿古建筑，再现历史的城池和宫殿，彰显着与古希腊同灿一时的东方古文明。

马鞍山森林公园，林涛四季演奏着大自然的交响，这个国家级“森林之城”武汉，吸引众多前来聆听天籁的知音。

落雁景区，天人合一的中国传统哲学化为城市的一腔柔情，那些供鸟类觅食的果树蔚然成林，便构筑起“天外来客”的温馨驿站。

环绕在东湖盈盈一水间，各景区无不浸润在“上善若水”的波光浪影里。沿东湖绿道而行，有山、有林、有泽、有田、有岛、有堤、有湾……获奖众多的东湖绿道，2018 年又获国际规划界最高奖——“规划卓越奖”。

还有一个景点之外的景点，它不为人知，从未上过任何一张旅游地图，但由于它的存在，使沿湖的景点都有了一个清澈的倒影。瞧，中科院水生所的水质监测船！他们数十年的努力，使东湖赢得了“绿心”的口碑，那是一种信念：绿水青山，就是金山银山！

作为城中湖，东湖经历了由远而近、从疏到密的过程，与武汉市民越来越亲近，以至融入他们的日常生活中了。当武汉有了“桥梁之都”的美誉，造型各异的二十多座桥梁，把两江三镇连成一体，极大地美化了城市，也方便了市民出行。游东湖，可选择多种出行方式：地铁更快，庞大的地下交通网络，无论家在何处，送你直达东湖梨园；如果愿意自驾游，从汉口闹市中山大道进入万里长江第一隧，出口便迎来清新的湖风拂面。

对武汉人来说，东湖不仅是休闲度假之地，而且是引以为豪的世界性公共话题。一年一度吸引世界各国选手参赛的汉马，终点就设在东湖；奔跑的长龙是为比赛，又何尝不是因为“东湖有约”呢？

听东湖的故事，你会发现任谁都绕不开一个名字——毛泽东。这位开国领袖曾先后 48 次来到武汉，除首都北京，这是他居住次数最多的地方。在大江大湖之城，毛泽东动则泳江，“万里长江横渡”；静则亲水，下榻东湖宾馆。窗外千顷波光不请自来，摇曳在天花板上，那满桌文件半床书就即刻明亮灵动起来，这是毛泽东最惬意的时光。对于诗人毛泽东来说，极目楚天，凭依的是长江是东湖。

在这风景独秀之地，也独秀着武汉高科技重镇光谷，与大洋彼岸的硅谷媲美，这里生产的一根比头发丝还细的光纤，可容纳 70 亿人同时通话。爱美的大学生也纷纷来此，拥有大学生人数全球第一的武汉，高校林立，名校如武汉大学、华中科技大学等二十多个高等学府临湖而建，那是一种美丽的“陷落”——在东湖如诗如画的意境中。当春天来临，沐浴了珞珈山的樱花雨，学子们便有了惜春的感怀。从珞珈山脚出发，一路破浪划向对岸的水杉林，那一棵棵栋梁材便化作少男少女的如梦令；逐梦的桨摇碎了满天的云、霞、虹，或是雨、霜、雪，一程又一程，可就是他们无悔的青春！

东湖必将迎来更多四海宾朋，其天光云影的大美，亦将惊艳全球。

（作者系报告文学作家）

（标题书法：许国胜）

（插图：朱良川）

一江琴深联保里

邓鼐

红色坡屋顶上，龟裂瓦片，些许衰草，一只纯白的猫儿优雅地穿行其间，悄无声息。翻过屋脊，就是繁华的江汉路，仿佛一个转身，百年联保里携着歆生路无限光影的合集呼啸而来。原来喧嚣与沉寂，荣耀与幻灭，只有这样微微的一线之隔。历经世纪风雨的联保里老宅弄，正幽幽地散发着深蓝色的光芒，静静地如同一朵睡莲绽放着。

静谧小巷的尽头，锃亮石板路上，透过烟霞微尘的光柱丛林，滴滴答答走来一位碎花长裙的小姑娘。她身背琴盒，犹如仗剑的仙子，步步莲花，在丁达尔效应加持之下，时暗时明勾勒出精巧的五官。远处若有若无的琴音宛如一道彩虹桥，指引着她向着一处圣地前行。肩头的马尾辫如同最精准的节拍器，随着步点，左右摇摆着，行板，每分钟 66 拍。

三楼的一个房间里，一位老先生和小姑娘立于琴架之前，继续他们每日的工作，对着繁花织锦般的五线谱，一弓一弓地行进在音乐的圣殿里。他们面容平静，目光坚定，身形稳健，节奏铿锵。这日复一日的授习，看似单调枯燥，却又是至真至味。

精准，精准，再精准一些，琴头指间一根毛细血管的轻微抖动，差别可谓云泥之间，或早跨过三个音区。放松，放松，再放松，无数的艰辛与努力，汗水和泪水，无不在诠释着这两个字。对，就这么简单。号称世间最难研习的乐器，居然简单得让人无法置信。

夕阳下，万物都镀上一道金边。这道金边，镶在老先生略见花白的鬓角，也织在了小姑娘长长的睫毛边，更留在了屋顶小猫的胡须上。

阳台上盛开的银莲花，沐浴在浓浓的乐音之中，微风中翩翩起舞。厚重的石库门后，每家每户不大的方形天井，俨然成为最好的共鸣箱，丝丝入扣，又分毫不差地将乐音传送到每个人的耳朵里。这么多年来，联保里的街坊们已经习惯了这叽叽哑哑的声音，就像婴儿睡前的呢喃，就像老人午后的甜品，成了每日清晨的起床铃声，也成了每人心灵的祈安之音。

偶尔猫咪的一声长鸣，犹如最好的休止符，又如同最具代入感的和声，它似乎已经很习惯这种有琴声长伴的日子。“馒头——老面馒头”，偶尔深巷中一声高亢飘逸的吆喝，构成了一阙清歌之中高亮的花腔。

老先生连音乐学院的大门都没进过，却在狂暴岁月里，躲进自家的阁楼里，与古今的大师们进行着一席永无休止的对话。难以想象，在没有互联网，甚至教材稀缺的饥馑年代里，他是怎样自学潜修，登堂入室，继而传道授业，开枝散叶。他凭着对音乐的热爱，对孩子们的爱，硬生生地成就了一回“土法炼钢”成功逆袭的经典案例。当一个个学生在国内外小提琴比赛中屡屡斩获大奖时，一个非常棘手的问题出现在了本地媒体人面前，该怎样定义这样一位非同寻常的老师呢。

屋顶慵懒的猫打着哈欠，修整着自己的毛发。江汉关的钟声响了，它抬起头来，江鸥齐飞，鸽群掠过，如丝如缕的长江宛如一条大大的马尾，抚动着立于龟山、蛇山之间的大桥琴弦，响起天地之间最恢宏的乐音。这乐音，年年岁岁地流淌着，生活在这两江四岸的人们积年累月地享用着，早就习以为常，只有真正的高山流水之音才为伯牙所闻。

如带江水的斜对岸，是音乐的殿堂，音乐的学堂。联保里的琴声一天都没有停歇过，而音乐学院的乐声也如同江水一样长流淌、

永不息，宛如一曲江河的协奏曲，如此这般浑然天成，这是在野音乐与在堂音乐和谐共处最好的写照。不难想象，在这座江与湖缠绵、水与火交融的城市中，还有许许多多和老先生一样，默默孤独鼓琴的乐者，他们在属于自己的角落里共同奏出了这座城市最玄妙的和声。人生莫不如是，生命莫不如是。

孩子们来了，又去了，熙熙攘攘，却改变不了小巷里常年来来往往的局面。有的孩子成名成家了，当然，更多的孩子或许从事着与音乐无关的工作，但无论何时，无论何地，联保里学琴的日子已经成为他们生命中获得的最美的馈赠，业已融入他们的血液之中。长江之畔，联保里内，琴声不绝，永成生命中最美最炫的旋律。联保里的建设者们绝对想不到的是，原本自己的员工宿舍，百年之中，居然可以渐次幻化成为商贾的别所，日军的魔窟，抗战的据点，乐友的圣地。真是一条联保里，半部江城史。

多少年了，老先生头发白了，背驼了，声音也苍老了，唯有腰板还是那么挺直。年年岁岁花不同，岁岁年年叶相似。尽管身边的孩子换了一拨又一拨，这位老师还在继续守护着孩子们的音乐梦想。

他不抽烟，不饮酒，不接受家长的邀约。唯有在小小的居室里，他才是自己的国王，左手调琴，右手写诗。乐音满屋，书香盈窗。

大道至简，学院派老师艰深的乐理，在他那里不过是凡尘生活小事，不过是日常起居。他常常与学生分享前次读书心得，品评个中精妙的语词。当独处的时候，他拉开书柜门，摆弄着书架上泛黄的卷册，比较着草婴版本与汝龙版本的细微差别。这些做法细细潺潺地润泽了学生的心田。

身边的孩子如同潮汐一般，去了又来，聚了又散，从这一间小小的陋室，抵达了世界各地。这些从联保里琴房走出去的孩子，如若四海五洲同一时间一起推弓，那将奏响一曲何样壮美的奏鸣曲呢。

屋顶的猫仙停了下来，它自出生就受用着这源源不断的音乐大餐。慢慢地，它进入了梦乡中。岁月回响累积下来的那许许多多的噼啪算盘声、砰砰枪炮声、汩汩提琴声，都不妨碍它的清梦。在梦里，它自己也成了会挥弓、会拉琴的喵星人了。

（作者单位：武汉市文联）

（标题书法：夏才俊）

（插图：蒋勇）

红房依旧 青山常新

李文扬

在武汉市的青山区，有一处特殊的风景。在这里生活过的人或多或少都见识过它的样子：在笔直的街道两边，是一片三层红色外墙、红砖红瓦结构、三层尖顶、带点俄罗斯风情的房屋，进去稍不留神就会迷路，像进入了一个迷宫。从工业三路到建设八路，从“红钢城”到“红卫路”，这些地名之间共同的“红”，是彼此之间心照不宣共同记下的，武汉钢与火交织的一段历史。红房子，就是这历史最好的见证者。

起源

红房子最早的起源，要追溯到 20 世纪 50 年代新中国的第一个五年计划。在新中国大力推进工业化的这一时期，为了改变“南轻北重”的工业布局，毛主席在 1954 年批准建立了武汉钢铁公司，将新中国第一个大型钢铁联合企业定址于武汉市青山区。随着武汉工业的建设发展，武昌成为新中国重工业的基地之一，许多“武”字辈的企业也如雨后春笋拔地而起，来自全国 10 多个省的 5 万多名工人和 7 万多名家属集结在武汉。大量人口的拥入带来的是对住所的需求，随之出现的居民聚集地就是最早的武钢生活区（家属区）的前身。同时作为苏联援华的 156 个项目之一，红钢城地区的武钢职工住宅区规划整体上复制了西伯利亚工业区的模式。

新中国初期的建设条件艰苦，缺少材料，因此房屋很多并不是用钢筋而是用竹篾片搭建的，在这种条件下，红砖被选为红房子的主要材料。一方面，烧制红砖的综合成本较低，且生产工艺难度和建筑难度均不高，人们建设起来方便。另一方面，红砖因其墙体厚重，承担了一定的结构功能，让房子的稳固性有了进一步提高。综合来看，运用烧制而成的红砖建成的一座座房子，这是在当时建造住所最优的选择。红墙、红砖、红瓦、红屋顶、红窗户，这些东西组成的红色房子，大家亲切地叫它“红房子”。一个红房子可以同时满足居民对工作和生活的需求，外表坚实，挡风遮雨，内部还配有厨房、卧室和厕所，在那个时期看来近乎奢侈。

1956 年首批红房子在蒋家墩一带建成，也就是现在的八、九、十街坊，这片红房子成为当时武钢最好的居住小区。每一个红房子街坊全部采用某街坊某门某户的形式统一来编排，这一惯例也沿用到后来的钢花新村和钢都花园。随着后期的发展，红房子达到十六个街坊之多（三至十八街坊），总面积 50 万平方米，由长江岸边向着内陆不断延伸。在建筑过程中采用武汉市建筑设计院的意见，结合苏联建筑模式和建造条件，用围合式结构组成大尺度庭院，建筑密集和容积率均较低；后来建造四、五、六、七街坊时，为了适应武汉夏热冬冷的气候，减少了东西向的布局，采用了外周边围合，内行列式建筑布局的形式。每 12 栋红房子排列成矩形，中央是绿化带，从天上往下看，这一团团红色的建筑守护着武钢人。正是这个原因，这片区域也有了一个更为独特、更直接的名字——红钢城。这一个名字是居民自发的称呼，还是首先由官方界定，已经无从考证了。每天，数万工人从红房子里走出，迎着红彤彤的朝阳走进武钢。武钢，也随着这些红砖红瓦的红房子而声名远扬。

故事

红房子其独特的外貌和内在结构使得它在新中国早期的建筑中脱颖而出，许多老人对红房子有着特殊的依恋。“这里的绿化很好，活动空间大，没有城区里那么多的喧哗。”当你从街坊的入口进入到红房子的包围中，可以看到许多围合式的院落，在其中有着石头桌椅，有着藤椅绿萝；老人们在其间谈天健身，孩子们在其间嬉戏游乐。红房子周围街道绿树成荫，每一栋建筑前后都种植了繁茂的植物，空旷小广场上年久掉色的亭榭，有些破败却依然实用的乒乓球台，都让生活在这里的人们真真切切地感受到悠闲和安逸。在冬天的时候，还可以看到院子内晒着的萝卜干，窗户上挂着的香肠。闲适，这正是红房子的注释。

住在八街坊 81 岁的韩奶奶，自 1957 年搬进来后，已经在这里住了半个世纪。她也是最早的一批入住红房子的人。韩奶奶原本是河北人，在结婚后和丈夫一起来到了武汉，丈夫是武钢的工人，韩奶奶也一起住进了生活区。“当初住进这里的时候，武钢还没开始生产呢。这里什么都没有只有房子，其他东西是后来才慢慢建立起来的。”五十年来，韩奶奶一家已经从当年的两口之家，发展到现在的五口之家，一家人都住在两居室的房子里。“在这里住着安稳，扎实，而且街坊周围都是熟人，比亲戚还亲近，有什么事情招呼一声就好了，舍不得搬走。”

像韩奶奶一样的人并不在少数，这些人将最美好的年华献给了青山，献给了武汉，献给了那个钢铁岁月。对于深深扎根于青山的这些人来说，这一片红不仅仅只是一个住所，更是他们的寄托。

暮年与新生

那个时代的孩子都渐渐长大，那个时代的故事在尘埃中风化，那个时代的红房子也逐渐走到了暮年，红砖红瓦隐匿于城市之间，退至幕后。

红房子的使用期限一般只有二三十年，而到今天已经远远超过这个时限。随着人们居住环境的不断改善，红房子的硬伤逐渐暴露出来，已经超过最初使用期限的红房子也逐渐成了“危房”。在最初的时候红房子是依据苏联地区的环境而设计的，构造上过度强调保暖、防风，每家房间较为狭小，在武汉这样的设计让居住者分外憋闷：夏季房间里闷热难忍，没有穿堂风导致空气流动性差。另外，在早期为节约成本用细竹片做架构的问题也暴露出来：在潮湿天气里常有墙灰落下，外围红砖的剥落导致房子本身的安全性堪忧；还有诸如水电不通、雨天漏雨等问题。可以说，红房子已经不适合住人。早在 2003 年，红钢城八、九街坊经房屋安全鉴定机构检测，危房率达到了 43%。

然而拆迁还是保留，一直没有定论。保留看来完全不现实，但是拆迁又令人难以下定决心。红房子作为时代的特殊产物，它们已经成为城市发展的标签。尤其是青山片区以及“武字头”企业附近的红房子，是 20 世纪中期苏联援建以及武汉工业化发展的重要见证，它是整个历史时期的一个记录与痕迹，具有极高的历史价值。

为了保留武汉地区“一五”时期的工业遗产，早在 2006 年，红钢城红房子八街坊作为武汉市第三批二级优秀历史建筑保护单位予以公布（武政 [2006]22 号文）。2007 年武汉市国土规划局组织完成《青山区“红房子”片历史地段保护规划》，提出整治环境，增加配套和控制开发一系列保护措施。2010 年，经国务院批准、省政府公布的《武汉城市总体规划（2010—2020）》中，青山“红房子”片区成为武汉 5 个历史地段之一。2012 年初，“十二五”规划投资指南指出：红房子作为独特的工业文化遗产，将成为青山滨江现代服务产业带的重要卖点。同年 7 月，武汉正式确定青山“红房子”片区为武汉 16 大历史文化风貌街区之一；同年 11 月，武汉市人民政府出台《武汉市工业遗产保护与利用规划》，将红房子八街坊列为武汉市 29 处工业遗产之一（二级工业遗产）。青山区土地储备部门于 2014 年透露，青山区红钢城的八街坊将在迁出居民后进行改造，成为原汁原味的老街坊标本和红房子博物馆，使其成为未来青山滨江商务区的文化旅游街区。在此之后，青山区和红钢城街也多次组织召开关于红房子保护、利用、开发的研讨会。在武汉的楚河汉街，也有一片专属于红房子的仿古建筑群，许多外地游客纷纷前来拍照留念。

随着青山区城市建设的发展，红钢城开始了红房子的改造工作。2006 年 4 月，红钢城十街坊旧城改造项目正式启动。2009 年，将红钢城十街坊拆迁改建为青扬十街小区。2015 年，七街坊开始拆迁。同年，红钢城开始推进八、九街坊的“红房子文化创意产业园区”的征收工作。2016 年 4 月 10 日，八街坊、九街坊的房屋征收项目部正式成立。6 月 30 日，青山区人民政府对八街坊、九街坊下达了房屋征收决定书，7 月 28 日正式启动签约。

在推进青山区对红房子的改造工作中，为了让红房子所代表的一代人的精神不随房屋建筑的消失而消失，让红房子的人文故事流传下去，红钢城街于 2014 年策划了系列活动方案，与武汉电视台合作进一步挖掘“红房子”文化、故事等历史人文因素，制作了“红房子”文化专题片，在武汉电视台《城市记忆》栏目连续播出11集。同年，开展“记忆红房子”系列活动，完成前期策划、宣传、动员工作，组织“记忆红房子，寻找最美家庭”，红房子绘画、征文比赛，红房子歌咏会，走进红房子等活动。2016年，全年开展“记忆红房子”系列活动26场次，制作播放《记忆红房子》纪录片，努力挖掘红房子背后的历史人文元素和正能量。以数十万勤劳勇敢的武钢人故事为蓝本，再现青山区发展改革史的励志工业情感大戏《红房子》也于2019年11月在红钢城街辖区正式开拍，用新的方式去讲述红房子的故事。在新时代里，红房子这一特殊的建筑似乎得到了新生，焕发出新的生命力，和青山区一起迎来蜕变。

尾声

在青山区这六十年的历史中，曾经还是少年的那一辈人，慢慢长成了青年，如今也已经变成了老人。这段年月不长，也不短。红房子早不是一种简简单单的建筑可以概括，它是这一段岁月的记录者和见证人，是那一代人的记忆符号。或许这样的符号在今天看来有些不合时宜，在这个快节奏的社会显得格格不入。但请快步走过去的时候回头望一下它，回望一下那个时代的见证者。武汉的过去因为有它而精彩，我们怎能舍它而去？

如果说成都带不走的，是故事，那么青山带不走的，就是这些红房子。与其苦苦维持，不如好好地告别。就让它在我们的回忆里深刻，在岁月中沧桑。

（作者单位：青山区档案馆）

（标题书法：陈才俊）

（插图：段银枝）

如梭的地铁

梁小琳

很多的人和事都容易在岁月中蹉跎，无声地在岁月的风沙中浸淫着。但在人类向着文明阶梯的攀登中，我们看到的更多的是人的坚毅，如同铿锵的铁轨，在岁月的磨砺中，历久弥新。

说起轨道交通，人们就会联想到地铁。十多年来，武汉的地铁已如一张张纵横交错的网，几乎覆盖了武汉城区的各个街道，并以每年一到两条线路的速度增加，同时向着武汉远城区不断延伸。武汉地铁的繁盛时代已经来临。

武汉有着得天独厚的地理位置，武汉坐镇中央，道路像放射线一样按东西南北射向全国各地，尤其在中国的铁路交通还不发达的过去，无论住在中国哪座城市的人，一句“到武汉去”，脱口时不会因时间和金钱造成过多的负担，不像云南到黑龙江，福建到新疆，广西到内蒙古，说这话时都要先深吸一口气，好像要做好战前准备似的。而武汉地铁的兴起，对武汉这座城市的人来说，出行之便利，更是如虎添翼。

回望2010年，由武汉市文联策划的文学丛书“百名作家《雕塑大武汉》”，开启了武汉浩大的文学工程，可谓前所未有，其中，我的报告文学《金梭银梭》写的是武汉地铁。当时，一枝独秀的武汉轨道交通一号线二期工程正在试运营阶段：在此线路的基础上向两头延伸，扩大运营。我有幸参与考察，并亲身体验华中这座最大城市——武汉，唯一的一条全高架轻轨。

《金梭银梭》一书就是在这样的一个背景下运笔而成：横向辐射，全方位地介绍了国外发达国家以及国内一线城区地铁的优势和有待完善的地方；纵向展望武汉地铁的前景，更多的是描绘了武汉轨道交通1号线诞生的过程，即武汉铁路工程技术人员的智慧和担当，以及武汉铁路工人的勤劳与坚毅——这才是我笔下有力的真正动力。

文学毕竟是浪漫的。

我用两个多月的时间写完了这本书，但还是跨越了两个季，从未完的夏季步入到深秋。是的，深秋，晴朗无云的高空像冰一样的澄清，大自然一片萎靡景象，萧瑟着，干风一阵一阵的，带来一点炊烟的味道；朦胧的龟山罩着紫色的烟雾，缭绕着，像古装电影里的情景，由于距离的原因，我看见一团团的红色，感觉像枫叶，再细看，好像有橙色。我断定那就是枫叶，是那心形伸展的掌状五浅裂告诉我的，我的内心涂上了一抹暖色。

第二天，我将已写完的书稿重新端来，我感觉，密密麻麻的文字突然凝聚然后膨胀，变成一个庞大的载体。武汉，如网的地铁已遍布其中，我赶紧闭上了双眼，两滴清泪就这样流了下来，其实，眼泪缘于我过于激动的情绪。在这60多天的日子里我用我的笔，我的心，我的腿从“地铁”上一路走来，感受着它的喜乐，也感受着它的激越。它告诉我，武汉的地铁就是这样每天被孕育着，大家都在翘首以盼通车的那一天。于是我安慰道：毕竟，地铁与大家来说就是一场革命，心到，身体离大家就不远了。

而在我的笔下，地铁并不像“铁”那样的生硬，也不是一项硬邦邦的工程，它有一种如水般的流动感，将它注入一座庞大的电子流程中，于是梦想就随处可触了。感觉一下，路不就在我们的脚下，曾几何时，我们走过太多冤枉的路，现在是地铁将我们脚下的道路缩短，又将我们心灵的道路拉长。感谢武汉地铁工作者的辛勤劳动，让武汉市民相较于其他很多城市的市民提前坐上了地铁。

形象点说，地铁就是如梭的岁月。那锃亮的铁轨，在太阳的照射下金光闪闪；在阴雨有风的日子里，折射出银白的光圈。美，充盈在这一条条的铁轨上，它们就是金梭银梭，它们在共同谱写着城市的浪漫，我们无时不在想象着。

当轰隆隆的巨响，载着火箭头一样的地铁呼啸而过时，你的眼前划过的分明就是一道流星，然后眼前一片空旷，那是消失中的“消失”，或许是召唤，更或许仅仅只是“存在”过。在武汉这块辽阔的版图上，每天、每时、每刻都有流星划过：它载着武汉人民的希望、寄托，从东向西、从南到北，又从东扭到南，从南扭到西，频繁往复，激情而过，是这样不管不顾地召唤着你，将你的情思带动。当我们享用着地铁，大脑也许会划过这样一个问题：未来武汉的建设，应该有着自己更多的创意、发明，然后在教科书中标明，此项目由中国武汉的建筑师在某年某月发明。于是我想，我们的武汉，应该有梦想将地铁做成一种文化，比如巴黎的香水，比如维也纳的金色大厅，比如西班牙的斗牛士，比如美国的奥斯卡……

截至2020年，武汉已开通地铁线路9条，正在建设的地铁线路5条，还有远期的地铁规划正在筹备之中。这14条地铁线路分别用14种色彩表示，每种色彩代表一条线路，以方便市民识别，分别为地铁蓝、梅花红、归元金、芳草绿、首义红、鹦鹉绿、凤凰橙、编钟青、东湖蓝、古琴褐、云鹤黄、扬子蓝、芙蓉红、云苔紫，这就是武汉地铁的温度，比赤、橙、黄、绿、青、蓝、紫还要丰富，即在人类创造性的想象中，想象就这样轻松地给我们送来幸福和快感。

武汉——地铁——我的地铁。

有一天，当我年华老去，我希望，我最愿回忆的就是武汉的地铁，当初是怎样一步一步地走到今天；当我年华老去，我希望，我的儿孙能牵着我去乘坐那一列列如网的地铁；当我年华老去，我希望在我的弥留之际，我能听见地铁如梭的鸣响，从我耳边风一样地掠过。我所有的愿望都是发自内心的，因为，我曾经是怎样地描绘过它灿烂的前程。

武汉城市的浪漫，就来自这金梭银梭的岁月。

（作者系武汉市汉阳区自由撰稿人）

（标题书法：刘焕章）

（插图：胡赞美）

从乡村来到武汉的树

谭 岩

到了武汉，在“万里长江第一桥”武汉长江大桥游玩时，发现大桥的路基两旁长着许多高大的树木，枝叶浓阴蔽日。那树叶，让我有似曾相识的感觉，待走近一看，原来是乡村常见的一种树木，乡下人叫构树。

构树也叫楮树、榖树，或者本应就是“榖树”，只是人们发音的讹传和想当然的象形，把“榖树”唤成了“构树”吧。《诗经》里的《鹤鸣》篇写道：

“鹤鸣于九皋，声闻于天；鱼在于渚，或潜在渊。乐彼之园，爰有树檀，其下维榖。它山之石，可以攻玉。”

朱熹注：“榖，一名楮，恶木也。”许慎也在《说文解字》里说：“榖，楮也。”

朱熹所说楮者恶木，大约是指它的形状，歪歪斜斜，粗粗陋陋，比不上松竹梅兰，苍翠高标，亭亭郁郁，暗香袭人，招人喜爱。《水浒传》似乎更印证了这一点，不然丑陋的武大郎诨号怎么会叫“三寸丁谷（榖）树皮”，除了说其个头矮，还言其颜面肤色如构树皮般驳杂粗糙，比不上西门大官人的玉树临风，备受潘美人的待见。

不论是称楮称榖，在乡下，人们都习惯称它为构树。

构树生长在房前屋后，在院场边，在菜园旁，总之比起杏、桃、梨那些果树来，占据着更显要的位置。这并不是因为它长得好看：它的躯干虬曲树皮皱裂，时常还长疮似的旋着一个疱，流出一种黄油，干后就像一种松油的结晶体，引得蛴螬（金龟甲）常扑在上面吸食；也并不是它能给人夏日的阴凉，让从田间劳动回来的人们站在树荫下摇着草帽扇着凉风，喝水乘凉。它的树干低矮，树叶虽然葱郁，可叶子反面却有一层白绒毛，粘到人身上让人发痒，胳膊上一抓一条红痕。人们之所以让它们占据着显要的位置，离家近的地方，完全是因为与人们的生计相关：构树叶是喂猪的主要食物。

那个年代，没有添加剂，更没有粮食加工的猪饲料，人都不够吃，常处饥饿中，哪有多余的粮食用来喂猪？所以猪的食物多是猪草，是植物的茎叶。构树的叶子虽然有一层白绒，但是对于同样处于饥饿中的猪来说，那层绒毛可能会使叶子嚼起来更加棉软，何况这叶子的茎柄处常流出一种乳汁似的叶浆，猪吃起来更是香甜可口。

构树的生命力极强，叶子被采摘一空，眼看一树光秃秃的只剩断枝秃干，可几天后，就又长出了叶子，从稀稀的淡黄色变得一树绿油油了，一棵树就像一个大绿球。

构树叶生长周期快，人们可以从春天采到秋天。夏天、秋天的时候，猪吃不完，人们还把构树叶采了晒干，户户人家的稻场是一地的绿叶。到了冬天，把装在袋子里的构树叶扒出半篓泡了，倒进猪槽，猪也低着头吃得叽叽响。采撷构树叶时，时会拉断枝柯，或者因为长得太高，搭着梯子采摘也够不着，或者长得扫到屋檐了，大风一吹，枝条一摇摆，会扫下屋上的瓦片来，人们采摘构树叶时那些长的，或者伸到了屋瓦上的枝条就会被砍去。这砍下来的枝条断截处，总会流出一层白色的汁浆，就如人一样，任何一处创面，都会流出血来，不过这构树的血是白色的，乳汁似的。这流着乳汁的构树枝条多半会放到阶沿上，挨着墙竖着，等半干的时候，就会撕下一层树皮，一根根短绳似的，放到太阳下晒干，凑齐了一捆，就可以拿到街上的供销社收购站去卖，换回几包火柴或者一包盐。

后来，人们都不用猪草喂猪了，用添加剂，用猪饲料，拌了倒进猪槽。猪吃了就喝水，喝得肚子圆滚滚的，喝饱了就倒在猪栏里睡，不拱栏门也不拱墙，打着呼噜只长肉。吃了添加剂的猪，长得透体红光，亮亮堂堂，如同过上了富裕生活天天酒足饭饱的胖子一样，出得栏来还醉醺醺似的东倒西歪。原先用构树叶用猪草，养一年才能出栏的没什么肉的猪，现今是两三个月就喂得肥肥胖胖，又体面又好看地上市了，换钱了。人们省去了猪草喂猪时代那天天采寻猪草、搭着梯子采构树叶弄得浑身发痒，下了梯子后还得一刀刀一剁一箩筐猪草的许多麻烦。半袋饲料、一包添加剂、一桶水，隔着半截围墙，朝猪栏里一倒一提就够了。多省事，人舒服，猪也吃了长得快，于是那些曾经占据着房前屋后显眼位置的构树就多余了，就被砍去了。锯倒的树干倒在院场边，砍下的枝条也堆在院坎上——人们也不屑于去剥构枝皮变卖那些小钱了，用添加剂多喂肥一头猪，比那费心费力剥构树皮强多了。房前屋后，曾经长着构树的地方，要不就变得空旷，或堆着一堆稻草杂物，要不就成了杏树桃树的居所。如今在乡下，很难再见到那大片大片的一蓬蓬葱绿的构树了。

没有想到，乡村的构树竟然也“进城”了！

也许与农家生活的经历有关，在武汉，在众多的树木中，一眼看见的，让眼睛发亮的，全是那些构树。看见这些构树就像看见了熟人乡亲似的，欣喜地走过去打量这些在城市里生活着的树木。它不仅生在长江大桥两岸的蛇山龟山上，在长江江堤下的江滩中，还生长在街道两旁一道道围墙围着的院落里，在东湖沙湖的堤岸上，在不受约束的地方。

所不同的是，这大都市的构树，比起乡村的来，要气派得多，高大得多。乡村的构树，长得不会高过屋顶，而这街巷院墙里和长江两岸的构树，却长得有三四层楼高，那院墙里的已伸到了三四楼人家的阳台上；比乡下的构树树冠也要大，乡村的构树只是一棵树，长满了叶子也只是像一团坠在地上的绿气球，而这通往长江大桥的蛇山龟山路两旁边的构树，枝柯参天，四下伸展，一棵树就像一片森林；树干很大，很粗，很古老，虬曲的枝干相接相盘，如同腾在空中的一群大蟒蛇。长在江滩边的构树，被江水冲洗得露出了虬曲的根，远望，像聚在构树下的一群江鲶、鲟鱼的脊背。

江滩江水中的构树，因涌上岸来的江水的冲刷，向下游倾斜着。面对这行将倒伏的形象，宋时诗人胡寅曾大发感慨，写了一首诗，名《溪旁大楮为水所浸，将蹶有感》：“树引江流得自滋，不虞波浪啮根基。原言捧土加培植，长荫行人暍暑时。”

望着城市里这些高大粗壮又古老的构树，才知道原来构树也能长得这样大，亭亭如盖，倚空高槛，不输松柏；这才明白，乡下的构树并非生就的低矮，只是因为影响了人们的采叶，长得扫到了屋顶的瓦片，遮挡了晒场上的阳光，才被人们不断砍伐本要蓬蓬勃勃生长的枝柯。在人们的实用面前，即便是一棵几十年，上百年构树，见到的也只是一截粗硕扭曲的树干，不见伸展疏朗的枝叶；如何粗大的经年构树，在人们的刀斧下，也只是一头牛似的低矮的侏儒形象，不见高大伟岸的雄姿，更不见上接云天的凌云之志。树和人一样，环境不同，所展示的志向也大不同吧。

长江大桥下面，构树如云的江堤上，每到傍晚便会有消闲的人们，消闲的方式五花八门，有的甩着响鞭，啪的一声鞭炮似的脆响吓得路人一跳，有的胸前挺着一个大线圈轮子，旁若无人放着风筝，蛇形的、鹰形的风筝拖着一根长长的线飞在江面上的高空中，有的三五成群，围着一圈儿踢着毽子……这些在乡下本是孩子们的游戏，到了城里却换成了全是成人的主角儿。这就是乡村与城市的不同，如果这些游戏的主角放在乡村，一定会被笑掉大牙，嘲笑为不务正业，要不就是神经不太正常，可是在城市，人们却习以为常。江堤上散步的人群里，还会看见许多“神经不太正常”的人，要不扭腰扭胯，要不伸着两手张牙舞爪如同螃蟹，旁若无人，怡然自得。他们不会为谁的目光而改变，全是随心所欲，自由张扬。这就如同那些构树，到了城市才能完整地生长。原来，“农村是个广阔的天地”的诊断有时也并不正确。现今，广阔的天地，自由的世界，不是乡村，是城市。

到了夏秋的时候，行走在构树森森的院墙头外的街巷上，或者走在上长江大桥的蛇山人行道上，总会见地上掉满了构树的果子，楮实。这如同长在树上的草莓，红艳艳的，挂满了枝，像一挂一树的小红灯笼。红透了的，一阵风吹就掉到了地上，红艳的汁流出来，地上就像开满了一地的小红花。早些年在乡下，人们因为要喂猪，不停地采着构叶，构树只在长叶，几乎没机会长出果实来；即便长出来也极少，且又瘦又小，虽像豌豆大小，也是孩子们抢之一光的美味。可是在城市，不用采构叶的构树虽可以一心一意地生长着楮实，长得大大的、圆圆的，像裂了口的大草莓，却没有人来采食。

后来知道，构树浑身是宝，不仅其叶营养丰富，能够喂猪，还是一种中药，李时珍说能治“刺风身痒”“去四肢风痹、赤白下痢”“治小便不通”；果实也能壮筋骨、助阳气、补虚劳、健腰膝、益颜色，葛洪在《抱朴子》中说，其“实赤者服之，老者成少，令人彻视”，还举了一例：“道士梁须年七十，服之更少壮，到百四十岁，能行及走马。”构树皮，不仅能换火柴食盐，还能做纸做币，故古有“楮墨”之称；宋、金、元时发行的纸币，也多用楮皮纸制成，故名“楮券”。人们上百年前还用构树皮织布，构树故有“楮桑”的别名。

而现今，构树似乎除了用于城市绿化，遮阳蔽日，在雾霾猖獗的时候帮人们吸滞粉尘和吸收二氧化硫外，似乎再无其他用处。一日行走在围墙道上，见从院墙里伸出了几枝构树枝叶，葱郁肥硕，便想起了昔日乡下人清洁茶垢油腻的最原始也最简单的法子，便随手采了几片构叶。同事很好奇，我晃着手中的几片构叶说，洗茶杯啊。

有效么?

可试试看啊。

再过一天，同事见了远远就满面笑容：非常有用！还环保，无毒！其他同事听了，争相效法。

那从寂寥的院落里伸出院墙来的城市之楮，每天就伸展着胳膊似的伸出一枝枝树叶，拦着路过的人们，让人采撷几片，拿去做清洁的用品。

（作者单位：湖北省文化和旅游厅《文旅湖北》编辑部）

（标题书法：李伟）

（插图：胡赞美）

云雾山游记

李永芬

一、白鹭林

两只黄鹂才把杜甫的春天吵醒，一行白鹭直上青天，就像拉链一样由下向上把唐朝的天空拉开。假如杜甫今天到云雾山来，当阳光轻轻地掀开云雾的面纱，他看到成千上万的白鹭在飘飞，诗圣的天空又该是怎样恣意、缤纷？

白，雪花一样，一片二片三片……每一片都是优雅的独舞，优雅的白在飞，成千上万的优雅的白在朝阳中荡漾，优雅地遮天蔽日。夕阳西下时，白星星点点地打在山林的翠绿之中，将翠绿覆盖，白茫茫的一片，无需语言。然后夕阳将金橙镀上山林，渗进山林。看着这片黄昏中的白鹭林，感到时间其实就是空间，是一些色彩在变幻：白，翠绿，金橙，再让傍晚淡淡地抹几笔写意的墨汁。

而此刻，上午十点。在我们的远眺中，天空的蓝是高，山林的绿是深，成千上万的白鹭是轻盈。我看见，白，向上呈一字形，在我的仰视中，一直向上，天空由蓝变青，一直上到杜甫诗艺的高处。

又有一群白鹭在盘旋，太远，我知道它们在歌唱，我却听不到它们的歌声。在望远镜中，我数它们：十五只，或者十八只，但是我无法将这一只白鹭和另一只分别开来。正如我无法区别我此刻的欢乐和上一刻有什么不同。

它们在空中盛开、在摇曳、在歌唱。从四月到九月，我愿意是云雾山一块温暖的石头，每年沉默地看着白鹭在山林上荡漾。不去想秋天和冬天，石头变冷，它们离开。

二、巴山湖

如果说云雾山是位绝世美人，那么巴山湖就是绝世美人的眼睛。点睛之笔太难写，只剩下对美的惊叹。

推开云雾山大酒店的窗子，湖光山色扑面而来。海子说：“我有一所房子，面朝大海，春暖花开。”他说的是幻象，而我眼前之景实实在在，反而美得让人不敢相信：云雾山大酒店豪华大气，面朝湖水、春暖花开，水是巴山湖水，花是红透山野、名闻四方的红杜鹃。

梭罗在瓦尔登湖畔建小木屋而居，两年零两个月，始得世界名著:

全心全意地与山水亲近，需要时间，需要“留下”，才有可能参悟山水的奥秘。此处巴山湖水，依山蜿蜒，感觉湖水的神韵也在一个“留”字：美丽的风景，是对游人的最真诚的挽留。青山绿水，相存相依，若绝美爱情，山围水而坐，用一条坝的臂膀将湖水挽留在怀里，水用清澈的眼睛看着它的山，静静地相守，直到天荒地老。云雾山是绝世美人，在云雾山大酒店西北处的巴山湖是云雾山的一只眼睛，东南角的矿山湖则是另一只，它们将成千上万的白鹭，成千上万的那些以美为家的精灵留住。于是，一种美成为另一种美的家园。

如果有时间，游人也可在巴山湖边垂钓，垂钓时与湖水更近些，或可听见绝世美人的眼睛说的话了，而我只是静静地推开窗户，看着湖水出神，“让鱼们自由吧，只是我已悬于这汪静水”，这是我哪一年写的一句诗？我被美致命地钓起，被致命地挽留，是说的眼前的巴山湖吗？

我却只能在此停留一天，我记住了你，巴山湖，你至美的风景留在了我的相册里，留待以后回味，我在心里说，我还会再来看你的。

三、竹林寺

从山顶下来，走进深谷之中，彼处天高地远，此时径曲心静，从高远到幽深，境界如此不同，一路林中鸟语，溪水蜿蜒，在三生桥上歇一歇，眼前便是竹林寺了。

曾经的竹林寺依山就势，布局恢宏，殿宇峥嵘，亭阁高耸。传说此处唐亦有寺，五代遭毁，香火始于明，盛于清，衰于民国初，想来寺庙的兴废与国运如此相关，令人唏嘘，听清风娓娓道来：山中一座寺，世上上千年。

天下的竹林寺和竹子一样多，而云雾山的竹林寺就不必沾魏晋竹林七贤的盛名，不必拿郑板桥说事，此处竹林美得特别。

竹不在多，300 余平米足矣。粗不过筷子，高不过 1 米，株不过 5 节，其貌看似不扬，却常青，四季变幻，百年如故。繁殖慢，别处竹子将全部的精力用于长身高，内心空虚，此地竹子不，内心充实，简单朴素，活出一片青色，而且纳天地之精华，生自身之“青香”。是“青香”，雪小禅在“素素的青，诱人的青”中讲：在所有的颜色中，她贪恋青，青青子衿的青，青衫里别致惆怅的青，青瓷沉稳、古意的青。多么好，青的境界比蓝更高，溢出的淡香乃是天然气质，比“虚节有直气”的气节更妙。其叶若观音千手，手中晨露若晶亮明珠，多么好！我多么羡慕纯青而天然生香的文字，就像全心全意长出的美，就像慢慢生长着的竹林寺的竹子。

传说竹林寺竹子是观音身上的紫纱变的，明明青着，却如何染上紫气？是日照竹林生紫烟，还是此处就是紫气之地？是满山遍野杜鹃花年年岁岁映染之故，亦或是七色中青、蓝、紫有什么前尘后世的因果关联？离开竹林寺的时候，我在三生桥上想了又想。

想起唐朝诗人朱放说过的：“岁月人间促，烟霞此地多。殷勤

竹林寺，能得几回过？”一个“促”字，他把光阴说得如此恐怖，只不过是我们来去匆匆，仓促罢了，其实景区可以再来，美景可以又写，好的地方不怕重复，来得及的。

四、仙女池

由竹林寺向东北方向漫步约百米，你会被一泓清泉吸引，这是有可能的。

你会不由自主地弯下腰，用手感受一下水的清凉，饮一捧泉水，心里也是甜甜的，这是有可能的。

泉水不知从何处来，又不知漫向何处去，泉水在小小的池中躺一会儿，你会看见泉水的样子，像极心中的某个人，是一弯月牙形的清亮亮的微笑，这是有可能的。

如果在七月初七，你在远处放慢脚步，不去看，只是想，这池中会有一位沐浴的仙女，这是有可能的。

这仙女会爱上一个放牛郎，泉水从仙女身上流过，就荡漾在放牛郎的心里，这是有可能的。

每一年仙女和牛郎只能见一次面，他们第一次见面就是在这一泓清泉边，这是有可能的。

他们见面会说些什么？他们有什么共同的语言？说不定会对唱一曲，来一段黄梅戏《天仙配》，这是有可能的。

或者只是听着彼此的心跳，什么也不说，只是听着山泉清唱，这是有可能的。

他们会从鹊桥上回来，回到他们的七月初七，金风玉露一相逢，这是有可能的。

在银河的这边和那边，王母也不能阻挡，光年也不能阻挡，他们有一天会回来的，会回到他们的初恋之地，这是有可能的。

这泉水为什么不会干涸，这泉水为什么是甜的？这泉水也是在等着他们回来，这是有可能的。

所有的传说都是真的，所有的梦想都是美的，只要这世界上有爱情在，一切都是有可能的。

五、下古寺

民间的“先有上古，后有归元”的说法由来已久，“归元”即是汉阳大名鼎鼎的归元寺，“上古”即是云雾山的上古寺，而始建于乾隆时的下古寺，原是上古寺的一个分支，曾经盛极一时。

走近下古寺，青瓦石砌的一座四合院映入了我的眼帘，仿若一寻常百姓的旧宅，有些破败。红色的宅门紧闭，墙壁斑驳，门楣上三个金色的字“下古寺”，在阳光下格外刺眼，犹显静寂。门前分立着四座淡绿色的小圆石塔，是下古寺里的主持圆寂后的埋葬之所。

在下古寺门前，看着没有任何碑文的圆寂塔，它给我一种时光的苍凉之感。远处柔和叠翠的山峰，从容幽静地伫立在天穹下，下古寺默然地隐在了群山之间，已没有往日旺盛的香火。下古寺的高僧为什么将最后的骸骨栖于此矮矮的石塔？是为了眺望前尘后世，还是为了像塔一样孤立地持守着一种宗教？当繁华落尽，他们的灵魂在此是否真的得到了安息？

当叩开下古寺的大门，走进，只见面对大门的正寺里供奉着释迦牟尼、观音菩萨、财神……有些凌乱、有些拥挤，一切静极，高大的佛祖双目似合非合，俯视着芸芸众生、万千幻象，脸上荡漾着神秘莫测的笑容，此时我感到自己很轻，耳畔仿佛飘过来呢喃的诵经声和深沉辽远的梵乐，那是乾隆年代下古寺里的情形吗？曾经的庙宇怎么就消失在岁月的烟尘里呢？下古寺的被焚毁，如同一道被风撕碎的经幡飘挂在云雾山间，佛会不会也有一声轻轻的叹息。

和平、战乱、荒芜、重建，深山藏古寺，藏也藏不住，一切的兴废都有着历史的印痕，一座寺庙的荒废期待着重建，几个石塔的死亡之美衬托着一切的生者。当月光洗白尘世的一切，风烟俱净，我肯定还是想生活在这个和平和发展的年代，行走尘世，回归自然，轻车简从，做一个自由自在的游客，偶尔愿意变成一株杨柳，站在下古寺向阳的山坡，只为在清晨或傍晚，听一段沧桑的历史，听一听清风中的暮鼓晨钟。

（作者单位：黄陂区文联）

（标题书法：瞿忠谋）

（插图：朱良川 胡赞美）

遇见东湖

苏卓琳

先月亭，风雨雪在水一方

我曾在三月来到这里。

细雨滋润的柳叶，青翠透明，微风中轻轻摇摆，扫过湖面，荡起一圈圈的涟漪，向远处漾去。

一个撑着橙色大伞的行人，倾身前行，抵着风雨，走过绿意盎然的长堤，走进春天里。

雪落江城，我站立亭前。

大湖对面，武大狮子山上老图书馆隐现，像是画家点了一笔水墨，勾勒的江山图卷。

银装素裹，雪，隔绝了一个城市的喧嚣，让心安静下来。

“近水楼台先得月，向阳花木易为春。”

这座亭子，取名“先月亭”，来自北宋诗人苏麟的此句诗作。它独立湖中，依靠一条长堤与陆地相连，犹如湖畔盛开的莲花，又似婀娜女子，素然淡定，在水一方。

先月亭，位于东湖公园听涛景区南侧，建筑高约 10 米，底径 13.6 米，建于 1950 年，八角重檐、柱碧瓦，钢筋水泥仿木石结构。

而东湖公园听涛景区，曾叫作“海光农圃”，是个私家花园，属于中国现代著名爱国银行家周苍柏所有。周苍柏的女儿周小燕，是歌唱家、音乐教育家，被誉为“中国之莺”，他的儿子周德佑，为抗日宣传早早献出年轻生命。

1949 年，“海光农圃”被周苍柏献给国家，为后来东湖公园的修建，奠定了基础。据说，当时首先修建的，就是先月亭。

可以想象一下。

月从湖面升起，银光如泻。

凉风拂面，涛拍堤岸，空中明月与湖中投影相映争辉。

而人置身于小小“岛屿”、飞檐叠翠的亭子里，听涛赏月，是多么美妙的一种体验。

行吟阁，遇到自己的屈原

班固说屈原“露才扬己”，多与他人不和。

还认为《离骚》中描写的是“虚无之语”，“非法度之政，经义所载”；屈原“忿怼不容，沈江而死”，是感情用事，不会明哲保身，堪为“亦贬絜狂狷景行之士。”

与他的评价不同，他的前辈司马迁则对屈原高度赞扬。

“其志洁，故其称物芳；其行廉，故死而不容。自疏濯淖污泥之中，蝉蜕于浊秽，以浮游尘埃之外，不获世之滋垢，皭然泥而不滓者也。”

所以，“推此志也，虽与日月争光可也。”

在此之前，还有贾谊的《吊屈原赋》。

贾谊认为屈原投江可惜了，应该“袭九渊之神龙兮，沕深潜以自珍”；“贵圣人之神德兮，远浊世而自藏”；“凤凰翔于千仞兮，览德辉而下之；见细德之险徵兮，遥曾击而去之。”

有道则见，无道则隐。

庄子和惠子在桥上观鱼，庄子感叹，“鯈鱼出游从容，是鱼之乐也。”惠子不同意了，反驳说“子非鱼，安知鱼之乐？”庄子一笑，“子非我，安知我不知鱼之乐？”

这世界上的每一个判断、评价，都是在一定的审美取向里做出的，规则、标准在于环境，更是在于内心主观的接受。

公元前 278 年，屈原投入汨罗江，从此，他就不再是他自己。

屈原是一个人，是一本《离骚》，是一句天问，是一种“路漫漫其修远兮，吾将上下而求索”的精神。

屈原还是一段历史，是一种文化，是一个节日，是一段绑在孩童手腕上可以辟邪的五色绳子。

心中是什么，我们就看到什么。

当我们谈论起屈原的时候，这个“屈原”已经不是历史上那个有血有肉的男子，也不是文本中行吟“香草美人”的诗人。

我们定义的，是一个心中的象征意向，甚至，这个意向模糊的面孔，就属于我们自己。

“去故都而就远兮，遵江夏以流亡。”

江是长江，夏是夏水（汉江）。《九章·哀郢》里记录了屈原流亡的路线，两千多年前的长江与汉江一带，留下了诗人踉跄的足迹。

“屈原既放，游于江潭，行吟泽畔”。

行吟阁，这座取名于《楚辞·渔父》的方形三层楼阁，为纪念屈原而建，位于东湖公园听涛景区，自修建以来，一直是东湖风景区具有历史文化内涵的重要地标。

楚天台，楚王当年好细腰

公元前506年，楚国被吴国轮番袭扰6年之后，两国大战于柏举。

吴军连闯三关，很快攻入楚国都城郢都，楚昭王在下属保护下，仓皇西逃，先到云梦，再到郧国，最后流亡随国。

一时间，楚国军心涣散，百姓流离失所。

混乱之中，有位楚国大臣，叫蒙谷，他得知国君已出逃，但没办法掌握其具体行踪，反复思量过后，他做出了一个大胆的决定，火速从战场脱身，与逃亡之人逆向而行，独自奔回郢都。

“若有孤，楚国社稷其庶几乎。”

蒙谷认为，战后如果侥幸存有楚王血裔，复国就有希望。

回到郢都的蒙谷，想尽办法偷溜进宫殿，将楚国法律《离次之典》背了出来，迅速乘船从江上逃离，辗转去到云梦。

后来，公元前505年，楚国借兵秦国，败吴国于沂；同时，大将子西也率兵于军祥击败吴军；再加上吴国后院起火，外有越国进犯，内有夫概企图夺取王位，吴王阖闾无奈，只好收兵东归，离开楚地。

楚昭王回归郢都，楚国得以复国，但经此大乱，国家元气大伤。

官员无法可依，百姓无法可守。战后的楚国，一片混乱。

这时候，蒙谷及时归来，将完好如初的《离次之典》献出，于是，“五官得法，而百姓大治。”诸事有法可依，国家秩序很快恢复，百姓生活也逐渐规律。

蒙谷献典，无异于存国，楚王大喜，“封之执纆，田六百畛。”

没想到，蒙谷勃然大怒，他认为，自己并非某一个人的臣子，而是国家社稷的臣子，自己所作所为，并非贪图官禄，只要国家平安无事，大家就不会担心没有官做。

最后，蒙谷隐居磨山，不接受爵禄。

这个故事，是在约一百五十年后，楚臣莫敖子华给当时的国君楚威王讲述的，他说“不为爵劝，不为禄勉，以忧社稷者，蒙谷是也。”

除了蒙谷，莫敖子华还提到了楚国历史上另外四位大臣，

有“廉其爵，贫其身，以忧社稷者”尹子文、“崇其爵，丰其禄，以忧社稷者”叶公子高、“断缋决腹，壹暝而万世不视，不知所益，以忧社稷者”莫敖大心，还有“劳其身，愁其志，以忧社稷者”棼冒勃苏。

五位大臣，个个高风亮节，忠义血性，都有其让人景仰的品性。

“此古之人也。今之人，焉能有之耳？”听罢，楚威王唯有一声叹息。

莫敖子华换个角度劝进。

楚昭王之前的楚灵王，有个癖好，喜欢细腰。

于是乎，楚国不少人，从士大夫到民众，纷纷节食以细腰，一个个被饿得头昏眼花，无法正常站立行走。

比如说，坐在席子上的人要起来，得扶着墙壁，而坐在马车上的人，那要借力于车轼才能站立。在美食面前，人们能做到拒绝诱惑，而为了减肥，他们连饿死都是不怕的。

公元前535年，也就是楚灵王六年，楚灵王修建章华台，“举国营之，数年乃成”，“台高10丈，基广15丈”，当时被誉为“天下第一台”。

细腰的女子，摆弄婀娜的身姿，在章华台里翩翩起舞，深受楚灵王喜欢。带来的后果，就是更多宫女效仿，她们节食忍饿，以求细腰，期待得到君主的赏识。所以，章华台又被后人称为“细腰宫”。

“上有所好，下必甚焉”，下属对于领导，总是迎合居多。“齐王好紫衣，国中无异色；晋公好恶衣，朝中尽褴褛。”

莫敖子华认为，不能被动的依靠运气，人才的造就不是偶然的，如果楚威王想得到像五位前贤一样的能臣，需要多花工夫去引导。

两千多年过去了，章华台，已经消失在历史的尘埃之中。

倒是在东湖之滨，与蒙谷隐居地同名的“磨山”，第二主峰之上，建造起来一座高35.26米的楚天台。登临此处，可以聆听编钟古乐、观赏复原楚舞，还可以鸟瞰东湖全景。

据说，这座楚天台就是仿造章华台的形制而建。

念念不忘，必有回响。

（作者单位：湖北特别关注传媒股份有限公司）

（标题书法：肖俊元）

“热干面”的念想

飞翼　陈齐

一

汉味小吃“热干面”，在2020年传递着温馨、力量与希望。2020年9月8日，在荧屏上看到习近平总书记为抗疫英模颁授勋章奖章的同时，还振臂高呼：全国人民都“为热干面加油”！笔者心情久久不能平静，不由自主地联想到那首广为传唱的《我爱武汉的热干面》，歌词云：“我爱武汉的热干面，二两粮票一毛钱。街头巷尾到处有，过早一碗蛮方便。芝麻酱香味在我身边飞舞，三扒两下已经吃完……”

“热干面”，意味着一份念想。在收获喜悦的庚子仲秋，笔者到“蔡林记”热干面发明人蔡明纬面馆过早，邂逅了年初驰援武汉黄陂的湖南常德白衣天使李栋炜女士。她说，春季战“疫”的时段，正是香喷喷、火辣辣的热干面让自己口舌生津，倍感温馨与力量！从此，热干面成为自己的一份念想；今天，自己与常德援鄂队员应邀重返黄陂欢度双节，特地到这家“老字号”再享口福。

二

在文人笔下，热气腾腾的“过早”，让武汉焕发出勃勃生机；浓香热辣的“热干面”，最能代表武汉人的性格，渐次成为武汉的昵称。早在清代，“过早”与“切面”（热干面的前身）就曾写入《汉口竹枝词》，可谓“腕底有言皆妙谛，眼前无字不传神”。笔者曾到国家图书馆查阅清道光三十年（1850年）刻本、叶调元著《汉口竹枝词》一书，找到了它们的身影。有一诗云：

“三天过早异平常，一顿狼餐饭可忘。切面豆丝干线粉，鱼餐圆子滚鸡汤。”

20世纪60年代，下乡知识青年借用《我爱祖国的蓝天》曲调，重新作词《我爱武汉的热干面》，一时间唱遍荆楚城乡：“要问武汉人爱什么？我爱蔡林记的热干面。”此后，热干面遂成为湖北武汉知青们怀念家乡的代名词。进入21世纪，当武汉热干面与重庆火锅同时申报第四批国家级“非遗”时，再次在网友与学者中泛起了阵阵涟漪。不久前，法国艺术家则在其作品中，甚至将热干面与黄鹤楼并列为武汉公共艺术群雕之一。总之，热干面已经成为新时代

武汉的文化符号。

白衣天使好奇地问："听说热干面的发明家就是黄陂人，这是真的吗？"笔者告知，多年前我们曾拜访过热干面发明人的族长、教育家蔡培华先生，他娓娓道出了族人蔡明纬首创热干面的文化源头——

明万历四十八年（1620年）《蔡氏宗谱》载，湖广司黄州府黄陂县东乡，有一个叫蔡官的先民始建了名曰"蔡官田"的人文村落。在明代，从这里走出了明代进士、监察御史蔡完，理学大师蔡石麓等。蔡完身后，明世宗曾追授"清官第一"匾额。清末民初，这里又走出了辛亥首义元勋蔡济民、著名辛亥报人蔡良村等三十多位辛亥志士，大革命运动与秋收起义的风云人物蔡以忱烈士；还孕育了一批能工巧匠……时至2016年，蔡官田自然村还被国家住房城乡建设部、国家文物局列为"第四批中国传统村落"名录。

三

千年古邑黄陂自古是美食之乡，拥有切面、豆丝、干线粉等特产，随着黄陂人率先开发汉口，于明清时期将当地美食特产带到了汉口商埠。先后打造了"谈炎记"水饺、"小桃园"（本名"筱陶袁"）煨汤等诸多黄陂名号。民国初年，从蔡官田农家走出的青年农民蔡明纬，开始在汉口走街串巷经营黄陂小吃绝活"担子面"（对切面进行加工的一种小吃）。1929年，他在"担子面"的基础上加以改进：先把面条煮成七八成熟，然后快速降温并均匀抹上油，这样卖面时，出货量就快了。有一次，他在长堤街看到一家麻油作坊从芝麻中提取麻油后，芝麻酱闲弃在一边，香气扑鼻，他不禁灵机一动：为何不将芝麻酱加进面里试一下呢？于是，他向麻油作坊老板购买了些许芝麻酱回家，经过多次反复试验，直到自己感觉不错，身边的人都说好吃，他才信心满满推出他的新产品。只不过，那时蔡明纬给它取名"麻酱面"，又称之为"把子面"，即把面煮八成熟，挽成盘放在有把子的竹篓里，客人来了，再往滚烫的水锅里烫一烫，加上佐料即成。

蔡明纬是个"面食迷"，他走街串巷叫卖时观察发现，当时在武汉打工者以湖南、河南、四川人（包括今重庆）较多，且多是出体力的码头搬运工人，他们就餐的显著特点是时间极短、分量要求足。于是，他就在"麻酱面"里再加入北方芝麻酱的特色佐料，以及小葱、酱萝卜等南方特色佐料，又添加了酱油、盐、味精、葱花、胡椒粉；对于喜欢吃辣和食醋的食客，还可以选放辣椒汁和陈醋。这样一来，既加重了麻酱面的口味，又去掉面汤，从而形成了独具特色的一种面食小吃。不久，他在中山大道满春路口开设了一家麻酱面面馆，生意一直火爆，方圆几里都知道蔡老板的麻酱面好吃，成为武汉市经营热干面的名店。后来，这家店迁至汉口水塔对面的中山大道上。

"打记事起，印象中的父母，每日起早贪黑，忙着做面卖面。"作为蔡明纬的嫡传长子与蔡林记热干面的第一个学徒，耄耋老人蔡汉文回忆起幼年在父亲调教下，从4岁起就拿着一把大扇子扇风，负责把热气腾腾的面条降温；稍长，就帮着父亲擀面、调味、卖面。20世纪30年代至40年代，汉口满春路像北京天桥一样热闹，打场卖艺者五花八门，蔡明纬固定在一家楚剧院门口摆摊。那时，很多演员晚上唱完戏，都要吃他下的面，他每次都等到晚上十一二点才收摊。正因为与当时的楚剧名角关系好，所以他们全家看戏都可免费。

1945年秋，蔡明纬花了半辈子积蓄，买下两层楼房子，邀约其弟蔡明经在满春路口合伙开店，呈现"前店后厂"特色：家里人住楼上，240多个平方米的店堂，生意更加稳定，每天卖出热干面上千斤。

由于蔡明纬早年曾患过天花，脸上有麻斑，别称"蔡麻子"，原来使用的"麻酱面"有犯讳之嫌。所以，蔡明纬决定为自己的面馆取一个寓意美好的名字。因店门前有两棵苦楝树，不仅蔡明纬兄弟二人主持开店，而且自己膝下有两个儿子，双木成林，寓意兴旺发达，可谓一语双关，所以他便将面店名定为"蔡林记"；所谓"热干面"，意为将"把子面"在滚烫砂锅里快速"热一下，干吃"，由此而得名。于是，蔡明纬花了十块光洋，请山西太原著名书法家路达题写了"蔡林记"匾额，题款为"太原路达"。20世纪50年代公私合营时，蔡明纬将"蔡林记"热干面在工商部门正式登记注册。此乃热干面冠名权的最早法律依据，又是热干面由私营向国营过渡的见证。

四

"蔡林记"秉承家族式传统传承，规模不断扩大，声名鹊起。而且"蔡林记"热干面不同于凉面，又异于汤面，上口时香气浓厚，耐嚼有味，价格低廉、分量足。这样一来，当地人纷纷如法炮制，热干面摊点因此在武汉三镇与河南等地遍地开花。天长日久，它与我国山西的刀削面、北方的炸酱面、四川的担担面、两广的伊府面齐名，合称"五大名面"。改革开放后，"蔡林记"还跻身"最佳汉味小吃"、百年"中华老字号"。有著名楹联学家白雉山撰、雕塑大师与书法家刘焕章泼墨题写名联为证：

"近悦远来，'蔡林记'品热干面；价廉物美，老字号迷武汉人。"

客观上讲，论浓，热干面比不上以酱卤为主的炸酱面；论香，它与泛着大片肉的牛肉拉面各具特色；论热辣，大概不如汤里漂着一层辣子的担担面；讲做工，它似乎不如刀削面、兰州拉面那样具观赏性；讲丰富，它恐难以同拉条子和云吞面相比；讲精致，似难以与阳春面相匹敌。而说起武汉，还有老通城的豆皮、精武鸭脖、四季美的汤包等足以让人铭记的美味。为何热干面能让食客如痴如醉呢？窃以为，在偏好"蔡林记"的食客看来，其他风味的面食如同雪泥鸿爪，最多只在口中惊叹一下便匆匆逝去，从未有过如热干面的浓香热辣，在心里镌刻下如此清晰的念想。而热干面会在你推杯换盏间、静思养神时、行色匆匆中，从心底浮出来，激活你的味蕾、想象，撩拨得你口舌生津，唇齿溢香；撩拨得你情切切、心急急，急欲马上来上一碗，大快朵颐。难怪一食客口占打油诗咏叹道："笑我口馋没奈何，隔三岔五也来'呵'（黄陂方言"吃"的意思）。一回竟吃两大碗，惹得旁人笑话多！"

在专家看来，热干面颇能代表武汉人的性格。热干面的外表是粗放的，似乎人人都可以做，但内核却是精致的。这个精致就体现在做面的师傅，对作料的选材，以及做工的讲究。如果把热干面的工序进行解析，可以分为压面、掸面、烫面和加作料四个环节，每个环节都值得细细研究，反复琢磨。只有这样，一碗看似平常的面，才能做成一碗不平常的色、香、味诱人的热干面。

五

"热干面"历经风雨，破浪前行。在武汉关闭离汉通道时，"热干面"意味着热闹，也象征着希望；在与时间赛跑、同病魔较量时，"热干面"承载着"炸酱面""阳春面""担担面"与"兰州拉面"等的无私大爱。"热干面"这个文化符号，就这样在亿万目光的关注中，在一股股暖流的注入中，成为人们对抗疫主战场伸出援手、鼎力相助的代名词，成为英雄之地、英雄之城顽强战斗、烟火气归来的鲜明标记。

太多的画面、太多的场景，见证了"热干面"力量的汇集、精神的洗礼，记录了在逆境中奋起，浴火重生。那是 2020 年 1 月 25 日晚上，成都医学院第一附属医院护理部副主任张坤主任护师，会同四川省第一批援助湖北医疗救援队同事乘坐专机抵达武汉投身战"疫"。次日，作为曾参与 SARS 疫情防控和"5·12"汶川特大地震的医疗救援工作的专家，张坤率领院感管理小组正式进驻武汉红十字医院。当他们第一次穿尿不湿时，心里五味杂陈！可是，当一天天工作筋疲力尽下来，工人师傅给他们送来一碗碗香喷喷、热辣辣的热干面时，又让他们口舌生津，唇齿溢香，倍感温馨！

武汉战"疫"初战告捷后，成都大熊猫繁育研究基地于 2020 年 4 月 17 日通过中央广播电视总台央视网熊猫频道，以视频的方式向外界公开宣布：2020 年全球首对圈养新生大熊猫双胞胎——刚刚满月的大仔与小仔分别命名为"热干面"（乳名"平平"）与"蛋烘糕"（乳名"安安"）。还向成都医学院第二附属医院·核工业四一六医院支援湖北医疗队和成都医学院第一附属医院的援鄂医疗队，赠与大熊猫双胞胎"热干面"与"蛋烘糕"认养证书以及定制的熊猫文创包，意在通过这两支军、民医疗队的代表，转达来自大熊猫及熊猫基地对所有投身一线抗疫的医护人员的暖暖心意。

成都赴汉战"疫"的张坤护师凯旋后接到上述特殊礼物，顿时抑制不住激动的心情，她热情地说："热干面是武汉最有名的小吃。如今，对于武汉人或者参与支援战'疫'的医护人员来说，热干面不仅仅是一种小吃，而是一种战'疫'情怀。给新生的大熊猫命名'热干面'，就是为了记住这段难忘的岁月，致敬英雄的武汉和武汉人民！"

这些新时代最可爱、最可敬的人，用极富地域特色的美食"热干面"和"蛋烘糕"将武汉和成都两地紧紧相连，通过大熊猫命名让战"疫"精神得到了表现，也让这对"国宝"双胞胎延续战"疫"

精神。网友们纷纷跟帖表示，希望这对包含着两地友谊，承载着人们美好祝福的双胞胎继续健康成长，为所有人带来欢乐与美好！也期待“热干面”和“蛋烘糕”在熊猫基地早日与大家见面，让战“疫”精神发扬光大。

六

一方水土，一方饮食。中国饮食文化自古分成黄河、长江两大流域系统。武汉地处九省通衢，南来北往客交汇地，具有风味食品市场需求；这里又是鱼米之乡，盛产稻谷、大麦、小麦、大豆、花生和红薯（俗称红苕）等，是酿造南北“通吃”美食的天然基地；而黄陂又素有“无陂不成镇”的美誉，“九佬十八匠”凭借工匠精神走遍天下。正是这天时地利人和，才成就了热干面和而不同的地方小吃特色，形成了独具魅力的“热干面”文化。

大熊猫享有中国“国宝”的美誉；热干面为“最佳汉味小吃”，列入湖北省级非物质文化遗产名录。在举国驰援武汉的战“疫”中，香喷喷、热辣辣的“蔡林记”热干面，温暖了白衣天使的心！而成都熊猫基地给战“疫”期间诞生的大熊猫大宝宝命名为“热干面”，又给“中华老字号”热干面赋予了全新的含义。为记录“热干面”的新时代传奇、叙介“热干面”在感恩中奋进，笔者特草拟《“蔡林记”热干面战疫篇》，该文被收入涂文学主编、裴高才主笔的《武汉城市史·黄陂区卷》之中。这正是：

热干面的味道鲜，芝麻酱蒜五味全。
犒劳英雄送瘟神，国宝纪功谱新篇。

（作者：飞翼，本名裴高才，中国作协会员；陈齐，华中科技大学博士）

（插图：胡赞美）

（篆刻：桂建民）

武汉热干面

圆梦南路 1 号变奏曲

严辉文

夏天的傍晚，是不是已成为一种新的时间概念？至少我是这样看的，这是一天最闪亮的时刻。相较于匆忙的晨光而言，夏天那久久不肯熄灭的傍晚时光，弹奏着缓慢悠长的诗篇。

第一乐章 轮滑进行曲

“婉兮，慢点！”

“子琪，别跑太快！”

孩子们的童年在轮上。轮滑鞋、平衡车、小型滑板车、儿童自行车哗啦啦摩擦地面，轻快的小脚奔跑跳跃，鞋底彩灯节奏明快，闪闪烁烁。

夜色朦胧，华灯初上。我们圆梦南路 1 号小区，迎来了一天最欢乐最闪亮的时刻。这个初夏的夜晚，以孩子们为中心的休闲嘉年华，仿佛在一位看不见的总召集人的一声令下，准时上演。

大人们跟在奔跑的孩子身后，边慢跑跟上，边殷殷叮嘱，然而，那几位被叫上名字的孩子哪里有空回应！

人们早早吃罢可口的晚餐，哪怕仍戴着口罩，下楼仍是开阔的美丽新天地。不久，星月之辉升帐，路灯如宏大的剧场照明瞬间开启，高高的楼房窗口竞相投射五彩光芒，各路光辉迭加照耀，夜色被打扮得无比浓郁温柔。

对于成年人来说，这通常是一天之中最缓慢的时光，而孩子们则进入了挥洒天性的“撒野”时刻。任凭大人们怎么温情呼唤，他们都没空听。人家要“撒野”，要自由滑动快乐童年。

比如被叫做婉兮和子琪的孩子，以及那些时下被认定为最动听最流行最贴近幸福想象名字的女孩、男孩们，无不坚定朝着前方，试图摆脱大人的呼唤，他们只服从于自己的兴奋点，只听从夜色吹响的快乐集结号。傍晚的各种即兴游戏是小区花园中的一幕幕童年喜剧。

最欢乐的时刻，岂能无狗！狗狗似乎远比孩子们听话，一俟收到“麻麻”发出的吆喝指令，纵有不舍，还是要徐徐按下放蹄江湖之志，调头走向了它的“麻麻”。

“啊，好漂亮的狗狗！”

不知是哪个孩子一声叫喊，一直奔跑的婉兮、子琪们关注到了这条穿着小白裙而毫无违和感的小狗。他们纷纷扔掉车子，一窝蜂围住了那条小狗。不时又向“麻麻”提问：“阿姨，它叫什么名字呀？”

“它几岁呀？”

“它吃香肠还是苹果？”

异想天开的狗类学问题接踵而至，孩子们比遇上了一位特别有趣的小朋友还兴奋。

在得到满意的回答后，孩子们仍然兴味盎然，围住不散。

“阿姨，我们可以摸摸它吗？”

“麻麻”果然是好“麻麻”，这时她既不便拒绝孩子们的请求，又要保护好她的“儿子”，最好的办法，当然是安抚好狗狗，贴心地拢住小狗的头部，一一满足孩子们的需求。

第二乐章 圆梦畅想曲

当孩子们完全被小狗吸引了之后，一直用视线和悬着的爱心追随他们的大人们，终于可以把口罩拉到下巴处，轻松喘一口气了。

现在，小区外面的圆梦南路上，拥挤的车辆忙不迭地用喇叭催促着一天最后的时光，每一寸路面都承受着超大压强和超快速度，马路仍然像白天一样紧张忙碌；而在小区里面，轻松闲聊范的“圆梦南路高峰论坛”正如期开幕。

如果你细心观察一下，不难发现，祖父母辈的人按捺不住喜悦的心情，大谈特谈其育儿经，孙子们的聪明佚事总是最值得交流的话题。他们大多使用阳逻本地方言，不时也可以听到人们说出汉口话、荆州话、随州话、河南话、江浙话甚至东北话，尽管“各唱各的调”，但没有迹象表明这有碍他们的交流。

语言也相对区分为几条隔离线。当祖父母辈的人围在5栋楼下的架空区附近闲聊时，年轻的父母都聚到了小区入口不远处的草地上。当然，他们交流基本使用普通话，如果远远地听去，就像是一帮人在推广普通话。在这个时候，他们会就疫情后期的商机与局势，阳逻与武汉主城区房价的差异，阳逻开发区企业的待遇及前景，淘宝的心得与裙子的式样，地铁阳逻线出行和江北快速路自驾进城的比较研究之类的问题发表高见。还别说，旁听一下这个“圆梦南路高峰论坛”，有时真长见识。这些年轻人当然不会只顾自己玩儿，他们的余光还要关注老小。而当他们在跟长辈交流时，又会自如地转换成属于各自的与生俱来的方言。

至于欢快的孩子们呢，则一律是普通话，偶尔还要夹带几个带着奶声奶气的英语单词或者短句。当他们玩累了，他们要喝水，他们要把车交给大人看管，总之只有在需要寻求长辈帮助的时候，他们才会理会大人。不过无论大人们说普通话还是方言，他们永远都是一口清脆的普通话。

这样的代际语言差异虽属无意，却又明白无误地勾勒出一条不可阻挡的方言危机轨迹。这俨然是当代城市小区文化生态的写真。

在观察孩子、旁听论坛之余，我这种边缘人总是喜欢更多地留意那些花花草草。月季、百日菊、绣线菊、木槿、八角金盘、绣球花、杜鹃花，还有红花檵木、红枫、桃树、石榴树、女贞树、合欢花树、桂花树等正各自组团，呈现小型植物园区的规模，它们自然伸展的枝条和花叶，已然跳脱出了园艺设计的既有框框，浑然天成又恰到好处地弥补了园艺师想象力不足的缺陷。不过细心看起来，却仍然能看到园艺师们当初规划的物以类聚的几何图案。

如此扎堆，不知道是出于植物的天性，还是人类对植物浅薄的理解力使然。反正时下许多小区的园艺美学，基本都成了千园一面的流行时装。好在植物是不需要人们过分担心的。它们总是更擅长收放自如。作为精于生长之道的事物，只要给予一块土地，必能各尽其妙。它们不仅比人类更知道随遇而安，而且会尽可能在该自己灿烂的季节，毫无顾忌蓬勃葳蕤，丝毫也不担心有人指责它们过于张扬嘚瑟。

“爷爷，爷爷，你家子琪摔倒了。”一个稚嫩的声音把我从植物界唤回了人间。我转过身来，曾经在6栋电梯间见过的脸色红扑扑的小男孩正站在轮滑车上扯着我的衣袖，与此同时，我也听到了我的外孙子琪的哭声。

我忙不迭地跑过去，一个与我年龄相仿的中年男子正坐在花坛边的长条椅上，左腿上坐着我家的子琪，右腿上坐着他家的婉兮，哄着两个还在不依不饶大声哭喊的孩子。

“乖们，没事吧。”

听到我的声音，子琪一下子溜下地，伸手抹了一把眼泪，朝我喊道：“阿公抱！”

“没事，磕磕碰碰总是有的，两个伢滑得太快撞到一起，一下子都撞倒了。”我一把抱过子琪时，那男子抬起头来说道。

“你是？”

“你不是？”

我和那男子同时说出了口。

第三乐章 朋友幕间曲

这个时候，已难得遇上一个像我一样的土著阳逻人，阳逻柴泊湖畔人。而我恰巧就遇上了童年的好友老周，他现在的身份是婉兮的祖父，正如我是子琪的外公一样。我们边把孩子交给家人看管，边唠了起来。

时光退回几十年前，我们是小学时代的密友，即所谓的发小。人生就是这样，每个阶段有每个阶段的朋友。相伴成长，然后又遽尔走散。许多时候距离并不是刻意所为，正如当初也不是刻意却仍然会那么亲近一样。

是的，朋友如潮汐。我们总有被时光冲散的朋友。

“小时候我们总一起玩，我算一下，是哪一年？”老周说道。

“记不清多少年了。反正上学我们黏在一起，放学你带我去钓鱼。”我忆起了柴泊湖畔那遥远的日子。

于是我们就在密密丛丛的红叶石楠面前，缅怀从前。我不免要在心里感叹：未能见诸文字的真实历史，总是会特别多也特别快地沉没在地下。比如当下，圆梦南路这一带从前的历史，已被高高的楼盘筑进了混凝土墙体中，或者被宽阔的大马路碾压得无影无踪。

那些与小区同龄的子琪、婉兮们，不，就连到这个小区来成家立业的外来年轻人，也许需要很久才明白，小区的人造世界远非世界原初的模样。这个地方从前是什么样子，他们甚至永远也不会知道。

他们眼前的高档小区，永远是一个规整的世界，是一个移植城市商业小区的世界，是一个生长许多城市公园里驯顺又美观的植物的世界，是孩子们和宠物狗们乐园般的世界。

老周感叹：“从前这个地方是个么样子，你还记得不？”

“哪能不记得，你带着我挨打的地方，哪忘记得了。”

“是的。下午放了学我带你去湖里摘莲蓬。莲蓬倒是一人摘了一大袋，最后在密密麻麻的莲湖失了方向。”老周说。

“我说不是那方向，你偏要带我走。”到现在我的语气里似乎还有对老周的抱怨。

“是的，我带着你越走越远，天越来越黑，我们怎么也看不到岸。”

“岸是找到了，上了岸却不是我们王家塆，也不是想象中的阳逻镇，恰恰是当时那个鬼不生蛋的湖汉子。吓个半死不说，一晚上没回家，第二天还挨了一顿好打。”

我一边回答，一边回忆从前在这里看到的景象：连稍微正经一点的水稻、棉花、小麦都不肯到这里落户，只有少数大胆的垦荒人，才敢深入豺狗出没的杂木林，蛇鼠撒欢的洼地，以及野芦苇盘踞的渊薮。至迟到20世纪70年代，小心翼翼地试种西瓜、菜瓜等在那个时代上不了台面的作物，这已经算是拓荒者们了不起的开发举措。

第四乐章绚丽回旋曲

我们边聊边走，不觉迈出了这个挂着“圆梦南路1号”小区的大门，外面是车来车往的竞速场，是声音汇聚的跑马场。圆梦南路已经成为阳逻开发区舍我其谁的新城主干道，两边高楼林立，银杏树、栾树生机勃勃，随之而来的却是，高分贝、空间紧张等城市病。

广场舞是这个时代的注解，每一个班子的曲目总是响亮高昂，或古典或时尚的舞姿也只属于她们自己。不过，数个班子扎堆，还是呈现出争奇斗艳的效果。车辆自然是要在交警处罚单与小区防护栏的双重阻击之下，施展见缝插针大法，试图挑战越来越严重的停车难。地摊经济时代的回归，摊贩们各尽其能，把水果、日用品、小吃摊摆成了一道道不那么靓丽却异常丰盛的夜景。从前人人生畏的湖汉子，现在快要被繁华挤爆。

我俩散步走出小区。老周问我：“你记不记得这里从前还是我们的练胆基地？”

我这才恍惚记起左手边的地带，从前是漫长得像黑暗中世纪一样的山谷小路，晚上赶路的人们需要面对路边树林中的无边寂静或令人生疑的响动，尤其是不时送入耳朵的惊慌的鸟鸣，谁不曾提心吊胆？到了我读《水浒传》的年龄，常常把这条山谷路想象成施耐庵笔下智取生辰纲的地方。

老周说："我大着胆子走过多次，反正别无他途，而往前走和往后退都面临同样的困境，常常只有硬着头皮练胆量。"

我们不由得感叹时世变化之大，眼前的世界与从前的世界怎么完全找不到连接点了？如今那个著名的练胆基地，山已经消失了，建成了新洲一中阳逻校区，学生正成群结队地出没。很明显他们早已改用智慧说话，各种练胆术都显得多此一举了。

沿着圆梦南路往柴泊湖方向前行，右手边的湖景，最让圆梦南路 1 号小区的人们流连忘返。

我和老周夹杂在散步、慢跑的男女间，朝右边已经萎缩的湖边望去，从前渺远苍凉、满湖荷花菱花的柴泊湖，俨然已换上了现代化的绚丽布景。彼岸的阳逻老镇，此岸的阳逻新城，各种造型的高楼竞赛似的向湖中投射人工光芒，环湖路的路灯，形成了一道淡紫色的灯带，俨然一挂巨大的城市项链。此时此刻，光亮的柴泊湖如荣耀加身一样，波光潋滟，五彩缤纷。要么荒芜，要么喧嚣。难道这是这个柴泊湖汉子的宿命？

我们抬眼朝湖那边的长江方向远眺，阳逻港仿佛驻扎在江湖尽头，升起一排排伟岸的龙门吊，成为江和湖之间牢靠的钢铁卫士。多彩夜色被龙门吊高高举起，随着波涛的节奏，举起复工复产的旗帜，日夜哼唱着"淮甸上游①通江达海②"的歌谣。

注①：元代文学家龙仁夫，晚年因仰慕阳逻山水，便定居阳逻长江边武矶山麓，曾在武矶头崖壁书写"淮甸上游"四个大字，并镌刻传世。

注②：阳逻港是武汉新港核心港，是长江中下游唯一的天然深水良港，集装箱吞吐量已突破百万标箱，货物经此出口世界各地。

（作者单位：武汉市新洲区文化和旅游局）

（插图：胡赞美）

（篆刻：程迟生）

致富国民写大川

竹床的回忆

李峰

三四十年以前，在夏天到过武汉的外地人常说武汉有两大奇景：一是男人打赤膊，那是指武汉位列全国三大火炉之一，三伏炎天无君子，在只有一把蒲扇摇风的时代，管他胖子瘦子啤酒肚子，酷暑之下，男人都把汗衫脱下来绾在手臂上，一起光膀子打赤膊图凉快。一般还会在手腕上系一条湿毛巾随时擦汗，碰到凉水就把毛巾打湿、拧干，散擦去汗水。随着文明的进步和空调电扇的普及，武汉男人打赤膊的这个习惯早已消失。现在谁再光膀子在街上走，只能招来满街鄙夷的眼光了。

第二个奇景就是竹床阵了，以前有过江城暑期生活的人都有体会，那垫在身下的的草席、苇席，一会儿便是水濡濡一堆人形汗迹，一起身还“滋”的一声水响，浸得人难受，只有睡清凉散汗的竹床才好入眠。当时有人说，一个典型的武汉人是吃热干面长大、躺竹床睡大的，其实这句话很偏颇：那个时代，热干面的重要性远比不上竹床，不爱吃热干面的武汉人也许很多，当时不睡竹床的武汉人简直可以说没有。

有火炉之称的武汉夏季昼间烈日曝晒，酷热难当，晚上则闷热少风，这是武汉当时最让人难受的地方。晚上热得没办法休息，当时的石房砖房和更古老的薄壁木质鼓皮房，居室中白日曝晒集聚的热量难以散发，晚间屋内的温度甚至比室外更高，墙壁摸着都烫手，老武汉人都知道这不是夸张。在连电风扇都稀罕的年代，“九头鸟们”热急了眼就只好扛起竹床逃出家门去露宿街头大摆竹床阵了。

一般每年 5 月底就有零零星星的竹床出现在武汉的街头，这时便上街过夜的多是一些体格很好的壮汉。夏初的深夜春寒仍有余威，早晨走在大街小巷，便可以看到这些壮汉们在竹床上用薄毯将自己裹得像糯米包油条，有的甚至连头都裹住，只剩下一丛头发挤出薄毯一端。这些早早就开始露宿的男人们不是怕热，多是家中太过狭小拥挤所以干脆睡在外面落个清静，那时武汉一居室住三代人很正常。

这时的竹床阵规模上不过是“小荷才露尖尖角”，只处在惊蛰期，绝大多数武汉人此时还只是在家里撤下床单，铺上草席，这已足够了。

七月初的小暑过后，气温便一日高似一日。当街上穿汗衫的人多起来的时候，武汉人便开始为安度又一个酷暑做准备。

各家各户纷纷搬出封存在家中角落的竹床，竹床便是以后两三个月武汉人的避暑胜地了。竹床每家都有好几张，而且大中小号配套齐全，基本上每个家庭成员都有自己的专属——大号的才够格装下爸爸的块头，纤巧的妈妈中号正合适，小娃娃们当然是睡小号的了。

将这些竹床搬到家门口的街巷边，提上几桶水或者干脆用橡皮管接上水龙头冲洗一番，半年的积尘随着水流消失后，竹床干净起来了。那嫩黄中还夹杂丝丝竹青的是新家当，买来还没几年；那竹条暗黄无光甚至近于棕红色的则是老家底，没有一二十年汗水的浸渍便不会有这般颜色，它的历史说不定可以追溯到爷爷那一辈儿。这些整洁的竹床触手清凉，看着它们，武汉人心里踏实了，往竹床上一躺，武汉人不禁豪气勃发，什么也不在乎了，管你二伏三伏秋老虎，尽管来吧。

接着，一夜春风万树梨花，在某个开始热得有些特别也许是打赤膊都觉得热的傍晚，武汉的街头便忽啦啦一下铺满竹床，竹床大阵布开。称竹床阵为奇观毫不过分，那时武汉夏夜的街头竹床连竹床、竹床并竹床，大街小巷逶迤相连，里弄胡同首尾互接，举目望去，连楼顶的平台、楼外的阳台都是黑压压的一片竹床，铺天盖地，蔚为壮观，整个城市成了一座竹床城。武汉人一整个暑季的夜生活就将在竹床上度过，这可不是吹牛。你看：竹床上铺一块塑料布，饭菜一摆，两侧放几只小板凳，武汉人晚饭吃在竹床上；吃完饭拿走塑料布，布上棋盘、打开收音机——武汉人晚上玩在竹床上；玩累了更好说，清去杂物，垫上枕头，往后一仰——武汉人夜里睡在竹床上！

外地人见此情景叹为观止，穿行在竹床间又常常迷失方向，深觉奥妙无穷，遂惊呼武汉人大摆竹床阵，竹床阵威名也就传遍全国。

竹床阵最让人留恋的是邻里间的融洽气氛。昏黄的路灯灯光下，父辈们盘腿坐在竹床端茶杯摇蒲扇聊天，话题古今中外、天文地理、国家大事无所不包，笑声、感叹声、呷茶声间夹其中。婆婆妈妈们话题自然琐碎得多，张家儿子李家女，柴米油盐酱醋茶的也扯得高高兴兴。老爷子们在另一边时时哼两声“葛三哥”，跟怀里的收音机比比嗓子，另一圈靠在一起的脑袋中不时发出“将”“吃”之声，那里的象棋、军棋乃至跳棋正杀得不亦乐乎。年轻人坐不住，呼朋唤友看电影逛大街玩得筋疲力尽后猛一躺，压得竹床“咯吱”一声叫唤。小孩子们最快活，官兵抓强盗躲猫猫的在竹床间追来撵去，惹来几句怒骂也依然故我，年长的待再骂两句，忽然想起自家小时候同样如此甚至有过之而无不及，也就叹息一句由小子们去了……

到了晚上十点左右，谈笑声、打闹声渐渐稀落，然后便完全沉静，街巷里只剩下人们沉睡后细长的呼吸声、低沉的鼾声，和偶尔的“咯

吱”声——那是睡着了的人在竹床上翻身……

温柔的月色中，几百万人的大武汉静静入梦………

夏天太阳出来得早，五点多天就亮了。到六点多的时候，武汉的街巷间便到处响起搬运竹床的吱呀声，人们就要开始一天的工作学习，竹床该放回家中了，一直要到下班后，人们便又搬出竹床重复昨日的晚间生活……

日子就这么一天天过去了，难熬的夏季不知不觉竟就走到了头。

立秋了，中午还很炎热，晚上却已有些凉意，肚子上该搭条床单了。

处暑过了，时时有暴雨倾下，下一场雨两三天内就不必露宿了。

白露也过了，晚上睡觉渐有夜露，身上盖的毛巾被早上便有些潮气，很多人家已不再睡到户外。

最后的秋老虎也使完了蛮劲，终于到了秋分，晚间清风飘起、微有寒意，这时候还坚持露宿的又是那些体格很好的壮汉们，不过他们也撑不了多久了，大多数人家这时已在清理竹床。安放竹床是很方便的：冲洗一下，晾干，讲究的再喷上一点杀虫药水，大中小号竹床一号套一号往不碍手脚的墙角一竖就行了，占不了多少地方。房屋实在太小也不要紧，在走道墙壁上部钉上几枚大号钢钉，把竹床捆扎一下往上一挂，这就更占不了什么地方。

看着收捡好的竹床，武汉人竟有不舍之情。不过，明年夏季冲洗一下不就又用上这老伙计了吗？再说，一起在竹床上乘凉的街坊邻居不是天天见面吗？武汉人想想嘿嘿一笑也就干别的事儿去了。

我的童年少年时期最快乐的一些时光就是在这样的竹床阵中度过的，年长的绝大部分武汉人也经历过这种竹床生活，我相信他们同样感到快乐。竹床阵中留下了武汉人那么多的笑声和故事，以至于当时有人称此为“竹床文化”。我想，如果这真是一种文化，那它就是老武汉最迷人也是最具地方特色的民俗文化了。

这种文化已经死亡。竹床阵的衰败并不久远，也只有三十年左右的工夫，它衰败的原因是武汉人物质生活水平的迅速提高。当电风扇开始普及的时候，竹床阵便开始了萎缩。当大多数武汉人用上了电冰箱的时候，竹床阵已威风不再，大片大片地消失。当空调走入普通市民的家庭，当城市开始了大规模现代化改造时，竹床阵就终于难觅踪迹了。现在连竹床本身也发生了生存危机，当每个家庭都有一台甚至几台空调电扇时，竹床就找不到自己的位置了。

如今，只有一些极少的偏僻小巷院落里还能找到竹床阵的影子，不过，随着城市建设的飞速发展，它在这些地方也幸存不了多久了。

这当然是好事，谁也难以否认。只是，当现代物质文明给人们的生活带来许多方便时，却又带走了许多古老质朴生活中的乐趣。电扇空调、独门独户、高楼大厦既带给武汉人舒适的生活环境，也带来了人际关系的冷漠，多年同居一楼的邻居互相不知姓名并非奇闻，面对此情此景，回想着竹床阵中那一张张笑脸又怎能不让人心生感慨，涌起怀旧之情呢？有位 20 世纪 80 年代初曾到过武汉的外地老朋友很想再看看武汉的竹床阵，我告诉他已不可能，他感慨遗憾，我对他说，我有同感。

（作者系武汉市洪山区自由撰稿人）

（插图：蒋勇 段银枝）

（篆刻：桂建民）

风规自远

武汉的味道

远 影

我是用味蕾来结识一座城市的。

2005 年元月，因为工作的缘故，我带着儿子来到武汉。

我下班回到出租屋内，发现居然与室外毫无温差，不过只是把寒风挡在门外罢了。对于从小在暖气环境下长大的人来说，个位数的室温，意味着手足甚至脸上都生满冻疮，一颗心冰凉得无处安放。

打开小小的空调，虽然脸上发着烧，脚却仍在冰窖里，那丝热气只浮在身体表面，好似一张虚情假意的笑脸。最怕的还是洗澡：第一次不知深浅，以为将热水器烧到最高温度就万事大吉。谁知没冲几分钟，刚刚揉起满头的洗发水泡沫，水温就渐变凉了，只有咬着牙，胡乱抹干了事。头发还没擦干，又遇到停电，漆黑中，五岁的儿子喊着："妈妈，怕！"扑入怀中。我握着他冰凉的小手，头发上的水珠带着洗发水的泡沫，和着眼泪流到嘴里，苦涩，冰凉，夹杂着化学香精的刺激，成为武汉留在我记忆中的第一种味道。

"柳絮风轻，梨花雨细。"春天，陌生的武汉显出处处生机。

荠菜就在这弥漫着早春气息的草丛中、田埂上，悄无声息地发芽，贴着地面生长，好像生怕被人发现。

在家乡，每年这时候我都会和母亲一起去挖荠菜。荠菜极易生长，田间地头水沟旁，到处都是，但叶子的形状和另一种野草非常相似，很难辨认，我就荠菜、野草乱挖一气；而老妈因为小的时候经过三年自然灾害的"专业训练"，仿佛长了火眼金睛，不论荠菜藏得多深，一挖一个准儿，还净是又肥又嫩的。我们背上烤着初春的暖阳，手里不停地忙活，享受着劳作的简单和快乐。

为了重温家乡的味道，三月三，我带着儿子去周边的田埂上挖荠菜。这时的荠菜头顶着小白花，极易辨认，根茎粗壮，香气最盛，适宜煮鸡蛋。为了让荠菜的味道更浓郁，我煮蛋的方法与众不同。先将鸡蛋煮熟、去皮，用牙签扎孔，和荠菜一起，加盐煮半小时，再泡上一夜。第二天一早，浓香扑鼻的荠菜煮蛋就上桌了，蛋白、蛋黄都很有滋味儿。儿子说："比外婆煮的还要好吃。"

四月间，一场暴雨之后，我和朋友偶然路过一棵槐花树，一大段树枝折断在地，上面却满是花苞，鲜嫩欲滴。被我们两个吃货撞见，这些槐花不枉一世缤纷，于我们，自然是天大的惊喜！

在家乡，槐花大多用来做包子、饺子的馅料。我嫌热油爆炒失了花的香气，打算来点创新。

摘下来的花不能久放，于是挑最鲜嫩的花苞洗净，用沸水泡茶。茶汤透亮，香气清幽，好似有清丽女子从袅袅的热气中飘出，让人神清气爽。剩余的槐花洗净沥干，拌上白糖、面粉、素油，上锅蒸二十分钟左右，槐花糕就好了。送给刚结识的一群朋友尝过，从此香甜软糯的槐花糕就成为大家春天里的期待，相约每年四月一起采槐花蒸糕。

采槐花绝对是个技术活，因为"乱花渐欲迷人眼"。花丛深处，那一张张或羞涩或绽放的芬芳笑靥已然乱了你的心，想从中挑选那最鲜嫩的花朵自然不易。深深浅浅的花朵中，含苞待放的，莹白中泛着淡淡的鹅黄，沉默着积蓄力量；刚刚绽放的，花瓣白得耀眼，青春地呐喊着，花心里若隐若现透着绿色的勃勃生机；开得最灿烂的，花香最浓，花瓣白里透着微黄，却带着几分即将落幕的黯然。那双采花的手，想必要跟江南的采茶姑娘一样灵巧吧。在花簇中发现了一两枝中意的，要小心地拂开嫩叶的掩护，躲开尖刺的袭击，轻轻地捏住花枝，只一捋，花朵便欢快地跳到手中了。

一年一次的槐花糕，从一同采摘，到争相品尝，大家都兴高采烈，快乐得像小孩子过节一样，被我们戏称为“槐花节”。

有了对美味的期待，武汉渐渐亲切起来，也有了快乐、香甜的滋味。

武汉的夏天是荷的天下，连我家所在小区里也有几处荷塘。

买新房的时候，请劳碌半生的母亲来选，她一眼就看中这里，树木成荫，鸟语花香。母亲说，这里不似家乡的小区，家乡的小区是敞开的，没有物业管理，生活虽然方便，但卫生条件和安全却令人担忧。

楼前这塘荷叶，是我们看着发起来的。一开始只是一两片，像浮萍模样的小叶漂在水面上，不留意还以为是哪棵树上飘落了几片圆圆的叶子。渐渐地长成圆盘那么大，然后，越发越多，不到一周，竟然铺满了小半个池塘。

在荷叶的间隙中，有许多细秆钻出水面，顶着嫩嫩的小叶拼命地往上长，很有生命力的模样。没过几天，嫩叶中间鼓胀起来，成了小小的棒槌，尖尖的角，朝着天空伸展。细秆慢慢地长高长粗，棒槌便从中间开始裂开一个窄窄的缝隙，像一枚海螺，又像是一个探头探脑的河蚌。随着缝隙越来越大，卷曲其中的荷叶慢慢舒展开来，变成一个大大的椭圆盘。荷叶虽然是从两个半片开始成长，但是结合处却非常完美，好像一开始就是一张整整的荷叶那样匀称。这时的荷叶泛着青黄，像情窦初开的少女，略显青涩，顶着发髻，高高低低又害羞地站着，散发出阵阵清香。遇到雨后，水珠晶莹透亮，微风中，荷叶轻摇，水珠和着节奏，在翠绿的叶面上滚来滚去，却不会掉落，犹如调皮的孩童在游戏。满塘亮晶晶的，似宝石，像星星，煞是好看。

母亲最喜荷香，清晨有空，总会去荷塘边待上一会儿。开花了，便欢喜地叫我去观赏。半池夏荷，紫粉色的花瓣，黄灿灿的花蕊，顾盼生姿，明眸善睐，亭亭玉立，明艳照人，好似戏台上的花旦。我不由吟起席慕蓉的诗句：

我是一朵盛开的夏荷，
多希望，
你能看见现在的我。
风霜还不曾来侵蚀，
秋雨还未滴落，
青涩的季节又已离我远去。
我已亭亭，
不忧，
亦不惧。
现在，
正是最美丽的时刻。

母亲赞许地望着我，又说，看，这荷花中间，鲜亮金黄的花蕊，留下来，就变成了莲蓬。我便想到香甜的莲子、鲜嫩的藕带、粉糯的藕。武汉的味道，唇齿留香，渐入佳境。

秋风吹过，小区里飘来深深浅浅的桂香，我又想起了那片荷塘。再去看时，红粉佳人已然退场，饱满结实、鼓鼓囊囊的莲蓬也大多不见，只剩下疯长肥绿的荷叶，带着油光。又过了几天，密密的荷叶突然发出了阵阵浓郁的香气，比荷花盛开的时候还要浓郁数倍，让我甚感惊奇。

如此数日之后，荷塘便有了败落的迹象。有些荷叶的边角上渐渐泛出枯黄，不再是惬意地舒展，而是面色憔悴，就像是一张被烧焦的纸，了无生机。叶子越缩越小，不知怎的竟翻个身，露出了黄褐，灰烬颜色背面，像一顶顶干瘪软塌的帽子，垂头丧气地立在水面。最后，竟连这样一片残叶也撑不住的样子，渐渐的跌落到水中，水面上只留下光秃秃的秆子，或是偶尔还挂着一两只枯败的莲蓬。其他的荷叶仍然没心没肺地散发着香气，只是绿色中已现出了沧桑的模样，不再油光水滑，好像蒙了一层灰尘，颜色晦暗的绿，像一张陈旧的年画。

原来浓郁的香气，是荷叶衰败前的呐喊，而文人雅士喜爱的残荷，弯弯曲曲，形态各异的枯蓬，是它们扑倒前最后挣扎的姿态……

看到挖藕人手中带泥的粗壮莲藕，才让我第一次将这东倒西歪、满目疮痍的残荷，与香甜可口的莲藕联系起来。无论过程如何曲折，都从生机盎然，到盛极而衰，这是荷的一生，也将是我的。荷留下了莲藕，我呢？再吃藕的时候，一口下来，千绪万丝，多了些许厚重的滋味。

入冬后，母亲常常在一个大大的，武汉人称为铫子的罐子里，放入粗壮的筒子骨和蔡甸特产的粉糯莲藕，用文火慢炖，煨出来的藕汤香味浓郁，肉香藕甜，晾放在阳台里。一夜过后，藕汤就变成了半透明的膏冻。这是我们冬天里最爱的佳馔。

终于，武汉有了家的味道。

（作者单位：东风河西武汉顶饰系统有限公司）

（标题书法：程迟生）

梧桐大院

忽 兰

一

“你的妈妈已经吃过饭了，你还没有吃对吧，来喽，来喽……”

听见这人间的善良咒语，我打开门就直接扑到了花墙上，我还听见了小幼猫的叫声，就在楼下老梧桐树边。于是这个八十多岁拄着拐杖的老太太被我看见了。她一步一挪地下楼来，手里端着一个大碗。碗里是什么呢？她在和谁说话呢？果真如我的愿望是和猫儿在说话么？

老大娘就这么絮絮叨叨，艰难地用拐杖咚咚敲击着水泥楼梯，终于下到院子的地面上了，她的碗也终于离趴在二楼上俯视的我更近了。我模糊认出那里面是一个孤零零的鱼头和一些鱼骨。一只小黄猫嗖地蹿到了她的脚下，用扭动的身子和快速的小跑进行着早饭的迎接仪式。小猫儿的小脑袋高高的，小尾巴和身子柔软，真是人间至怜啊。

“大娘，大娘，你接住哦。”我飞快地回到屋里取出一包妙鲜包，从二楼的花墙上扔下去。我又说：“大娘，你能撕开么？”我生怕她是力气很小的人。老太太抬起头看我一眼，拾起妙鲜包对我说：“我家里猫粮狗粮多得很呢，多得很呢。”

老太太圆圆的脸多么善良啊，她灰色的大褂子（六十年前人们常穿的）我也觉得很好。

那小黄猫引着她去了院角一个很小的随便搭建的小黑屋子，那个大碗会放在那个屋子的地上，等猫儿吃好了，再被老太太收走。我这么想着，心里欢欢喜喜。

我就想，一定是有一个很大的黄猫，在这里野生着，被老太太照顾。而大黄猫在今年的秋天里生了些个小黄猫，于是老太太更加要照顾的是这些更小的猫儿了。

这里的人对猫儿好吗？要对猫儿好，我才会爱你们呢。大约我的心事总能被人猜中。隔壁家的男子在花墙边告诉我：“到了冬天太冷的时候，猫儿们就到走廊上找鞋盒子旧衣服睡觉，哎呀，早上一起来，满地鞋盒子散着。”

我仔细看他的神情，毫无对猫儿的驱赶和蔑视的恶意，就放下心来。

这个院子里的房子都是三层楼带露天走廊的那种。多少年了呢？隔壁的男子告诉我，这是五十年代初建的房子。我就去看那些闲散的仿佛随便落地长出来的大梧桐树，那么它们也有七十年近百年了？梧桐树长到天空上就成了密密的大伞，整个院子被梧桐的枝叶覆盖住了。我吃早饭的时候看见窗子外面的粗壮树身和树在天上织的大网，也是欢欢喜喜的。

前些日子对自己说：“我的心最近变干了变硬了，我再也不会有爱了啊。”

但是照顾流浪猫儿的八十岁老太太和老梧桐树让我的心又恢复到了从前，我静静想一想我的心，它像猫儿柔软的身体，热乎乎并灵巧起来了。

二

我和金宝决定出梧桐大院，过马路，到熙熙攘攘的人世里去；三个大猫儿决定一直躲在毛毯里睡个地老天荒，它们每到了新的环境就会崩溃。我和金宝走出院门口的时候，一个声音响了起来：“你们是要出门去吗？”我转头看见，正是清晨的八十多岁的老太太啊，她坐在房门前的椅子里，拐杖撑在胸前，笑眯眯看我和金宝。我代替金宝回答：“是啊，我们去大街上走走。”

我的声音何其爽朗，哪里像大病过并心如死灰过的人呢。这个院子能够疗养我，让我一直是善美的人呢。我渐渐开始觉得又有无限的希望能够升起来。

到了夜里，我和金宝下楼去找大院里的土著猫儿们。隔壁的男子说：“这个院子里的猫儿啊那可太多了。”我把家里三个“大坏蛋”的口粮倒出来一大饭盒，又接了一碗清水，这就穿过长长的水泥走道下楼去了。我们把大院子的每个角落都去到了，我还摸了摸巨大梧桐树的树身。七十年了哦，或许它有一百年了？将来，不出十年，这个院子终究会拆除重盖楼的，这些树木就直接砍了吗？

我的担忧总是那么多，压得我自已喘不过气来。活着，只想着自已，肯定是不对的；想很多虚妄的事情，是不是又太矫情。但是我和八十岁老太太毕竟在做着手中的事情，就是端饭给流浪的猫宝宝们啊。隔壁的男子照顾着妻儿，承担着生活的负重，但是他从未打骂过上楼来避寒的猫儿们，那么他也是好人。做一个好人是不易的，却也是极其简单的。楚狂人接舆歌：“……已乎已乎，临人以德。殆乎殆乎，画地而趋。迷阳迷阳，无伤吾行。吾行却曲，无伤吾足。”

要像麒麟一样轻迈脚步，连蚂蚁都不伤害啊。这是我的人生理想。

日上三竿，没有听见对面楼八十多岁老太太的拐杖咚咚敲打水泥楼梯的声音，自然也没有她大声叨咕的声音飘荡过来。于是大院里的大猫儿就去她家的门前打门：“喵儿，快开门给我送饭，饭，饭，饭，用大瓷碗装着的大鱼头……”

猫儿们原来和老太太一样都是“叨咕”一族啊。我一面匆匆穿鞋一面不忘取妙鲜包。这是我住到梧桐大院里上班的第一个早晨。六点多的光景，窗外一声声的鸟叫，还有扫梧桐叶子的声音，把我从大梦里拉出来。我就这么假寐着听鸟儿鸣叫和扫叶子的声音，再没有其他的声音了，我微闭着眼睛，唇角笑起来，原来我的选择如此正确。

如果是夜里，院子会有收旧家电和长头发的人，骑着车放着喇叭走一圈出去。这个喇叭声一响，家里的四个“小朋友”就很警觉，仿佛那是猫贩子。我听见收长头发也会激灵一下，仿佛我的头发就要被抢走。再夜深点，又有拎着小喇叭进来绕一圈的人，这个喇叭里喊的是防火防盗、邻里互助。四个“小朋友”照例又以为来了猫贩子，钻毛毯的钻毛毯，到门口大声嚷嚷的则起劲嚷。

天彻底亮了，我拉开玻璃窗，探头看院子，叶子已经扫得干干净净。这梧桐一年到头地落叶，12 月初叶子全部干枯如纸了，它还是保持着秋天落叶的阵势，继续落，三九天也落，终于开春发出了新芽，夏天叶子长成形，去年的老叶子还在落……白天出门去，傍晚回来，哎呀，又是一院子的叶子，这哪里是冬天呢，分明时光还是那深秋。有落叶的大地，空气都是静谧的。人们轻手缓脚地进出屋子。只见狗儿呵斥人类，人们被狗呵斥了，也只能小声嘟囔着绕着圈子走开去。

三

我找来一片比巴掌还要大的梧桐叶子，把妙鲜包挤在上面，正正合适。那大猫儿立刻就出现在了肉粒罐头边。我摸它一下，它也不躲。身体是肥圆的。昨儿个吃老太太碗里鱼头的小黄猫在院角小杂屋里发出叫声，那意思是：“我也要吃哦。”我就说：“你来啊，来吧，快点儿，不然就没有了。”我终于也变得叨咕了。大猫儿一听小黄猫要来，又急又气，用巴掌盖住肉粒罐头，一巴掌一巴掌的，嘴巴还要忙着吃。后来我才知道，小黄猫是大猫儿的亲生孩子哦。

此时的三宝和大橘正趴在家里的纱窗上看院子呢。它们若扒开了纱窗跳到院子里，我晚上回家来能否把它们一一唤回来？

天气到了很冷的时候，用大大的塑料整理箱，里面垫上旧棉絮和旧衣服，放在我家二楼的水泥走廊里，猫儿们夜里就可以来睡觉了。我这样琢磨。

小黄猫一直没有出来吃罐头，它大约早就心里明白大狸猫护食的时候是多么的霸道。

我起身，看见这个院子里的人抱着被子往古老梧桐树下的晾衣架去——活着的小民们的平实和温暖。

清晨八点，一位五十五岁以上的瘦高男子，手端一钵猫饭款步走下对面楼的水泥楼梯。我一思忖，这个一定是八十多岁老太太的儿子。那猫饭是自制的，大米熬成粥，里面添加上绞过的碎肉粒，或者切碎的鸡肝，鸡肉，还有那鱼肉鱼杂，都是可以的。就这么嘟嘟地煮得软软的香香的，端给大院里的猫儿们。

我这短短的几天里已经三次钻过那个院角的简易房了。小黄猫，胸前和爪爪是白色的，脸圆圆的，它在里面，所以我要进去看看。地上七个瓷碗和一个大水碗阵势惊人，几个报废了的电脑椅，老人用过的轮椅，上面有棉垫子，那就是猫儿们夜里睡觉的小家了。这可不正是我的理想吗？——在这个世界上有一方屋檐庇护所遇的流浪猫。我仰起头看这个屋子的屋顶，房梁稀疏可见蓝天。但是已经很好了。我要在三九四九天里把家里的一床旧棉絮送到这里来。猫儿们是最喜欢纷纷钻进厚厚的棉絮里的。

小黄猫可真美。但是它奉行的主义是足不出户。我把家里的大橘抱过来。大橘和小黄在三公分的鼻尖距离里微微弓腰互相看着，没有发出嘶嘶的防范的声音。原来我家大橘的第一个新朋友是小黄。

那个男子会把钵子里的猫饭用铁勺一一盛进那七个瓷碗里。我九点钟下楼拐进小屋子里看，一碗清水也好好地摆在那里呢。我昨晚放的两碗鱼头猫儿吃干净了之后，纸碗也被男子收拾出去了。院子里常在花坛里晒太阳的几个大猫纷纷往小屋子里来了。随时有食物和水，有软和的椅子让它们睡觉，而且有八十多岁老太太和五十五岁儿子的无言的庇护，不会有无情的人上前来驱赶它们，让它们无路可走，真是人间至幸。

四

我清晨走出这个梧桐大院，黄昏的时候走回来，走到院门口那里都会呆一呆，因为满院子的高大梧桐和它们金黄的一地落叶静静迎接我。家家户户一扇扇黄光的窗子，那里面是很小的民，那里面是平和缓慢的一种生活。我们一起在这个院子里听不见一丝儿汽车和商街的嘈杂声，总是有鸟叫，树叶一直地飘落。一场雨到来，叶子被雨水敲打下来，伴着风儿飘飞，我和猫儿们一起看得呆住。

窗子朝东，整个院子都是三层的小楼，金灿灿的太阳很容易在上午一滑身贴在我家的玻璃窗上。

我拉开窗帘，玻璃窗上密密一层小水珠。我拉开玻璃窗，合上纱窗，三个大猫儿和我一起趴在窗户上向外看。金色的阳光真好看啊，尤其是在隆冬，这是我度过青年时代以后最温暖的一个冬天吧。三个大猫儿则心想：刚才飞过去的那只小鸟儿若捉住该有多好。猫儿们的眼睛圆睁着，亮亮的，院子里的树，翻飞的叶片，楼下弯腰做事的女人，花坛上晒太阳的小黄猫和大猫儿，都出现在它们的眼睛里了。

窗玻璃上是金光，温暖穿射进来，简直可以令我的面庞热烫。我们在很温暖缱绻的黑夜退潮的时候，起身，迎接新一个光亮的日子，洒扫，吃细碎的食物，喝金色的茶水，思索。金宝一个扑身，就去到了古老梧桐树的大院子里。大橘猫腰穿过长长的水泥走道，下楼梯，那里有个黑黑的小空间，它必得在里面潜藏一会儿，“大丈夫相机而动”？我穿过长长的水泥走道，下水泥楼梯，到黑洞前唤它，它就跑到我手边，身上沾上了灰土。

它伏在我的肩头上，眯起眼睛看这个明亮亮的大世界：“我的朋友在哪里呢。”

我住在这简陋的屋子里，几乎重现我青年时代的艰涩生活。但是我满足到沉醉，因为朴素是有清辉的，是荣光的。大橘是这简陋生活的最大受益者，它抬腿就去了梧桐大院，和它的爱人小黄猫一起消磨时光；它抬腿就蹿回二楼家里，进来大吃大喝，储备精力再次出发，浪迹自由而安全的梧桐大院。

五

清晨四点三十五分，天光是淡淡白、淡淡青、淡淡灰的混合，像寂寞了一亿万年的宇宙深处浮出的一艘小白船的颜色。窗外梧桐树上第一只鸟在此时抖擞极了地叫了起来：“啾啾啾，啾啾，啾，叽叽，佳佳，咳咳，咔咔，咕咕，啾咔啾咔……”许多鸟都立刻醒来了，都在叫，远远近近，除了叫还是叫，就像是对一夜平安的酣睡的感激，也像是被设计出来的时候就携带着的责任基因所驱使——必须叫，让世界看起来不是荒凉的，尚且有希望，爱和平安依然在人间。

然而到了五点十分，它们突然一齐地不叫了，又是暗夜里那种静悄悄，一丝儿声音都没有啊，它们又睡着了？

深夜一点蹿出门去的大橘暴躁地在扑打门，我去开门。因为等待大橘回家，所以我把鸟儿们的作息时间都掌握了。

五点五十分，清洁工用大竹扫把扫地，落叶堆聚的声音划破宁静，鸟儿的声音又在大树顶上迸射了出来，小金光那样，又亮又干脆，火花四溅，溅到每一个认真倾听者的心灵上。

朝阳的光芒也是金色的，突然就刺穿了整个人世。

冬至过去好多天了，小寒和大寒就要来了，可是我定睛一看，梧桐树上还挂着满满的黄叶子，落得院子里的车身上是叶子，地上是，杂物上是，小猫小狗睡一觉醒来身上一定会正正地摆着一个干叶子。

隔壁院子的五层楼，我家院子的梧桐超过了它，那就是说梧桐们有七层楼那么高。据说整个大汉口只有解放公园路上的梧桐树保留下来了。我带着金宝在暮色里去解放公园路散步，看见苍苍的梧桐绿荫，心里就生起对一座古老城市的爱怜。

夜里有两三个儿童站在家门前齐唱：“牛儿还在山坡吃草，放牛的却不知哪儿去了……”八点半唱到十点多，童音清越、激扬，饱含着情感。我放下手中的《世界文学》，抚摸着猫儿们，一直地听，听下去，后来熄了灯睡下了，伏着枕头还在听。没有一个大人出来呵斥他们，没有一个孩子和小动物是惶恐的。

六

傍晚我回来，走进梧桐大院，太阳从我正对着的西面照进院子，满院浓艳金光，青绿的落叶，焦黄的落叶，满地落叶啊，和红砖的老墙真配。我走了二十步，从花坛里钻出来了我的大橘，它紧走几步，到我前面就地一滚，一定要我去摸摸它的脑袋。我再走十步，钻出来我的三宝，好硕大一只黑白猫。又走了十步，钻出来我的小橘，定睛看我。我再走，它们跟在我身后，整齐的队伍啊，上楼梯，进长长的水泥过道，我的金宝正卧在家门前等我回来，望见是我，欢快飞跑来，于是我们多少个呢？五个，打开门，回家啦！

家里幼时受过伤的五宝，四爪捉地，静静站在屋子中央，看我们拥进来。屋子里的窗帘拉着，白蚊帐静静悄，地板洁净明亮，我们是世间那个常常要喘息一下，庆幸着自己还安全安心的生灵。它们小心翼翼保护自己，却也勇敢地投身广大的自由，与风、树、蓝天、光、青草、其他的小生灵，融合，如此，生命才是完整而愉悦的。

大橘一整天没有回家，一定是去了楼顶，呼呼大睡。

那里的阳光直铺下来，四面全是梧桐巨大的枝叶，野草如林在楼顶蓬勃生长，直至十一月都会这样热烈而清新。

我在某个秋日的黄昏攀上木梯，穿过天窗，来到楼顶，大橘不在，我要自个儿感受一下梧桐大院楼顶的美妙。

在地上你不会感觉到二十几棵百年梧桐树交织合拢构成的整体气势。而在三楼顶，当我钻出天窗，站立在小腿那么高开紫花的野草丛中，瞬间就被鸟巢般围拢我的树梢触碰。

更高的蓝天，金色橘红的太阳，绿色的大的叶片，粗壮的枝干，叶子在风中簌簌闪亮，老楼在浓荫的遮蔽中，露出黑檐顶和红砖墙身。全然的安宁，梧桐枝叶是铜墙铁壁，我不由得坐下来，我终究是回转身了。

如果我没有和大橘偶然相遇，如果大橘没有随我入住梧桐大院，如果大橘没有以攀爬梧桐树去楼顶玩为猫生乐事，如果我不曾开动脑筋从天窗那里去接不敢下楼的大橘，我不会在这一天，在梧桐四合、野花丛生的楼顶坐下来，静静地感觉大橘每个白天的陶然，它与阳光和绿色的全然融合。如同三宝，每个白日伏地而睡，与大地缱绻。

七

我每天都要站立好一会儿的后窗——窗子和花墙一样，对着的也是一院子的梧桐大树——我一会儿在屋前，一会儿来到屋后，一会儿躺在屋子中央的躺椅上，眼睛看着窗外的绿树干，仿佛眼睛落在上面，叶片飘飘，便是人生本质的丰美。

我们六个的小家庭是最有序最干净最温情的。这样的道理有谁个能懂呢。但我们似乎也不要别人来懂。我们轻手轻脚做事，说话，假寐，等风来，等雨来。

我今天在窗子那里站着，五宝和小橘也在那里，我们一面呼呼噜噜说心语，一面看对面的人家。这个人家的独自的年老女人，她每天哪里也不去，早上到晚上，除了睡觉，都在门前的空地上坐着。坐着一个小马扎，在一个木凳上放了个菜盆，择菜，还有一个木椅，上面也摆着一个盆。她在三把椅子的阵容里择菜，择菜，择菜，戴着老花镜，脸快要贴到菜或者米上了。

她始终是一个人、埋着头。她的五官长得什么样子？似乎中国的女人一老去，就五官糊涂一把贴在脸上，不用再细细分辨里面蕴含着什么美了。我如果此时把温情的目光投送给择菜的年老女人，她一定很警惕手中的物什，身背后深深的屋子里的几样宝物。她的左侧是一大抱纸盒旧盆，右侧是一大抱纸盒旧盆，中间是进出屋子的通道，她坐在通道上，择菜，从不抬头看我，仿佛人和人之间的注视是一件多么不必要、怀着叵测的事。

她的手机的音乐声真大。她每天总会有几个电话进来，便可以听见那音乐："洪湖水，浪打浪……"她说了什么，是有人要回来吃饭么，还是让她等着，要接她去一个地方，吃精美但也嫌浪费的饭菜。她没有丈夫，儿女不在身边，她其实哪里也不去，即使做保健品推销的热情青年男子"阿姨，阿姨"地跟着她喊，要接她去参加一个集会，她想了半天，穿上了花衣裳配花裤子，依然没有去。她既不看书也不听广播，猫狗落到眼睛里就要扬起坚硬的手臂，驱赶。当然，书和广播似乎不用听也不代表就不文明，不爱惜猫狗的人心里也会有爱给自己的小孙子。她用手机放邓丽君的歌，音量真大，真好，在每天清晨七点半，带给我激灵。

我今天在窗子那里站着，五宝把自己整个地放进凉如河水的秋风里，我第一次这么认真地看对面的这个年老女人。她在七十岁的时候，甚至更早些，六十五岁吧，迎来了孤独的人生，坚硬地向前走，或者不是向前走，而是坐进一条并不湍急甚至温吞拖沓的河流里，任偶尔泛起淤泥的河水带她走。她不能让自己闲着，于是择菜淘米，每天三次。于是搜集废品旧物，更多的时候在小马扎上假寐，脑袋贴到胸口上，安静到她就是梧桐树上的一只叶子，一只灰色的飞鸟，一种不明生物。

我也不闲着，我清洁屋子，跪下擦地，地板任何时候都是锃亮的。我也在很多时候坐到躺椅上去，慢慢就假寐起来，我怀里的书，我书桌上搁着的一杯凤凰茶，我心里的那点子踏实和希望。我多么安静，就是一片树叶，一只灰色的飞鸟，一个站在湍急河流里，目光落定在河对面长满红叶的崖壁上的人，暂时或者永远，不做不明生物。

（作者单位：《芳草》杂志社）

（标题书法：兰干武）

我与武昌擦肩而过

余海游

武昌是我2012年来武汉的第一站，随后大学四年和毕业的头一年我都在武昌学习和生活，五年时间，我见证了武昌许许多多从无到有的过程，飞速发展、日新月异是武昌留给我的最初印象。

那时地铁还不是很发达，轻轨1号线刚刚受益一方，每年开学从武昌站下车，只能搭乘777路公交车到湖北大学，车厢过道里挤满了学生大大小小的行李箱，让原本狭小的空间变得格外拥挤，广播里报过的每一个站名都得小心翼翼地听着，生怕坐过站。一路上大爷大妈操着“深奥”的武汉方言拉家常，虽然听不太懂，但依然不影响给无聊的乘车时光平添乐趣！

如今地铁7号线设站湖北大学，四通八达的轨道交通让出行变得经济又方便，可视化的智能报站牌，让时间精确到秒，坐过站的顾虑也自然少了很多！大爷大妈的汉味拉家常车依然弥漫车厢，唯一的感受就是不再“深奥”，反而觉得熟悉又温暖。不得不说武汉地铁是武汉城市交通变革的标志性产物，是带着大爷大妈一起进步的人性化系统工程。

2018年因为工作原因来到了沌口开发区，原来熟悉的街道现在一年半载也难得去一回，偶尔开车匆匆驶过，也带着极强的目的性和方向感，绝不逗留，这或许就是工作和成家之后的典型表现，习惯做什么事情都两点一线，生活已经不允许我们有太多的拖泥带水。

今日去武昌是因为兼职应聘，自从学校正式放暑假以来，我一直有出去兼职的想法，这样一则能让闲暇的时光变得充实，再则做事就会有额外的收入和见闻，我很乐意体验不一样的生活。

大学时候做过很多兼职，尝试过各行各业的辛酸苦辣，也算是在摸爬滚打中历练出了一身皮糙肉厚的本领，仅凭一点肤浅的社会见识硬着头皮给自己壮胆，歪打正着得到一份教书育人的工作，自己当初都难以置信，一则怀疑自己屈才，二则担心自己误人子弟，因为别人都认为我是销售奇才、社会老油子，其实不然，我的内心知道自己难成大器，也着实向往宁静，教师这份职业恰好适合我。

事业单位从某种角度来讲是一个舒适区，每天按部就班完成工作，没有特别在乎过自己的收入，慢慢的也会产生职业倦怠感，在一个圈子里面呆久了，就会情不自禁地张望另一个圈子，这种猎奇心理是人的本能。

今天去面试的地方在武昌火车站对面，地铁武昌站E出口右手边一栋大楼是天伦万金国际广场，其中1号楼的某层4号房间便是今天面试的地方，上楼的电梯隐秘难寻，因为楼层高的缘故，等待电梯的时间稍显漫长，几经波折终于抵达面试的前台，只见房间内音乐袅袅，喧嚣之声此起彼伏，小小的房间内黑压压五六十号人，一部分是工作人员，大部分是前来面试的求职者，都带着口罩，各自在手机上忙碌着，谁也不认识谁，但大家都有一个共同的目的，那就是求得一份工作。

前台两位接待不拘言笑，说话总是言简意赅，高冷中带有几分严肃，这毕竟不是酒店客房部，不需要什么事情都毕恭毕敬，有点姿态我是能理解的。我认真填完简历、按照要求办理好登记后坐在角落默默观察、耐心等待，偶尔看看手机，这样会显得更入流一点。大约两个小时后，面试官终于叫到了我的名字，我被工作人员带进一个空间不大的办公室，面试官的电脑桌对面仅有三个座位，我因为是第一个被叫到名字，进去就坐下来了，后来又进去了十来个年轻人，有的是社会人士、有的是在校学生、有的是来自外地的求职者，操着方言跟面试官交流，搞得面试大姐一愣一愣的，旁人看得忍不住捂嘴偷笑。看他们年纪都不比我大，我也就当仁不让坐得安稳了，也没有让座的道德约束，后面进来的人因为没有位置坐只能站着，再后面站着的位置也变得很有限，便只能“屁股贴着脸”了，我虽然坐着，但是面前是两三个肥硕的臀，空气变得凝重，空间变得狭小，严重限制了我的活动，就连呼吸也变得小心翼翼，心想，这面试的人咋这么多呢？

面试官问了些简单的问题，用微弱的声音不断提示面试者声音大一点，每说一句话就是一句口头禅：“行”，可能是面试官另有打算，又或许是我不太适合他们这里的所有岗位，叫我先回家等消息。

录不录用是面试官一念间的事，这是她根据求职者的第一印象决定的；在几天之后如果我接到录用通知，去不去工作也是我一念之间的事情，因为我的决定也是根据公司在我心中的印象决定的。工作本来就是一个双向选择，与其痛苦的将就，不如痛快的“分手”。

回家途经和平大道绿地国际中心，回忆起它最初只是沙盘里的一颗璀璨明珠，如今已成为地标性建筑巍然屹立于长江之滨，凭借636米的设计高度，斥资500亿元希望摘得亚洲第一楼高的桂冠，更有成为世界第三高楼的雄心壮志，后因种种外界因素影响，最终止步于475米，以如今的擎天之姿成为了华中第一高楼。楼顶的塔吊还没有拆除，楼体顶部还依稀打着钢架，玻璃幕墙还未完工，看上去有一种“千疮百孔”的凄凉。此时它像长江边上一位历经沧桑的老者，悟透了缺憾才是人生的常态，别人主观的判断丝毫不影响它对生活的热爱，十年的点滴成长，才有了它如今的高度，它是武昌这片土地上的孤胆英雄，仅凭一己之力只身撑起武汉这座城市的脸面，用无言的坚守迎接自身的蜕变，诠释着什么是敢为人先，最求卓越。

重逢武昌没有逗留，所见所闻也只是冰山一角，有良多感触，在回家的路上如潮水般涌上心头，突然想到自己刚毕业时的样子，和今天其他面试者一样，拖着大大小小的行李箱，住在小宾馆里，问着面试官：“这家工厂包吃吗？包住吗？我明天能入职吗？”

武昌变了，是时代进步的必然！武昌没变，是因为胡同里面的早餐铺子和市中心的车水马孔还一如往常，热爱生活的人依然在武昌这片热土上挥洒着热血和汗水，用一种武昌特有的味道诠释着人间烟火气。

（作者单位：武汉经济技术开发区奥林小学）

（标题书法：王泉）

五月，大美的家园

南 竹

东风大道，挤来挤去
纱帽山上，串来串去
我在阳光下的所得，就和你有关了

长江与汉江夹势而来，春天收拢狂草
这是在五月，这是在江汉平原上
我敲打商周的一件陶器，回音昭昭
无数叶子般的史书，有金戈铁马溢出
青铜酒尊被高举
一座新型工业城的重量垫在黄土之上
春风阅尽之后，我们敬仰的
是它长盛不衰的地理和人脉

一滴水可以是春
远古的太白湖坐在荷花之上，
密布的沟河，血汁一样奔涌
一滴水暖蔓延
花黄是镰刀舌口俘获的恩赐
穿越其间，水乡墨汁轻染
桨橹的倒影和夕阳的余晖被风推送
渔鼓迟迟不愿回落
荆楚传承的事物被普遍颂扬
一片工业园可以是一座城
车都坐落于珠山湖旁
劳动其间，四季的风剪裁月华和星光
蜜蜂在春光中飞翔
兴盛的密码，凭借科技
沿长江的大堤走一走，这朝阳的脉向
交叉的高速路惊醒历史的沉睡
中山舰出水
耻辱遗留的胎记隐隐生痛，不能割去
沌阳与邓南两座码头，隆中对在延续
借军山斜拉桥的一个支点，让思想上浮
长江展开的画轴一寸寸地被流水翻动

东城垸，玉米林盛大高远
时光退后一步，一切高度都应低下头来
围垦造田，风餐露宿。一群人教会了我们
触摸荒芜。触摸荒芜上长出的花朵
两旁的行道树永远肃穆，敬礼

大风吹过，告诉我们时刻铭记的影子

这是祖国的五月。一座城在祖国的春天居中
因为雨水的浇灌和阳光普照，而站定
仿佛平原盛开的更大的花盘
鸽哨穿过汤湖，鸽子落到江滩广场
和在建的沿江工业园，在莲藕中绞杀一下记忆
随便倾下的一次渲染
一片土地的大美，金册银册
马蹄连天的大卷就尽收囊中了

[作者系武汉市经济技术开发区（汉南区）纱帽街居民]

我喜欢

任文胜

我喜欢琴台
我喜欢可爱的大夫和樵夫
我喜欢的盘龙城的墙比武昌城的更厚
我喜欢一个人在纸上造城
甚于四个人在一起砌墙
我喜欢一个人穿过跳舞的人群
在江滩的开阔中散步
我喜欢这样的大庭院
容得下两条大江融汇
庭院里有九座跨江的大桥
大桥上有我喜欢的五辆载重的车子
载着梦幻般的学问蚂蚁一样走过
因此
我喜欢到图书馆啃骨头
我喜欢立交桥但我更喜欢坐地铁穿江而去
去之前我喜欢吃热干面
我喜欢在黄鹤楼上写诗给李白看
我没有和他们喝过酒
但我喜欢这座城里几个一起谈文字的男子
有李白的酒量
我喜欢爱人是因为她
喜欢读书
我喜欢书上的朋友也是
现实中的朋友
我喜欢场景也喜欢故事
我喜欢层次节奏色彩速度
并在语言中寻找其伟大的对称
我喜欢在晴川阁上看汉阳的树
我喜欢大江是因为生在这里
我喜欢在这个大平台上感受
江涛拍岸卷起的浪花
如黄铜手臂上卷起的袖子
我喜欢越来越喜欢比一直喜欢还喜欢
我喜欢俱往矣
更喜欢无限长江天际来
我喜欢江水连天江花无尽
簇拥千年新城

（作者单位：黄陂区电力公司）
（标题书法：严国珍）

对望青山

给青山立傳

何 蔚

在江汉大平原上，每一座山都是上天赐予人间的稀世之珍。别说是山了，就算是一座丘陵、一道坡岗、一方墩台，抑或是一块顽石，都显得弥足珍贵。尤其是在平原水乡，在半城风景半城湖的武汉临空港，山的存在就是这一方水土的“福运”。

要知道，这里的山本来就已经少得可怜了，就连最高的吴家山海拔也不过70余米。何况还有一些山就像人一样，在人群中走着走着就走不见了，譬如祁家山、茅家山、香城山等等。事实上，那些消失的山，其价值远远大于珠宝，我们丢失了它们，也就等于丢失了上天赐予我们的珍贵礼物。所以，从现在起，我们要格外爱惜那些还没有丢失的山，爱惜它们玲珑小巧的身躯，爱惜它们苍翠得带点儿憔悴的脸，爱惜它们留在人间的美丽故事。它们的安好，就是我们自己的安好。

如果不去翻阅资料，即使是土生土长的临空港人，也没有几个能准确地说出这里曾经究竟有多少座山，并一一道出它们的名字。那些低矮的，在别的地方根本不可能被当做山的山，实在是太不起眼了，它们一直都在被我们忽略，一直都没有像亲人一样被我们了如指掌。

我们今天之所以要描述这些山，记录这些山，甚至是用民间传说和神话故事来给我们身边的这些山树碑立传，就是为了将来有一天，我们的子孙后代都能够看见，临空港这片土地的历史是有光环的，是有意味和情趣的。神话有多美，我们生活的世界就有多美。

只要是将这里现有的山名全都念上一遍，就知道临空港最著名的山莫过于吴家山和睡虎山了。吴家山是临空港经济技术开发区政府驻地，在外面的人看来，吴家山这个名字几乎可以和临空港等量代换；睡虎山的出名更多的是因为睡虎山公墓，是因为越来越多的往生者抬高了它的身价。但无论是吴家山还是睡虎山，它们的知名度都很难超出方圆百里的范围。

在1957年围垦之前，这里的山多半是湖中的倒影、岸边的画框，有落霞与孤鹜齐飞，有秋水共长天一色，有轻舟晃荡渔火摇曳，有鸡鸣犬吠乡音婉转。围垦之后，这里的山才开始纷纷崭露头角，成为大地上最醒目的路标。

令人嗟叹的是，临空港的先民们在给山取名时似乎并不讲究，他们就那么随随便便地对着山呼喊一两声，山也就糊里糊涂地答应了。从此，它们就有了如此生僻的名字，如瓠子山、卵子山、团鱼山等。当然，临空港的山有的并没有被叫做山，而是被叫做岗，如王家岗、陈岭岗、螺蛳岗、水岗、栗岭岗、雨淋岗、巨龙岗等；有的被叫做坡，如石家坡；有的被叫做膀，如高脚膀；还有的被叫做咀，如兰图咀。叫什么其实不重要，重要的是，只要有丘包隆起，只要有石头堆叠，只要有树木环抱，在东西湖这片泽国平川之上，它就可以被看做是山，它就可以获得与其身份相应的称谓。

道冠山、瓠子山、狮子山、玉屏山和巨龙岗，在临空港的山中应该算得上是第一梯队了，其中很重要的一个原因，就是它们身上都背负着美丽的神话与传说。也就是说，它们本身是代表着一定的历史文化的。有了历史文化，它们的生命便有了永葆青春的力量。

临空港的山大多集中在柏泉地区，可以说，这是上天对柏泉的恩宠。在柏泉一带，像孙家山、岳家山、朱家山这样一些被冠之以姓氏的山，一定与某个家族的变迁与兴衰有关，因此，这些山或许都见证甚至参与了某个家族的家史，具备了与某个家族相对应的人格特征；像陡山、一夜山、纱帽山、万子山、螺蛳岗、王家岗、陈岭岗、水岗这样一些名不见经传的山，显然是属于第二、第三梯队的，它们没有巍峨耸峙之形，没有顶天立地之象，在凡尘中显得虚无缥缈，但它们身上仍然保存着山的骨骼、山的肌腱和山的性情。

原三店农场境内有马头山、栗岭岗、石家坡和高脚膀等几座小山包，但除了马头山还在用半个身子支撑着自己的存在感之外，其他的几座山包都已经被岁月这把弯刀杀得丢盔卸甲、溃不成军了。就在它们倒下的地方，一座崭新的城正在悄然崛起。

“问苍茫大地，谁主沉浮？”人力所及之处，物换星移，地动山摇，一切皆成等闲。

人决定了山的去留，人左右了山的命运，这是大自然向人类行使了千万年的特权之后，人类实施还击行动的一种方式。只不过，我们在给自己营造更好的生存环境的同时，也给自己埋下了不少的缺憾与隐患。

作为武汉临空港人，说起东山头，又有谁能不知谁能不晓呢？然而，迄今为止，就是没有人见过真正的东山头。在以东山头命名的东山农场，你可以找到巨龙岗、雨淋岗、遮湖岗、兰图咀和后岗头，可就是找不到东山头。是不是可以说，东山头其实就是一则虚构的故事呢？又或者，东山头就是对巨龙岗、雨淋岗、兰图咀和后岗头这几座山包的通称和概称呢？这是一个很有意思的话题，值得我们好好探究。

还有一个问题也值得我们思考：在我们自己的土地上，这些为数不多的山我们都翻越过了吗？如果答案是否定的，那就很难证明我们对自己的家园有多么熟悉，很难证明我们对自己脚下的土地爱得有多么深沉。的确，我们的好奇心一直在萎缩，激情一直在消退，我们的想象力也很难再与那些久远的传说实现无缝对接。就算我们已经若无其事地翻越了我们身边的几座小山，那又怎么样呢？要知道，对于山来说，人仅仅只是匆匆过客而已。不是我们在翻越每一座山，而是每一座山在翻阅它们自己的历史。我们在记住山的同时，山也在记着我们。有一天，我们会明白，我们是怎样对待山的，山也会怎样对待我们。

此刻，我们用美丽的汉字来给身边的青山树碑立传，不就是为了与我们内心里的遗憾与愧疚达成某种契约么？是的，我们要向那些消失的青山道歉，向那些碎裂的石头道歉，向那些被连根拔起的树木道歉，然后，我们还要给那些活着的山送上最温暖的问候与祝福。

“我见青山多妩媚，料青山见我应如是”——是的，是这样的。

（作者单位：武汉市东西湖区作家协会）

（标题书法：王军）

（篆刻：葛振亮）

独倚长空频纵目
始知身在白云间

秀水洪河绘精准

高士林

一

洪河村坐落在沉湖湿地，与水相依，与水草芦苇相伴。

很长一段时间，村民的经济来源，取决于这片湿地，取决于泥土里最原始的农耕，望天而收。

改革开放以来，伴随着经济大潮的汹涌，村庄里的男女青壮劳动力，纷纷外出打工。过去那种面朝泥土背朝天，在土地里掘食的“勤扒苦做”的生产方式基本消失，更谈不上进行水产养殖、大面积蔬菜种植。这里十年九洪，一年的投入大多收不回成本。

大片的土地被闲置撂荒，长出蓬勃的芦苇；众多的沟河湖塘被弃置，自生自灭的鱼虾蟹等水生物，在原始的水域里优哉游哉……

随着人们对健康美食的追求，绿色食品，未被污染水域养殖的鱼虾蟹等，日渐受到市场青睐，供不应求。农耕时代的回归，乡村旅游的兴起，建设美丽乡村也成了热门话题。

既然市场有需求，便有养殖；既然推行观光农耕，便建设洁净村庄。这是市场铁律，这是乡村振兴契机。奇怪的是，村庄守望着“金山银山”，却望水兴叹，望土沉默。

矛盾，一个巨大的矛盾。

矛与盾，一直纠结着，一直牵动着村里村外许多人的心。那么，这之间究竟碰撞着怎样的故事呢？

二

洪河村，位于武汉市蔡甸区西南角的消泗乡沉湖湿地境内，是长江与汉江交汇的三角地带。村前是蜿蜒的通顺河，也有人称之为洪河，一条洪水泛滥之河；村后除了大片的肥沃土地、开阔的沉湖水域、成片成片的芦苇外，还有许多沟渠池塘杂糅其间。

黑色的土地上种植着玉米、黄豆、芝麻、棉花、小麦、油菜、稻谷以及各种果蔬，可以不施化肥，长出的果实依旧硕壮。

纵横交错的沟渠贯穿无数大小池塘直达沉湖，野鱼野虾在水里游来游去，捕不完，捞不尽，它们自行繁衍，可谓一个巨大的天然宝盆。

如此优厚的地理条件，村庄里的村民不富才怪。

然而，怪，真的是怪了。

洪河村，113 户人家，487 口人，按照国家贫困标准，却有三分之二的人口生活在贫困线下。

尹幸福（化名），1979 年生，全家 5 口人，上有父母，下有孩子，父母生病，自己身体虚弱。为了全家人生计，他常年除了在责任田里劳作，就是在沉湖周边水域里捕鱼捞虾。由于过度劳作，体质本就不好的他，三天两头病倒，家里外债累累。

多少次，妻子伤心大哭，却又无可奈何。

一次，尹幸福路过一处村里闲置的天然池塘，心血突然一涌：养鱼。多好的地理位置啊，池塘紧靠一条通往沉湖的水沟，四周青草茂盛，池塘边还有块没有人种植的田地。养鱼，他要做第一个吃螃蟹的人。于是，他回家后与父母及妻子商量，得到全家人的支持。在村里帮扶下，东借西挪，他们的鱼塘养殖开始了。第一年，收回了成本，略有进账，这无疑给他打了强心剂。第二年，他加大投入，哪知，一场洪涝让他血本无归，欲哭无泪。

没办法，为了生存，他不得不回归原来的生活状态，依靠政府低保，以及农田补贴，与家人一道，地里劳作，水域里求财。偶尔为村里做点临工，赚取点额外的劳务费。

他年纪轻轻，却只能认命于现状。

日子，就这样白白黑黑、黑黑白白、酸酸苦苦、苦苦酸酸地过着。

郭刚（化名），47 岁，一直生活在蔡甸区消泗乡洪河村，家里 4 口人，有一个年近八十的老人，常年需要用药，家里经济条件较差，又不能外出打工，在政府扶助下，他与妻子没日没夜地除了种好责任田外，还在房前屋后和路边荒地，开垦菜地，种植蔬菜。通过几年的慢慢积蓄，好不容易盖起了房子，可是 2016 年一场洪涝，摧毁了他们的一切。为了“重建家园”，他家又背负了许多债务。

……

在沉湖湿地这片广袤的土地上，其实还有许多像尹幸福、郭刚这样的家庭。他们，生活在贫困线上下徘徊，各家有着各家的困窘，各家有各家致贫的原因。

这些村民，是乡村的苦楚，更是国家的忧戚。

三

2014 年，我国开始全面部署和实施精准扶贫战略，数以千万计的贫困家庭被列为国家帮扶对象。

中国政府向全世界郑重承诺：2020 年全部脱贫！

2017 年至 2020 年，是精准扶贫关键期、决战期。

由此，人类历史上最大规模、最深层次的一场脱贫攻坚战，拉开大幕……

“精准”这两个字真是太精准了。

党的十八大以来，习近平总书记站在全面建成小康社会、实现中华民族伟大复兴中国梦的战略高度，把脱贫攻坚摆到治国理政突出位置，提出了一系列新思想新观点，作出了一系列新决策新部署，推动了中国减贫事业的发展。

对此，各级政府采取各种有效途径，把党和政府的政策与关怀不折不扣地送到了老百姓身边。把脱贫致富抓紧抓准，使老百姓真正享受到更多的幸福感、获得感。

2015 年，武汉市人防疏散通信指挥所党支部书记刘经伟，受命担任蔡甸区消泗乡洪河村扶贫工作队队长、洪河村第一书记。

此时的扶贫，不再是“粗放”式地平均施力，而是着眼“精准”二字，针对不同的人、不同的家庭、不同的群体，采取不同的帮扶方式。适合种植的提供种植模式，擅长养殖的给予资金与技术指导，让每一个村民，能根据自己的优势、特点，做有实效的事。

作为第一书记，刘经伟忠诚践行党的宗旨，坚持贯彻精准扶贫精准脱贫基本方略，用心用情用力开展脱贫攻坚工作。

到岗后，他以扎实的工作作风，饱满的精神状态，在“精准”二字上下功夫，做文章，求精致，与驻村工作队和村“两委”成员共同奋战。驻村后连续 30 多天加班加点，高标准完成了全村 15 户精准扶贫户的信息采集、录入、核对和修改等工作，并逐户检查核对建档立卡贫困户的到户账册。

通过分析这些贫困户的致贫原因、健康状况、劳动技能、生产资料、收入构成、发展意愿等，他按照党中央“六个精准”要求，提出 11 条合理化建议，指导设计制作了近万字的《洪河村整村脱贫推进逐户逐人精准施策脱贫措施、责任人、销号时间一览表》，个性化地制定了家庭脱贫措施和个人脱贫措施，预测了年度人均纯收入。同时，还根据贫困户贫困程度对贫困户实行分类管理，为每一个贫困户量身定制了脱贫方案，真正做到了因户施策、因人施策、一户诸策、一人诸策、多策并举的精准脱贫措施。

洪河村山清水秀、气候宜人、地广土肥，刘经伟决定带领村民大力发展特色蔬菜产业、特色虾蟹养殖业。

全村先后争取项目资金 100 多万元，铺设田间碎石路 1.9 公里，覆盖全村主要作物种植区域。疏浚主渠道 2.8 公里，铺设涵管 28 节，畅通水利灌溉。为便于稻田养虾，对 3,040 米线路进行改造，安装抗旱水泵，打牢了农业发展基础。

刘经伟带领村民大力发展适合本村特点的自主蔬菜种植项目，在协助村“两委”完成 1,950 亩土地流转任务后，协商决定将剩余 30 余亩土地由村“两委”牵头，成立蔬菜种植基地，安排 10 户贫困户在基地打工。为较好解决蔬菜保鲜难的问题，他将村原有的近 160 平方米粮库改造成蔬菜冷库，2017 年 10 月份正式投入使用后，不仅改善了时令蔬菜的储藏条件、保障了时令蔬菜的供应时长，而且形成了种、收、储的良性循环，帮助贫困户提高经济收入近 6,000 元，直接带动了 4 户脱贫。

驻村 3 年多来，刘经伟不辞辛苦地同各部门对接，积极与设计方、施工方、监理方沟通，使洪河村各项建设稳步实施，美丽乡村逐渐显现。他筹措经费 156.22 万元 (不含今年省市扶贫资金 81.3 万元)，和村“两委”一起拆除违章建筑，开展硬化、绿化、美化活动，千方百计修缮遭受洪涝损坏的村党员群众服务中心，改造村级卫生室 92.5 平方米，扩宽主要环村干道 2.4 公里，架设太阳能路灯覆盖全村主干道。

2017 年底，洪河村提前实现整村脱贫目标，当年被蔡甸区评为示范村，并在全区精准扶贫工作成效考核中名列全乡第一、全区第四。

为了巩固脱贫成果，刘经伟带领群众利用扶贫资金进一步改善基础设施和水利设施，提高稻田养虾和瓜果蔬菜产能，支持尊沁现代农业发展有限公司壮大发展，安排村民就业 13 人、贫困户就业 5 人，带动了全村村民共同致富；村集体固定收入保持平稳，而村民人均可支配收入却由 2017 年约 3,000 元，提高到 2018 年的约 9,000 元。

如今，尹幸福与妻子一个外出打工，一个村内打工，人均年收入超过了 9,000 元；郭刚一家以蔬菜种植为主，人均年收入超过了 8,000 元。

洪河，与水相依的村庄，如今，村民们在“精准”扶贫攻略下，已蹚过贫困期，正在那肥沃的黑土上，秀美的水域里，描绘着洪河更美的蓝图。

洪河的明天一定会更美好！

（作者单位：武汉市蔡甸区作家协会）

（标题书法：柳国良）

（插图：胡赞美）

（篆刻：葛振亮）

家有良田万顷
不如薄技在身

桃花一朵一朵开

肖 静

消泗，因万亩油菜花节而知其名；每逢三月，油菜花盛开，我必去观赏。2020年因为疫情，这一活动不得不从我的生活中抽离。初夏五月，终于有机会一睹久违的消泗水乡风姿。而此行的目的，是到消泗乡七壕村采访关于“精准扶贫”的故事。

消泗乡是一个生态环境良好的纯农业乡镇，种植油菜3万亩左右。油菜花盛开的季节，远看田野是一望无际的金黄，近观可闻沁人心脾的清香，置身连绵的花海，能感受到恬静的湖乡气息。而此刻，毗邻沉湖国际重要湿地的消泗乡七壕村，早已褪去了油菜花的金黄，满目青绿的桃树上挂着一枚又一枚鲜嫩的蜜桃。

七壕乡村书记李长龙，身材魁梧，皮肤黝黑，性格直率。他告诉我，七壕村有4个村民小组，1个自然湾落，204户，共666人，耕地面积2,837亩。贫困人口共计44户105人，主要是因病、因残致贫。从2015年开始实施精准扶贫，直到2017年，贫困人口全部脱贫销号，整村脱贫出列。

一提到扶贫工作，李书记滔滔不绝：“2015年，自武汉市自然资源和规划局精准扶贫工作队进驻七壕村以来，就全面铺开了产业扶贫链条，村‘两委’积极配合工作组做调研，比对贫困户实际情况与国网大数据，完善了贫困户档案资料，制作了联系卡。将驻村工作队、帮扶人基本信息登记在卡片上，贫困户如有困难可以随时联系，及时得到帮扶。”

我不禁感叹：“你们工作做得真细致啊！”

“那当然，工作队严格落实‘五天四夜’驻村制度，遵守扶贫工作纪律，工作作风扎实着呢。”

原来，工作队刚到七壕村时，村里青壮年大多外出务工，留守的多为老弱病残，主要依靠种植玉米、黄豆等传统农作物营生，是比较典型的“空心村”。为改变七壕村面貌，工作队和七壕村两委在2015年末全面铺开产业扶贫，经过四年多的投入和发展，为七壕村带来了巨大变化。

走着走着，我们来到被村民们称为生态园的沉湖七壕生态农业发展有限公司。敞亮的车间四周堆放着新鲜蜜桃，旁边摆着印有“优质蜜桃”的红色纸箱，空气中弥漫着新鲜桃子的气味，约20位妇女正在进行拣桃、称桃、装箱、打包的流水化作业。

生态园负责人徐总告诉我，2015年引进生态园，流转土地1,560亩，发展特色林果产业，其中桃园800多亩、枣园400多亩、车厘子园和甜柿园各100来亩，其中贫困户流转228亩，每亩910元的年租金，每年共计获得约20万元的稳定收入。通过土地流转，不仅增加了农民财产性收益，同时也为贫困户提供了打工收入。

依托沉湖国际旅游湿地的特殊地理位置，依靠生态环境和自然景观的自然资源优势，发展特色产业。这个点子真不错！

为打破个别贫困户“靠着墙根晒太阳，等着别人送小康”的懒汉心理，扶贫工作队充分发动回乡能人、产业能人、新型主体的示范作用，做给农户看，带着农户干。工作队与生态园积极协调，达成“生态园向贫困户优先提供岗位照顾老弱病残贫困户”的协议，以保障贫困户入园务工致富的权益，改善了过去贫困户由于年龄、健康、文化等原因导致的无力、无门路外出务工增收的状况。2016年至2018年，贫困户在生态园务工的收入逐年剧增，入园务工总收益分别为92,485元、160,784元和423,290元。这从侧面说明了贫困户根深蒂固的“等靠要”思想正向“自力更生”的观念转变。

我默默地算着账，这样看来，贫困户真是打了翻身仗。李书记继续数着家珍：“为打造产业园品牌，扩大品牌影响力，工作队还运用‘互联网+’的运作模式，设立‘沉湖七壕’‘七壕游意思’公众号，开设淘宝网店，销售品牌特色水果‘七壕冬枣’，推广沉湖七壕旅游品牌。在市、区、乡扶贫办大力支持下，工作队多次邀请《湖北日报》、长江日报汉网、武汉电视台等媒体大力为七壕生态园做宣传。”

前往桃园，每棵桃树挂着近百个桃子，沉甸甸的，洋溢着一股丰收的气息。

“那边是水蜜桃，这一片是黄桃。”见我盯着树上套着的褐色纸袋好奇，李书记向我介绍，“套上纸袋的桃子表皮呈黄色，而被阳光照射过的，表皮就泛红。”

原来黄桃是这样形成的啊。其实我的关注点并非这些套袋的黄桃，我想见见种桃子的人。

路边的桃树旁，一群妇女在摘桃子，我连忙走过去同她们攀谈。一位叫尹巧姑的中年妇女，今年53岁，长得瘦小，可她摘起桃子来手脚却十分麻利。她的丈夫患多种疾病，无力务工，多年来家里的经济来源都靠她打零工。

“湾子里建起生态园后，我就再没去外面打工了。春天给果树掐芽整枝，夏天收获摘果，秋天浇灌施肥，冬天维护保养，一年四季干不完的活。现在桃子熟了，一天摘桃子就能赚两三百块……”尹巧姑给我算了一笔账，一年下来，她在生态园能赚2万余元的工资，加上3,000元土地流转费和9亩自种土地，每年能有3万多元的收入。尹巧姑一边说，一边将摘下的桃子放到随身斜挎的布包里。

“突突突……”从远处开来一辆三轮机动车。尹巧姑和姐妹们一齐上前，将挎包里的桃子往车上筐子里装。她笑眯眯地指着机动车对我说：“他们一会儿就会把这些桃子运往园区内的分拣车间，那里20多位村民，会将桃子按个头大小进行挑拣分类，装箱后直接发往广州、东莞、长沙、岳阳等地。”看得出，尹巧姑对现在的生活很满意。

在七壕村，和尹巧姑一样的贫困户也通过村里的产业化发展，迅速脱贫。

引入生态园之前，贫困户王小顺家每年种植玉米、黄豆，一年下来一亩地只能卖1,000多元，刨去600多元成本，一家人只能在贫困线上挣扎。引入生态园之后，土地全部流转，年租金收入8,000多元，加上家里有两人在生态园务工，年收入增加近2万元。累计近3万元的增收，使王小顺家很快脱贫。

村民李路明因身体患病干不了重活，工作队和村两委积极协调产业园，根据他的厨艺特长请他为园区提供工作盒饭，既解决用工人员的用餐问题，又为李路明增收提供了途径。“原以为我这样的身体，在生态园找不到工作，没曾想我也能跟着获益。”李路明凭借一手好厨艺，每天为生态园70多位员工提供午餐。“只要村里有产业，我们不怕没事做。”李路明说，目前，他依靠送餐服务，每年收入近3万元。

贫困户秦海兵患有严重的静脉曲张，胫骨处一旦擦破了皮就需要住院治疗，否则伤口无法痊愈，严重影响其劳动能力。妻子梅培娇患有淋巴肿瘤和糖尿病，儿子秦梅杰还在读书。2015年，秦家人均可支配收入仅为2,200元（当年武汉市贫困标准3,902元）。秦海兵想开农家乐，工作队为秦家争取到贴息贷款3万元。秦家用这笔贷款，建了一家四合院式农家乐，从此，在精准扶贫政策和七壕产业扶贫队的帮扶下，秦家勤劳经营，2017年人均收入突破5,600元（当年武汉市贫困标准4,040元），2018年人均收入达到7,716元（超过当年武汉市贫困标准80%以上）。秦家自强自立、不等不靠、勤劳致富的鲜活事例在七壕村贫困户中起到了带头示范作用。

提到秦海兵，李书记也是赞不绝口。他告诉我，驻村工作队和村两委不仅帮助秦家自力更生创业致富，还协助秦海兵带动更多的村民参与进来，增加收入。目前秦园农庄为七壕村提供了不少于5个就业岗位，同时，通过对秦家的宣传，也带动了不少村民走上自主创业、勤劳致富之路。

这时，从桃园深处迎面走来一群村民，大部分是女性。她们头戴渔夫帽，脸早已被太阳晒成了黝黑的健康色。大约是准备去吃午饭，她们一路欢笑，互相调侃，脸上都是满足的笑容。

午时的桃园，桃枝间沉甸甸的蜜桃散发着浓浓的桃香。头顶上，蔡甸的阳光，很是耀眼。

（作者单位：武汉市蔡甸区作家协会）

（标题书法：刘兴无）

（插图：朱良川）

从海洋村出发

刘桂英

什么样的乡村是你记忆中深藏的？什么样的乡村是你展望时想要描绘的？

如果你还没有亲见，如果你还不知道怎样言说，那，就看看这个村吧！

一

经过一带山回路转的丘陵与水陌，汽车拐进一条曲折的村道。道路两旁模样相似的树木与灌木丛、这个季节应有的庄稼与果蔬在车灯照射下不时闪现，让人辨不清方向。汽车减速时，眼前是一个门楼，与预期中的农庄相差无几。不一会儿，车停下了，我们到了目的地：武汉之南，江夏区湖泗街海洋村。

民宿是近年慢慢红火起来的，它与现代城市气息完全不同的田园风格吸引着越来越多的都市人，不少地方在打造美丽乡村时都将民宿作为亮点，海洋村也是。我们走进一家民房，眼前一亮，简而言之，这不是印象中的农家屋：进门是个小厅，正中摆着一张小方桌，四周围着长木凳；正面墙镶嵌着巨大的木搁架，一排排陶瓷的瓶瓶罐罐随意摆放着；左边墙上挂着电视机。看了房间，大家更开心，门是木质的，漆出火烤的纹路，中间镶嵌着水银镜；床铺与宾馆标配完全一样，淋浴室用玻璃隔断，其他用品则各有千秋。有的窗帘上缝缀几个布耳朵，将一根竹竿横穿进去，挂在窗子上方；天花板上垂下两根粗麻绳，系住一块小木板，既作修饰，兼有搁置衣物的作用，别具一格；灯具、床头柜、凳子等小杂件也是各个房间各不相同。眼里看到的素材都是农村常见的，布置简单、粗放，但显然没有老旧民居的痕迹。一行人欢欢喜喜，随便哪个房间，进去了就扔下行李，住下了。

这一夜睡眠沉静，除了黎明前漫不经心的几声鸡叫，没有别的喧扰。早晨，村子在清爽的晨曦中显现整体样貌。农家屋基本都是坐北朝南，只是地面高低不同。各家房屋依势而建，前后错落，使得整个村子有了纵深感。村子右边有几口水塘，或许是品种不同，水塘里的荷叶高大、浓密、翠绿。深秋了，荷花开得仍然艳丽。毗邻的稻田稻穗正在灌浆，眼看就要沉甸甸了。转回到村里，一位老人端着饭碗在门前吃早饭，一黑一黄两匹狗在他左右，情形颇似电视剧《篱笆·女人和狗》里面的老头；后排并列着六七栋房屋，一个女人拿着大大的竹枝扫帚打扫着门前场地，一边打扫一边后退。刚刚升起的太阳温和地照着村子。最抢眼的是各家房屋墙面均不相同，有砌红砖的，有刷涂料的，有用粗细均匀的竹节装饰的，还有青砖墙素面朝天的，但不论哪种样子，看着都很养眼。

村子另一头是另一番情景：六幢新建的房屋，样式、大小完全相同，像是复制的同一房屋，屋边的南竹、树木和花草都是新栽的，黄土似乎还冒着气。每幢房屋一侧都有相同的机电设备。正在装修的房屋旁，工人们在为崭新而陌生的设备连接管道。

直到这时，我们还没有洞察到这个村子的奥秘。新颖别致、匠心巧妙等词汇既可以形容海洋村，也可以形容赵钱孙李等等民宿村，我们喜欢它，像喜欢别的民宿村一样。

二

让我们感受到海洋村与众不同的，是街道干部和村子建设与管理人员对它的介绍。娓娓而谈的话语，让这个早晨和我们身处的村子成为这个深秋最明亮的记忆：打造美丽乡村，振兴农村经济，海洋村没有大拆大建，没有毁林，没有占地。变化来自对现有条件的重新评估和利用，对能够改造的房屋进行因地制宜的改造，濒临坍塌的房屋拆除后原址重建，不占用新地块；将挖出的南竹和树木进行移栽，既保护生态，又美化环境。这还不足为奇，让我们为之惊叹的是海洋村正在全面采用的现代科技：被动式房屋和地源热泵技术。

被动式房屋是基于被动式设计而建造的节能建筑，追求的是在低耗能条件下适时地调节室内温度。它需要特殊的保温墙体、创新的门窗技术、高效的通风条件和良好的密封性能。被动式房屋的个性特点要依据不同的气候条件进行优化，寒冷地区注重的是墙体和保温层厚度；炎热地区则注重制冷方法，例如遮阳、窗户通风等。地源热泵是一种利用地下浅层地热资源进行供热和制冷的高效节能环保型空调系统，冬季把土壤中的热量“取”出来后供给室内用于采暖；夏季，把室内的热量“取”出来释放到土壤中去，实现建筑物制冷。这是现代最清洁、最环保的能源使用方式。

武汉夏天热冬天冷，因而海洋村的被动式房屋既注重保温，又注重通风，所以对周围环境没有污染排放；没有外挂机，不直接向周围环境排热，也就没有热岛效应，没有噪音；不抽取地下水，也不会破坏地下水资源，而且比传统空调节能 40% 到 60%。可是，除了看不到外挂机，这些功能的实现竟没有露出一丝“破绽”，只有看到工人们正在施工的名叫地源热泵的装置，才让我们对这些解说深信不疑。

原来这个村子看似普通的外表下，竟然低调地隐藏着这个时代最高端也是最需要的生态环保科技，我们眼中的一切瞬间变得不同凡响：村里保持原样的面貌，随处可见的蔓生野草，从容自在的鸡群和黄狗，秋风中悠然成熟的稻谷和果蔬，一切都那么“乡村”，一切又那么现代。

新科技理念的引入必然带来深层次的变化。一家民宿里面，两位中年妇女正在忙碌，她们既是这里的村民，也是这些民宿的服务员，正在清理客人居住的房间——他们刚刚出门，散步去了。身份的转变带来观念的转变，她们热情有礼、亲切和善，主动介绍各个房屋和房间的特点，也不介意陌生的我们楼上楼下查看、问这问那。

保持对乡村的回望也许是从乡村走出来的知识分子固有的姿态。同行的著名评论家李鲁平内心的乡村情结总是把他的目光从高楼大厦中牵引出来，牵引到炊烟不再的广袤黄土。海洋村的今天令他欣喜异常。在他心里，跳出了单一住宿需求，融合了审美元素和现代科技理念与功能的乡村才是未来乡村的模样，才会带来乡村文明本质的进步。

南八乡是江夏区对南部原来八个乡镇约定俗成的统称，之所以出现这个名字，除了地理方位的相同，这八个乡镇还有一个共同的特点：贫穷。特别是湖泗街、舒安街。因为穷，这里的人们十之八九都外出谋生，留守者比其他地方更少，土地撂荒，房屋空置，绿荫十里，却不见人烟。

随着中国特色社会主义进入新时代，美丽乡村建设成为新时代的主旋律之一。振兴乡村需要资本，更需要创新。十年前，在外闯荡成功的游子带着反哺之情和创业之志回到海洋村，成立了一家集水产养殖、有机蔬菜种植、畜禽养殖及民宿酒店等众多产业于一体的综合性生态农业公司，逐步对夏公绰湾和杨由盅湾道路、污水、雨水、公厕等进行改造，同时带动村里的几个贫困户脱贫致富。从2018 年开始，公司重点打造高端民宿酒店，全部采用被动式房屋标准，采用低能耗环保地源热泵技术，追求一年四季恒温、恒湿、恒氧、恒静的生态度假体验。创新中，探索的迷茫有过，前行的困窘有过，与乡亲们观念不同的摩擦有过，但，终于在山重水复时看到了柳暗花明。

我们的乡愁里有鸡鸣狗吠，有把酒桑麻，有小桥流水，但是，你还想要面朝黄土背朝天、“粒粒皆辛苦”的盘中餐吗？你还想要肩挑背驮、跋涉几十里的行路难吗？你还想要蚊蝇滋生、污水横流的门前场院吗？当江夏小朱湾以似曾相识却又全新的面貌重新面向父老乡亲时，一种保护自然生态、发展现代农村经济、传承乡村文明的理念就在这片黄土地上落地开花了。田园休闲旅游、规模种植特色农产品等，农耕形式正在从几千年单一的粮食种植转向丰富的乡村产业经营，一成不变的农村面貌发生着前所未有的改变。海洋村不见随手而放的农具，不见堂前熏臭的鸡笼，它们当然还在某个地方，只是不会影响你对眼前民居的审美。鸡鸣狗吠仍在耳边，步履从容的老人背着手走到村口，就能看见不远处的稻田由青转黄；看见池塘的荷花落了，结出了一盏盏莲蓬；看见一眼望不到边的蔬菜地里穿行着花枝招展的都市来客。也许，这样的乡村就是安放乡愁的地方，就是慰藉了我们疲惫的心灵后怀揣着熟悉的泥土气息，笃定地再出发的地方。

心向自然，返璞归真；静净海洋，氧养天堂。海洋村正朝着这个方向一心前进。我仿佛看到了时代的脚步，听到了时代的脚步声在乡村田野间奏响的崭新乐章！

（作者单位：武汉市江夏区文联）

（标题书法：刘永泽）

扶贫干部刘志耀

舒位峰

一

六月天，太阳火辣辣地悬在天上。树木和杂草之间，是一条几乎看不到尽头的小路，天热得仿佛把路上的尘土都蒸腾了起来。顺着这条路走出三四里地，转道弯，一家农舍呈现眼前。那是一栋三间的土坯房，屋墙漆黑，顶上的瓦七零八落地散着，窗户上爬满了蜘蛛网，门是虚掩的，两边对联烧得精光，扬尘吊在门楣上，轻轻飘荡。

“哞——”一声牛叫，刘志耀和村干部寻声望去，稍远处的小山脊下，一人正牵牛喂草。村干部喊了几声，人和牛未动。又大喊两声，声音回荡，人牛仍不动。村干部朝刘志耀笑了笑：“刘书记，这家人的男将又聋又哑，我到他跟前去吧！”刘志耀点点头，寻了块门石坐下来，摘下脖子上的毛巾擦擦汗，用草帽“呼哧、呼哧”扇着风。远山寂寂，静静天地间，人霎时渺小了起来。

如果刘志耀没记错，那应该是2009年，一个叫乌龙泉的地方。从那时起，48岁的刘志耀作为市扶贫干部留在了江夏，让他料想不到的是，这一留，竟留了11年。

二

八秀村是江夏舒安最南端的村子，稍不留神，多走几步，很容易就到了鄂州或是咸宁。八秀村偏僻，资源匮乏，地广人稀，年轻人纷纷外出打工，留守村里的都是老人和孩子，有贫困户130多户。2015年，武汉市精准扶贫攻坚战打响后，刘志耀任八秀村第一书记、工作队队长，进村月余，就和李寿春“狭路相逢”。

李寿春患有癫痫，女儿听力残疾，为给女儿治病，他花光了家中积蓄，还欠外债十几万，连住的房子都是民政部门解决的，是典型的因病致贫。早几年，李寿春在外打零工，后来看到村里闲置田地多，于是回乡种了170多亩晚稻。刘志耀遇到的第一个难题是，时近年关，李寿春的十几万斤稻谷躺在谷场上，销不出去。刘志耀找到武汉市粮食局，粮食部门也很为难，粮仓已封，这堆稻谷错过了封仓期。通过熟人，打听到鄂州有老板收购，赶过去，结果也封仓了。就这样马不停蹄来回打听来回找，了解到大冶有一粮店收晚稻，终于赶在春节前折价把这批稻谷卖了出去。李寿春说，这批谷子不仅没赚钱，还亏了本，要不是刘书记帮忙，早烂在谷场，颗粒无收了。

李寿春木讷，不怎么会说话，却是个做农活的好手。在扶贫工作组的帮助下，2016年李寿春实现了脱贫，现如今，不仅种了几百亩粮田，房前屋后还养了十几头猪，养了三百多只鸭，承包了门口的上十亩水面养鱼。去年，为防贼防盗，村里还专门在李家屋前牵线架杆，安了太阳能路灯。

李寿春一家的生活，逐渐好起来。

三

5月20日一过，11岁的王绍清就要离开舒安，去纸坊上学了。19号的下午，父亲找到正在街上和小伙伴一起玩耍的绍清，告诉他刘爷爷来了。绍清二话不说，撒腿往家跑。绍清家在街面上，房基矮路面几分，屋里易回潮，一回潮，墙面就发黑，房间里隐隐发出一股难闻的霉味。刘志耀正每个房间看着，绍清一进屋，抱住他，哭起来。

绍清父母离异，父亲外出打工，母亲改嫁，他和奶奶一起生活。绍清学习成绩不好，调皮捣蛋，学校也管不了。刘志耀了解情况后，经常去看绍清，陪他做作业。傍晚，吃过饭，刘志耀从政府办出发，走个二三百米，踱到绍清家。刘志耀有时带支笔，有时带个本子，有时带个玩具，他到绍清家后陪着绍清奶奶说些家常。绍清就在一旁写作业。一来二去，不知为何，绍清改了一吃完饭就冲出去玩的毛病，能静下心来写作业了。有时，刘志耀不来，或是休息日回了城，绍清像丢了魂一样，反而不习惯了。后来，绍清的学习成绩赶上来了。刘志耀说，绍清这孩子自尊心强，自己帮不上什么忙，只能在旁陪着，让他安下心来学习。

刘志耀放开绍清，在几个房间里来回瞄，他寻思，过几天找个泥瓦匠来拾掇拾掇，这湿屋里住人，不得病才怪。

黝黑壮实的绍清，站着，泪在眼眶里打转。

奶奶说，到城里，要记得想奶奶。

绍清看着刘志耀，我想刘爷爷。

爸爸说，去了姑姑家，要学会照顾自己，要听话。

绍清说，我喜欢刘爷爷。

爸爸说，刘爷爷要工作，不去城里。

绍清倔强地说，我就喜欢刘爷爷。

刘志耀回堂屋，扶住绍清的肩膀，注视着他。

绍清紧抿的嘴忍不住，“哇”的一声，哭了出来。

四

长期扶贫，刘志耀深知贫困户致贫的原因，无非是“等靠要”的旧思想作祟。2018 年，他和武汉市慈善总会一起，在八秀村策划了一个“爱心超市”计划。这个计划的主旨，就是以社会募捐为基础，调动贫困户内在动力，使贫困户赢得积分，按分数兑换物资。这一计划的实施，大大提升了贫困户的积极性，一时间，八秀村形成了“明理、感恩、自强”的社会新风尚。这个计划属武汉首创，并延续至今。

2020 年初，新冠肺炎疫情突如其来，让贫困家庭更是雪上加霜。刘志耀虽然无法进村开展帮扶，但对贫困群众的爱从来没有缺失。他多方协调，向舒安街和八秀村捐助口罩 2,000 个、酒精 50 公斤、防护服 30 套、手套 200 双等防疫用品以及价值 6 万余元的其他生活物资，解了乡亲们的燃眉之急。同时，他的“积分兑换防疫物资”的帮扶模式派上大用场，八秀村村民充分感受到精准扶贫的人文关怀和贴心服务。

针对贫困户急需的生活用品，刘志耀用自己创立的“武汉好人”帮扶基金补充超市货物，“爱心超市”柜台上货品越来越多。他还多方筹措社会资金六十五万余元，引导帮助全市三十个贫困村建立了“爱心超市”。这种形式实现了扶贫与扶志相结合，拓展出精准扶贫的又一创新思路，受到人民网、新华网、中央电视台等各主流媒体的持续关注。

五

刘志耀曾在海军南海舰队服役，1983 年转业回到武汉。今年 59 岁的刘志耀干了一辈子的扶贫工作，和农民打了几十年的交道。

他踏遍江夏 29 个村，跑出了 16 万公里的扶贫路，参与帮助 1,700 多家贫困户走出困境，与七百多户贫困家庭结成“穷亲戚”。

他先后被表彰为“湖北省岗位学雷锋标兵”“时代楷模——武汉好人”“武汉市文明市民”“武汉市岗位学雷锋标兵”“武汉市最美志愿者”。2019 年，作为武汉市唯一个人代表，刘志耀荣获全国脱贫攻坚奖湖北省级复选对象通报表扬。

追昔思今，刘志耀苦笑着说，自己虽是汉口城里人，但大部分时间都是在乡村度过的。他伸了个懒腰，深深吸了口乡间气息，半开玩笑半认真地说，这里山好，水好，乡亲好！以后真不知道，在城里还住不住得惯，待不待得住。

说这话的时候，离刘志耀退休，还有一年时间。

（作者系武汉市江夏区纸坊街居民）

（标题书法：袁永安）

（插图：蒋勇）

烟火农家畈

夏楠

"阉鸡呀！阉鸡呀……"一个大喇叭，一顶太阳帽，阉鸡的师傅骑着电驴子在村子里来回穿行。

吆喝声中，几个农妇一边忙着撒米、唤鸡、赶鸡入笼，一边叫停了电驴子。

一张油皮布往大腿上一搭，师傅就坐在阳光下忙活起来。

这师傅是我的大表哥，阉鸡是他从舅舅手上继承的第二副业。这个洋溢着浓浓生活气息的村子叫农家畈，是江夏区五里界街锦绣山下的一个小村湾，也是我母亲的故乡。

母亲和父亲是解放前订的"摇篮亲"。母亲成年后，远嫁黄冈，自此，农家畈便成了她魂牵梦萦的地方。"乡愁"这个时髦词，只读过几天夜校的母亲自然不曾听闻，但乡愁与生俱来长在她骨子里。锦绣山的树、梁子湖汊的鱼、土灶里的烤红薯，甚至"凤丫"的乳名，这些所有关于故乡的事物都是母亲的乡愁。

五十多年来，母亲回乡的次数屈指可数。年轻时，家里穷，孩子又多，母亲顾忌车船费、来回的误工费，三年两载才能回故乡一趟。后来条件渐好，可母亲年岁渐老，且股骨坏死腿脚又不灵便，农家畈便真成了她回不去的故乡。幸好现在通信发达，每每思乡，母亲就拿起手机和舅舅、表哥们煲电话粥。她一开腔，一口地道的五里界方言便如决堤的洪水滔滔不绝。

小时候，母亲老在我面前夸赞她家乡的富庶，吃不完的米，捞不尽的鱼，还有满树的桃子、橘子、李子。在那个物资匮乏的年代，听着这些美食，涎水往往会在母亲绘声绘色的讲述中向嘴角漫延，然后又被我狠狠地吞咽下去。母亲把她故乡的种子播种在我幼小的心田，引诱着我对那片肥沃的土地生出无限美好的向往。

可能是儿时种下的那份执念，三十年前，少年的我就从黄冈转到江夏纸坊城读书，而后在此安身立命。自然而然，母亲的故乡就成了我精神的静栖地，得闲我就会来到这小乡村，听听鸡鸣犬吠，闻闻烟火气息，再喝一大碗草把子煮的香喷喷、热乎乎的锅巴粥。

如今的农家畈早已换了新模样。这两年，为助力乡村振兴，发展乡村旅游，村子里新楼老舍都进行了立面整修，风格统一，返璞中又糅合进去一些现代元素，朴真雅致。为了多留一些乡村记忆，舅舅家的老屋还在，屋侧那条青石巷也保存着。那一块块湿滑的青石板静静散发着古朴沧桑的气息，凹凸交错间封存着母亲她们少时的足迹。

老屋前那棵柿子树很有些年头，据说是我姥爷年轻时种的，粗大的树身遒劲斑驳，写满沧桑。近百年里它餐风饮雨，像个慈眉善目的长者见证着这小乡村的变迁。老柿树是鸟儿的乐园，乡村的鸟儿野惯了，丝毫不惧人，七八只鸟儿经常嬉闹在枝头，时不时抖落几坨鸟粪，啪地摔到地上。爱干净的表嫂常有怨言，去年秋天，差点就把柿树给砍了。柿树是相伴老屋的魂，火红的柿果就是这鱼米之乡红红火火的日子。经我们一说，表嫂恍然大悟，轻轻放下了斧子。

农家畈和其他的乡村一样，年轻人几乎都出去打工了，舅舅家也不例外。表侄小两口在纸坊城上班，休息时他们就带着孩子回村。年迈的舅舅总喜欢带着曾孙到田间地头观鸟逗虫，让孩子在旷野里恣意撒欢。逢着收割的季节，表侄他们还会带孩子拾稻穗、晒谷子，在重温自己儿时记忆的同时，又潜移默化地把乡愁的种子撒在孩子心里。

表哥、表嫂一直守在村中，照顾老人，侍弄田地。家里的十几亩肥田，种树、种菜、种稻子，一点都舍不得荒废。男人是耙子，女人是匣子，表哥有着泥瓦匠和阉鸡的手艺，时不时还捉些泥鳅、虾、鳝到纸坊城里售卖，铆着劲往家里耙钱。表嫂是个会过日子的女人，把家里收拾得干干净净、井井有条。

农村人做惯了，闲不住，每年春秋两季，表嫂和村民们还会到村里的茶场采茶，赚点收入。茶场是茶文化爱好者王江涛开辟的，他是从农家畈走出去的青年，在纸坊城中创业十几年，生意做得红红火火。前几年，他积极响应政府号召回归乡村，租地四十余亩自己种茶，带领村民创收增收。

有一次，我在村里闲转时正碰着王江涛，好奇地问起："你在外面生意做得好好的，怎么想着回农家畈投资？"。

"我的根在这里，振兴家乡，我有责任！这几年很多人都在谈乡愁、谈烟火，但我们不能只是口头去感慨，更应该挑起担子，重新唤醒乡村，重燃乡村烟火。现在传统农业模式经济效益较低，生态农业焕发出蓬勃生机，要想让沉寂的农家畈重新焕发青春活力，就要紧跟时代步伐，跳出农业做农业的模式，盘活资源，大力发展乡村旅游。"说这话的时候，王江涛没有丝毫做作，言语朴实，脸上波澜不惊。

从他的言辞间，我明白了他的思想和格局，深受感动。人有根，乡愁亦有根，一个人出生成长的地方就是滋养乡愁的沃土。母亲那代人的乡愁是对故乡的无比思念，王江涛的乡愁更多的却是责任和情怀。

农家畈资源丰富，是名副其实的鱼米之乡。这里土地肥沃，湖清山秀。春季菜花遍野，蜂逐蝶舞；夏季碧荷田田，鱼跃蛙鸣；秋季稻浪滚滚，柿彤橘黄；冬季里家家腌湖鱼、摊豆丝、打糍粑，整个村子忙得是热火朝天。这些现成的农耕、民俗文化资源为乡村旅游开发奠定了良好的基础。为营造更浓厚的乡村旅游文化氛围，王江涛在种茶同时还创建茶博馆，把自己收集的全部珍贵藏品陈列馆内。清朝的铜茶碾、民国的四方茶叶罐……甚至那一扇扇旧式的窗棂，那立在朝门的系马桩，横在藏馆前的大马槽，每一件藏品的背后都有一段曲折动人的收藏故事，都饱含着他对这片土地的无比依恋和热爱。

茶博馆的院墙设计也非常独特，红砂石打底座，青砖砌墙，石磨、猪槽、青石板、红条石……这些承载着乡村历史印记的各式农村事物都被嵌入高墙，散发着淡淡的幽雅的光，好像在对我们讲述它的故事，讲述它历经的沧桑。馆外的世界尽情展示着农耕文化的拙朴，馆内的各种茶具、茶艺书籍则静静演绎着传统茶文化的清雅。慕名而来的游客在吃喝玩乐游的体验中，一边享受这里的宁静，一边感受乡村文化底蕴的深厚。

每次过来，我喜欢在村子里四处走走看看。村前的老井、老塘，湖汊里潺潺流动的湖水，老柿树上火红的柿果，把农家畈这鱼米之乡的静美和岁月的力量，演绎得无比充沛透彻。

"丫头，你妈身体还好吧？"

"你妈真能干，莫看是个女将，犁田打耙，样样行！"

"当初，我和你妈可都是公社里的标兵！"

村里的老人都知道我是"凤丫"的女儿，一见面就热情打着招呼，询问母亲的近况，讲述他们年轻时一起修堤筑坝、抢种抢收的激情奋斗故事。

"带你妈回来看看吧！"

是呀！是该把母亲带回来看看了。看着那钻出烟囱，在村子里、在田野间穿行飘散的炊烟，我心里感觉无比温暖。炊烟起，游子归，这烟火灵动祥和，充满激情，袅袅绕绕间，我仿佛看到了母亲欣慰的笑脸。

（作者单位：武汉市江夏区文联）

（标题书法：李安勛）

（插图：朱良川）

洪南村驿站

周 娴

到达洪南村驿站的那天上午，正下着绵绵细雨。

秋天的第一缕冷空气自北而来，像羞涩的少女，犹抱琵琶半遮面，我的头发虽然淋湿了，但身体并不觉寒冷。驿站以四合院的形式呈现，靠近马路的一端为进口，门口设有管理车辆进出的栏杆。往里走，西边为居住的宿舍，东边建筑物为文化墙，北边设有厨房与用餐的房间。让人惊喜的是——厨房的一端是敞开的，仿佛封闭的空间敞开一条缝隙，有曲径通幽之效。

厨房后面有一条没有名称的河流，河水一路向东，被两岸植物牵扯着，流速缓慢，像暮年的老人。河对岸，有一棵高大的柿子树，树上挂满了金黄的果子，过于的孤立与寂静，让观望者突然有了当贼的想法。但其实，柿子树在洪南村随处可见。譬如，文化墙后面的几株柿子树，只要越过无人看管的矮墙，果实唾手可得，可并没有人起窃贼之心。据村民介绍，这条不太宽敞的河流，四季有水，跨越两大城区，另一端流向仙桃市。

一河跨两岸，两岸连四方。蔡甸区消泗乡洪南村资源较为匮乏，离主城区距离遥远，村集体经济收入比较薄弱，是武汉市文学艺术界联合会的扶贫对象。这次到洪南村举办武汉市作协第十八届长篇小说笔会，也是一种帮扶行为。

雨滴声清洗了疲劳，也拓宽了视野。站在四合院中，打量着周遭的白色马头墙，有种似曾相识的感觉。近年来，全国各大乡村以土地流转的形式整合资源，推举企业带动当地村民致富，开发了不少旅游景点。土地不仅用来种植粮食，还可以种植花卉。各种特色景区竞相开放，喧嚣与新奇就在其中。洪南村驿站，并非旅游景点，住在这里最大的享受是——安静。每天早上可以睡到自然醒，能在这样的环境里栖息写作，是大自然对人类的馈赠。

天放晴了，一群人开始了踏秋的节奏。顺着河流往西边而行，路上那些灿烂的花草，早已经在向行人招手。

乱花渐欲迷人眼，浅草才能没马蹄。这里的花草，因为缺少人打理，生长得颇为肆意。野菊花很单薄，零零散散地生长在路边，顾影自怜。格桑花成片地跳入视线，与朝阳媲美。牛筋草强劲地生长着，享受着一年中最后的暖阳。蚊子草扎堆聚集，盛开的花朵如孩子嬉笑的面庞。苍翠的垂柳最多情，把枝条伸向行人，祈求温暖与拥抱。

看惯了城市的大马路，一行人对悠长小径情有独钟。走完河边有水泥花纹的小路，又转到花圃边上的环形石子路上行走，像旋转的陀螺，走起来没完没了。路边是居民的院墙，院墙上爬满藤蔓，藤蔓们并不安分，把枝头伸向邻居家的院门，像是打量，又像是串门。丝瓜垂挂在院墙上交头接耳，南瓜像调皮的孩子窝在墙底想逃跑，蛾眉豆串在一起正等人采摘。墙内的柿子树被果实压弯了腰，像挑着水桶行走的农家老汉。小狗跑出来凑兴，忙前忙后如同好客的主人，一路相随。

朝阳如锦，晚霞似缎。洪南村的景致，早晨与晚上是不一样的。

傍晚，夕阳在院墙边零落，花草已经勾起了脑袋，为迎接明天的晨露做准备。一排外墙风格一致的楼房前面，太阳能灯取代了有线路灯，这是扶贫工作中的“亮点”。高大伫立的太阳能灯像几轮明月，在黢黑的夜空中熠熠闪亮。村民在半敞开的院子里闲聊，或者处理白天没来得及收拾好的农作物。

有村民在摘菜，为明天的早市做准备。码放好的白萝卜，肉坨坨的，看着就有分量。还有村民在挤鱼肚，这些鱼儿是下午捕捉回来的，收拾干净后，明天可以卖一个好价格。小孩儿与狗在院子里跑出跑进，不禁让人想到辛弃疾的《清平乐·村居》——“最喜小儿亡赖，溪头卧剥莲蓬”。

有人说，要想了解当地居民的幸福指数，仔细观察当地妇女的生存状态，就能一目了然。改革开放后，中国妇女的社会地位直线上升。当然，最主要的是中国妇女越来越精干。

沿着水泥路面往前行走，一阵悠扬的音乐声随风而至。几名年轻妇女衣着时尚，就着路灯的光亮跳起了广场舞。住在洪南村驿站，时间仿佛是静止的，静谧得让人慵懒。在这皓月当空的夜晚，终于迎来了动态时光。广场舞千姿百态，有同行的观看者加入其中，胡乱蹦跶，看上去好不滑稽。

第一天，广场舞在居民家的院子里展开。第二天，为了照顾驿站住宿的客人，她们把跳广场舞的地点改在驿站的大门口。女人的心性是相通的，听见音乐声，管它会与不会，先活动活动腰身再说。每天晚上散完步后，跟随洪南村的妇女一起跳舞，成为一种不可多得的娱乐项目。热心的领舞者，知道新舞者跟不上节奏，她们会选择慢节奏的曲子，让更多的旁观者能参与其中。

不同的地方口音，不同的成长背景，不同的生活态度，不同的文化阶层，她们有一个共同的特点，那就是——热爱生活。

一群充满城市特色的乡村妇女，她们每天盛装出行，脸上画着淡淡的妆容，盛满着酣畅的微笑，像月光底下盛开的百合花，吐露着时尚与芬芳。她们在乡村与城市之间奔波。白天，她们可能是农贸市场的摊主，也可能是骑着三轮车到田间劳作的村妇；到晚上，就是她们展示女性风采的时刻。她们乐观向上，用生命的底色，描绘心中的美好蓝图。夜色中的袅袅余音，让寂静的乡村充满温馨与和谐。

洪南村驿站前有一条柏油路，路对面是蔬菜种植基地。绿色的植物与土地紧密相连，老远看过去，大地上像盖了一条延绵起伏的绿毯。沿着蔬菜基地中间的水泥田埂跑上一圈，天然的有氧运动，舒适又畅快。

用劳动创造价值，用汗水抒写情怀。留守乡村，不是无奈，是选择。院子里，有一对中年夫妻在清理渔网。渔网里有鱼虾，当问起鱼的价格，男人说：“这些鱼是用来做动物食料的。”

城里人一阵惊呼，这么鲜活的鱼，在菜市场可是很难得的。如果挤肚晒干，值不少钱呢！男人说：“吃不完，也不想把自已搞得太累，就这样处理算了。”

仔细查看一旁晾晒的小鱼干，鱼的内脏都留在里面。一行人走远了，还忍不住回头张望。

有了高大宽敞的楼房，有了不愁销路的农作物。当衣食住行不是主要追求，提升生活品质，就会成为生活重点。难怪村里的妇女无论如何忙碌，都能抽出时间跳舞锻炼身体。也难怪，无论如何忙碌，村里的男人都会相邀搓几圈麻将。院墙外的花坛里，种满了葱姜蒜，不禁又让人感叹一番。城里人讲究计划饮食，一天要吃的菜肴提前买好。在这里，如果有人心血来潮，突然想吃计划之外的食物，那可是随心所欲的事情。房前屋后的院子里，全是青翠欲滴的蔬菜。河边尼龙网兜里，圈养着村民捕捞回家的鱼虾。

高大的楼房，低矮的院墙，随处晾晒的农作物。在洪南村，村民的生活情趣无处不在。如果是春天来到这里，这里还有更加劲爆的亮点。村民的楼房前，挂着各种招牌，有副食店，有机械维修点，有蔬菜回收站。其中，有几家某某农家菜馆牌子最为显眼。这是为来年春天油菜花花会准备的。那时候，遍野的油菜花集体盛开，像一条金黄璀璨的锦缎覆盖了整个原野。喜欢田园风光的城里人，带着新奇而至，只为一睹油菜花的妖娆。到了吃饭的时间，玩得尽兴的人们找一处菜馆，吃吃当地的土菜。舌尖上的美食与视野的收获，是人生另一种享受。

在驿站的每一天，日子像被朝阳与晚霞熨烫过，没有一丝紧迫与皱褶。午休后，微睁着双眼，看斜阳叩打窗棂，一种怀旧情愫油然而生。一人一屋一床，一桌一椅一杯，时间仿佛回到了孩提时光。不用做家务，不用看孩子，不用为明天发愁，好好写字，就是生活的全部。

离开洪南村的那天早上，一行人与河流花草告别，与洪南村的主人们告别。之前，有人说，把那条没有名字的河流，命名为——洪南河。大家都知道，名字只是暂时的，可能等客人离开后，它会再次回到无名者的状态。但是，这不重要，重要的是能在这样一个普通村庄里，拥有这样一段记忆就足够了。

（作者单位：新洲区作协）

（标题书法：魏开胜）

父亲的黄土村

张英

黄土村是倒水河边一个不大不小的村湾。

父亲这一辈子似乎总是在与他的黄土村告别。在前年春天的某一天，这种不断的告别终于成为永远的离开。今年，父亲虚岁八十。

父亲第一次离开黄土村是在他十八岁那年。

父亲回忆说，好像是那一年的秋天，他刚刚帮他的父亲收完地里的麦子，就与湾里的几个同姓兄弟们一起戴着大红花去部队当兵了。走的那天，父亲的父亲、母亲以及乡亲们，只是在堤上站了一会儿，朝他们几个人挥挥手，算是送别，然后就忙着收拾土地去了。只有父亲一手放养大的那只小黄牛一直跟着他走了半里路，父亲佯装生气地大声吼骂了好几句，它才伤心地往回走，几步一回头。

我反问父亲，您不回头，怎么看得见它回头呢？父亲并不理会我的揶揄，露出一脸惆怅的表情。那时的父亲，于黄土村，是一个还会回来的游子。

退役后的父亲并没有回到黄土村，而是在省城的一家国营单位当了一名工人。这对于父亲的父亲、母亲以及乡亲们来说，是值得自豪的一件事情，他们说："上汉口去，就在华华那里歇一晚上，单位上有蛮宽敞的宿舍给他住。"就好像他们在省城有了好大一座靠山。

后来在省城当了办公室干事的父亲，娶了在黄土村附近的阳逻街上当工人的母亲。这是黄土村的一件大喜事。乡亲们说华华接的是街上的新姑娘，皮肤又白又细，在织布厂上班。再后来，小时候学校放寒暑假，我都是被父亲骑着自行车送到黄土村的老家里，到开学的时候才能回镇上上学。那条长堤很长，堤上的风很大，父亲的衬衫总是被风吹起，高高飘扬，把后座上的我笼罩起来，引得我一阵阵惊叫欢呼，觉得去往黄土村的路很神奇。

那时，已经是办公室主任的父亲为了方便照顾家庭，从省城调回阳逻街上一个部属单位上班，这使得他回黄土村很方便。但是除了每次像甩包袱一样把我送到他的父亲、母亲以及乡亲们那里去，他很少回去，说是上班太忙，没有时间。而现在回想起来，我应该感谢父亲如此这般地把我托付给黄土村，让我在人生之初时，得以亲近真正的土地，从而一辈子都活得踏踏实实。

已经出嫁了的姑姑带着她的两个孩子也住在黄土村，因为姑父在广州公安局当警察，一年难得回来几次。姑姑像妈妈一样带着我，这种别样的亲情让黄土村成为我童年记忆中的一片热土。寒冬腊月的晚上会被忙着磨豆腐过年的姑姑唤醒，从暖和的被窝里爬起来坐着，披着棉袄，闭着眼睛，喝一小碗热烫的豆腐脑。那豆腐脑一点都不甜，有着黄豆天然的香醇甚至土腥味，于我来说，那就是黄土村的味道，朴拙而又温情。

父亲有着兄弟姐妹六人，所以我有很多堂兄堂姐表弟表妹，有的住在镇上，有的住在别的湾子里。每到寒暑假，我们都欢聚在黄土村，满地摸爬滚打。夏天的黄昏，姑姑总是会在饭后再按照我们的人数，给每个人烙上一块苕粑，拿在手上当零食，然后我们就一窝蜂地涌上那条倒水河边的长堤，从堤这头跑到堤那头。或者席地坐在堤边的那座连着泵房的栈桥上，把双腿吊在桥下，一边摆着腿，一边吹着风，一边说笑话，笑到月亮都迫不及待地升起来了。那块苕粑，是把红苕切成小拇指头那么大的丁，裹上面粉，在没有油的灶锅上点水烙熟。红苕甜，面粉稠，还有灶里柴火熏上去的草木的清香，是这辈子再也吃不到的美食。

父亲的黄土村，俨然已经成为我的黄土村。只不过，父亲曾经在这里开始童年的劳作，而我只是一个年幼无知的过客。以至于后来，父亲的父亲、母亲年纪大了，不能下地劳作了，只能随着父亲和他的兄弟姐妹们一起住到镇上，姑姑和她的孩子也被姑父接到广州安家去了。黄土村还在，那个家却不在了，倒水河边的一切才成为童年日渐冷清的记忆。

再与黄土村有联系，已经是我快三十岁的时候。当地域的存在已经不成为束缚人们身心所在的时候，在那个小镇的人都往县城省城北京城奔命的时候，刚刚退休的父亲却决定，要回黄土村去建个房子，要在那里安度晚年。那时的我为了生活疲于奔波，无暇细想父亲的心意，更在初为人母的雄心壮志感召之下，立下要让我的一双儿女“长大以后一个去北京一个去上海”的豪迈誓言，哪里顾得上父亲关于黄土村的情结。

于是，1999 年的春天，父亲独自穿梭在那条长堤之上，像老燕子衔泥一样，找大队干部要土地，再像当初我们家在镇上建房子一样，自己随心所欲地设计，然后找施工队开始施工。那几年我们各忙各的，偶尔坐在一起，听父亲说湾里的干部们是怎样对他恭敬有加，怎样去办了房产证土地证，通了水电，村里叔伯们的日子过得是多么辛苦却又惬意，仿佛黄土村是世外桃源。这一切给我的印象就是，游子终于归乡，而故土，只要你愿意回去，总会有你的立足之地。

父亲的房子建起来了，是一座占地七八十多平方米的平房，成为黄土村与倒水河长堤之间的第一户人家。门前是一大片比房子还要大的空地，再往前便是倒水河了。倒水河的水清澈透亮，水草丰盛，越过辽阔天空投下的倒影，像岁月一样源远流长，情深意浓。

刚开始的时候，父亲并不经常回去，只是在门前的空地种上红苕、土豆等这些他所认为的“懒菜”，隔三岔五地回去一趟，早上去，傍晚回，松松土，浇浇水，有收成了就用自行车带回镇上，放在家里慢慢吃，或者送给街坊邻居。几年后母亲也退休了，父亲便催促母亲跟他一起回黄土村，种菜养鸡，日出而作，日落而息，间或回镇上住住。虽然过年过节的时候，都是回到镇上的房子里去，但父亲一年大部分的时间，是在他的黄土村度过的。

父亲沉醉于他在黄土村的生活，这种沉醉使得他看上去比同龄人显得年轻很多，虽然脸被乡村的太阳晒得黝黑，但是体态稳健，快步如飞。父亲还经常邀请他的老同事和亲戚中同辈的哥兄老弟们到他的村子里，显摆他青山绿水的田园生活。为了方便来回，父亲快七十岁的时候，甚至还买了一辆电动车，以便拖带他那些丰收的农副产品回镇上给我们吃。于是，在阳逻街通往黄土村的倒水河长堤上，人们经常可以看到一位满头白发的老头，骑着电动车飞奔，间或后座上会坐着一位同样是满头白发的老太婆，车跑人飞，像岁月的风标一般醒目。

而这时的黄土村，对于阳逻街上那些每天健步走的老人来说，已经不是什么很远的地方了，走路过去也就四五十分钟的样子。比如我的姑父，每天早上从街上散步到黄土村，在父亲那里搭伙吃个早饭，通常是一碗粳米粥，一个不大不小的红苕，一盘刚从地里摘下来的青菜，再慢慢走回镇上的家里，乐此不疲。姑父从广州公安局退休后，又带着姑妈回到了老家，在镇上买了房子，而把三个儿女留在了他乡。表弟表妹们都娶的是广州媳妇，嫁的是广州女婿。

父亲同时也很醉心于把我的孩子往黄土村牵引。孩子三四岁的时候，父亲就在他那辆老永久牌二八式自行车的后座上，一边挂一只编织的篮子，一只篮子里放一个外孙，一口气骑行到黄土村。天气好的时候，父亲骑车到了堤中间，就放他们下来，在堤坡上打个滚，撒个野。那条我童年时候奔跑过无数次的长堤，带给孩子的快乐，远远不及从前了。因为我不肯像父亲年轻的时候那样，把孩子长期放在黄土村，生怕那里的蚊子、蚂蟥还有不知什么时候会犯起牛脾气的黄牛或者水牛，会伤害到他们。

在镇上的生计总是忙碌，心里从来都不清静。有时拗不过父亲的邀请，我和先生会带着孩子步行去黄土村待上一天。那条长堤依旧宽阔平坦，堤坡上依旧绿草茵茵，只是陪我一起走的这三个人，像是我人生半途中不期然地插队进来，与我结伴款款而行，令人恍惚如梦，感慨万千。那座连着泵房的栈桥还在，不知是哪一年被修葺一新，又呈现给人一种物是人亦是的幸福的样子。如果不是这条长堤，我怎么可能触摸得到岁月的脉络，如此旁枝节生又一脉相承？此时，父亲的黄土村，俨然又重新成为我的黄土村。

简单的一日三餐四季，轻盈的鸡犬之声相闻，倒水河的清晨与黄昏像一幅纯净的水墨画，让人渐渐地觉得那里静谧的慢时光，是世上最好的光景。

与父亲共享黄土村的时候，我才发现，乡亲们的房子基本上都是两三层的楼房了，父亲这一介平房竟显得十分寒酸。母亲曾经一度唠叨着想要把平房推倒，也像乡亲们一样做起“高楼大厦”，被我断然否定。一是做房子劳神费力，二是我从来没有想到要像父亲一样，老了以后回到黄土村。我的儿女虽然没有实现我最初“一个去北京，一个去上海”的雄心壮志，但是至少都奔命在省城，我不想离他们太远。

而我更加清楚地意识到，父亲不可能一直住在黄土村，随着年纪一年年大了，他必须像他的父亲当年离开黄土村一样，住到离我更近的地方，以便得到我的照顾。于是，几年前我在离我家只有一碗汤距离的小区里，为父亲买了一套房子。镇上父亲自己的老房子在长江边，多年前便被划进了等待拆迁的范围。

父亲的晚年时光，似乎大部分都流逝在倒水河边那条长堤上。然而就在他七十八岁的那一年，春节刚过，黄土村跟他开了一个很绝情的玩笑：阳逻新城的建设启动，一家做商业开发赫赫有名的上市集团公司要在阳逻做开发了，黄土村被规划在拆迁范围，并且三个月之内必须要完成拆迁清算事宜。

很显然，这件事在父亲内心掀起了轩然大波。他从最初的依依

不舍他的房子，说那是他一砖一瓦亲手做起来的，到后来的斤斤计较后悔应该早一点把平房做成楼房，以便多得到两三倍的拆迁费，再到最后像所有的乡亲们一样，寸土不让地跟拆迁办抠算房前屋后的面积，小到一棵橘子树的价值都不放过。那段时间，父亲寝食不安，直到最后银行的拆迁款打到他新办理的一张银行卡上，才一口气吃下一大碗饭。

于是，前年春天的某一天，父亲让我先生开车把细软物件搬到街上的老房子里，后来他自己又像二十年前回黄土村做房子，像老燕子衔泥一样，搬回了一些东西，留下那间平房和平房里面搬不走的、其实就算搬走也是没有什么用的物件，比如那只老八仙桌和那只案台。房子前面的橘子树和栀子花树，以及父亲刚刚播种下去的大蒜种子，这些东西在不久后的某一天，都会被推土机推平，被钢筋水泥永远地凝固在黄土村遗址下。

父亲就这样永远地离开了他的黄土村，也没有具体记得最后一天是哪一天。

拿到拆迁款的乡亲们有的在镇上买了二手房，彻底地从农民变成了城市居民，有的把钱给儿女乃至孙子在省城付了房子首付，但是那种自豪感远不及当年说起父亲在省城住在单位宿舍里一样强烈，甚至有种嗫嗫嚅嚅不想提起的样子。就像不知道那条长堤最后会变成什么模样一样，黄土村每个人的生活似乎都发生着不可预知的变化。

当年没有像父亲一样回黄土村做房子的大伯和小叔，显然很是失落，都说父亲这是沾了老家的光，在八十岁的时候还能因为拥有土地而发一笔意外之财。我的堂兄弟姐妹们也羡慕我拥有这样一笔意外之财可以分割。父亲漠然回应说，有没有这些钱，一辈子不都是这样过来了。而我情愿以为，这是黄土村对父亲一片痴心热爱她的回报。在这几乎每一个人包括我自己，都醉心于大城市高楼与霓虹的年代，有多少人还愿意回归乡土的纯净与善良？黄土村在它的最后一刻，也要以殉情的方式，给不肯离开她的儿女子孙这样丰厚的回报。虽然，这种回报方式是如此令人不舍与心酸。

父亲住到了我给他买的电梯房里，把他认为的巨款分了一部分给我。又因为这电梯房买得还算早，比当下的房价几乎便宜了一半，父亲住在里面觉得很是惬意，每天像镇上的老人们一样，早晚到不远处的柴泊湖公园散步做操，吃过中午饭到楼下的超市里蹭空调走象棋，好像慢慢习惯了二十年前在镇上的生活，好像慢慢忘记了他的黄土村。

前不久，我在那家上市集团公司在黄土村开发的楼盘里买了一套房子，用父亲分给我的拆迁款付了首付。父亲听说了，先是半天不说话，后来说，可得可得，也算是回去了，就是不晓得你那房子，是不是正好建在我房子的那块地上面。我说我也不晓得。

“父母在，人生尚有来处；父母去，人生只剩归途。”而父亲的归途，不是黄土村又是哪里。什么时候我也到了不想与父亲多言故土的年纪？我买的那套房子悬在十七层的半空中，我就算穷尽后半生匍匐在地，痛哭流涕，也嗅不到泥土的芬芳。父亲的黄土村，从今往后，竟成了我心底不能忘却的殇。

而这人间的岁月，将一如既往，无有归期。

（作者系武汉市新洲区阳逻街居民）

（标题书法：魏开功）

（插图：胡赞美）

撑一支长篙寻梦去

张 欣

九真山下，索子河畔，十里莲华·养心谷如一颗璞玉镶嵌在土地上。养心谷地处蔡甸区永安街的火焰村，三面环山，大门朝向北边的索子河，宛如一个巨大的聚宝盆，收纳山川日月之灵气，又如一个摇篮，为身处其间的人们遮蔽寒风。这里不仅仅是一个山清水秀的地方，更是一个承载着梦想的世外桃源。撑一支长篙，寻梦去！

撑着长篙出发，去寻觅农人梦。一进入养心谷，映入眼帘的是一池莲花，正好照应了“十里莲华”的名字。虽已入秋，天空中还下起了迷蒙细雨，但大部分莲叶仍高高擎着绿色的小伞，莲叶中甚至还有几朵粉红的莲花、几个嫩黄的莲蓬挺立着身躯，不肯向寒风折腰。与莲池毗邻的，是一片广阔的稻田，正值丰收季节，金黄的稻穗垂下头，聚在一起窃窃私语，每一颗稻粒都很饱满，像是鼓鼓的船舱。恍惚间，一条鱼儿从水田中跃起，像是好客的主人热情地与我打招呼。婚礼仪式亭点缀在稻田之间，洁白的帷幔迎风招展，红色的花朵娇艳欲滴，共同营造出浪漫的气氛，也暗示着新人的爱情进入了收获的时节。远处，茶园如带，在雨中静默着，农户家鸡鸣狗吠，鹏鸭时而低头啄食，时而梳理自己亮丽的羽毛，好不惬意！在这里，我们可以静观阵阵秋叶飘零，期待一次瓜熟蒂落；亦可自比陶渊明，涉足田园，跟随“开荒南野际，守拙归园田”的召唤，体验“晨兴理荒秽，带月荷锄归”的意趣。养心谷满足了我的农人梦，去抚摸大地的肌理，倾听草木的呼吸。

向青草更青处漫溯，去打捞归隐梦。走近白墙黑瓦的民宿，推开古色古香的木门，院落中的天井展现在眼前。秋雨连绵，天井中盛了浅浅的水，几只小鸟临池照影，似妩媚的人儿。每个房间都拟了一个雅致的名字，如“云”“影”“墨”使人联想到衣香鬓影的女子，从《诗经》中涉水而来，巧笑嫣然，顾盼生姿；“风”“川”“星野”又像金庸笔下的侠客，腰挂酒瓶，身背利剑，杀伐决断，快意恩仇……房间内，有的摆放了低矮的茶几、洁净的茶具，让房客在茶叶沉浮时感知落花随流水的洒脱淡然，聆听深山密林中寺庙的晨钟暮鼓，领悟悠悠禅意；有的安装了吊篮，缓缓地摇曳拉长了时光，无论是坐在吊篮上观赏流云，追忆往昔，还是放空自己，都是“偷得浮生半日闲”的幸事……而最得我心的，当属坡地上的透明帐篷，居于其间，“以天为盖地为庐”，仿佛自己化为了一株草、一粒尘，亦或一缕空气，听清风鸣蝉，闻泥土花香，观树影星移，揽一轮明月入怀，枕一席浪漫入眠。原来，我们可以离大自然这么近！养心谷让我们忘却俗世的名利地位、喧嚣纷扰，洗尽铅华，返璞归真，收获属于自己的诗与远方。

在星辉斑斓里放歌，去实现中国梦。曾经，我们仰望蟾宫，想象玉兔捣药、吴刚伐树的场景；如今，养心谷将月球“拉”回了地面——草坪中央的“月亮石”在夜间闪耀着神秘的光芒，吸引我前去一探究竟。这不正象征着梦想的实现吗？过去，因交通不便、产业基础薄弱，火焰村540户农户中有75户贫困户，年轻人纷纷前往异地谋生，导致这里一半以上的房屋空置，农田抛荒严重。而现在，在积极推进脱贫摘帽之时，嵩阳大道正式通车，便利了居民，也盘活了经济。2019年8月，随着蔡甸区美丽乡村建设项目的实施，火焰村屋舍外墙被修葺一新，村民的居住环境得以改善；350亩荒山变为茶园、果园、菜园、花园、稻园和香水莲花池，包孕着无限的生命力量；100间风格各异的民宿将生活节奏放慢，颐养心灵；水晶生态餐厅、田野咖啡屋、BBQ烧烤厅、休闲垂钓、捉鱼摸虾、草地赛车、迷你高尔夫等 30 余个项目，让游客在娱乐休闲的过程中拉近彼此的距离。养心谷提供了大量就业岗位，让本地住户在家门口安心工作，助力乡村振兴……美丽乡村建设与产业发展相融合，带动了乡村美、产业兴、农民富，火焰村如凤凰涅槃般重获新生，十里莲华·养心谷将成为武汉美丽乡村建设新地标！

破败的院落、紧锁的门庭、孤独的老人——过去的火焰村弥漫着衰败的气息。美丽的乡村、喜悦的村民、腾飞的经济——如今的十里莲华·养心谷焕发出生机与活力。

来到这里，进行一次心灵的旅行，撑一支长篙，寻觅农人梦、归隐梦、中国梦！

（作者单位：武汉市蔡甸区幸福路中学）

（标题书法：宋小涛）

（插图：胡赞美）

（篆刻：黄德琳）

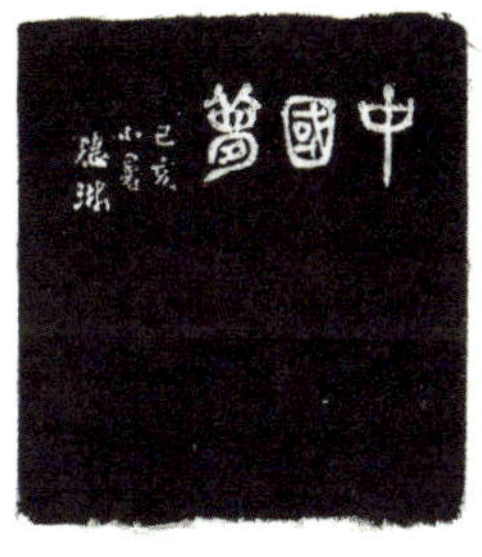

中国梦

文化洪南

谭卫华

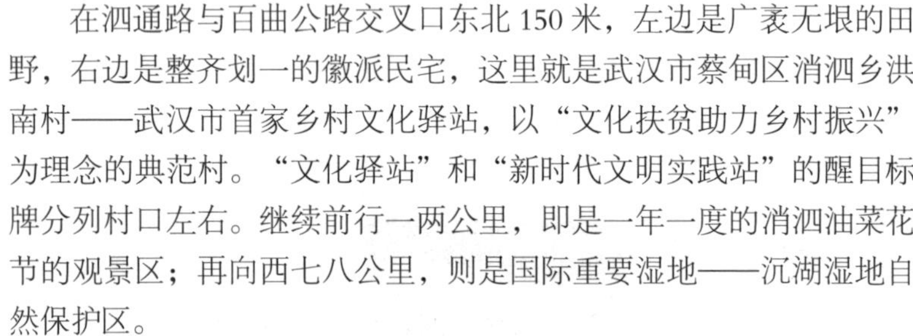

在泗通路与百曲公路交叉口东北 150 米，左边是广袤无垠的田野，右边是整齐划一的徽派民宅，这里就是武汉市蔡甸区消泗乡洪南村——武汉市首家乡村文化驿站，以“文化扶贫助力乡村振兴”为理念的典范村。“文化驿站”和“新时代文明实践站”的醒目标牌分列村口左右。继续前行一两公里，即是一年一度的消泗油菜花节的观景区；再向西七八公里，则是国际重要湿地——沉湖湿地自然保护区。

地处杜家台分洪区的洪南村，毗邻仙桃市，是武汉市蔡甸区发展滞后的革命老区。版图面积 5,400 亩，耕地面积 4,200 亩，水域面积 670 亩；辖 3 个村民小组，186 户，746 人；主要种植油菜、玉米、黄豆、芝麻、棉花等农作物；无山水风景，无产业经济。

2014 年，洪南村被湖北省确定为贫困村，建档立卡贫困户 46 户、81 人。其中，因病因学致贫占 75.7%，因残致贫占 24.3%。

2015 年，武汉市文联和武汉城市职业学院扶贫工作队驻村帮扶攻坚脱贫，利用文化教育优势开展“送文化”和“种文化”活动，推进村级文明建设，促进洪南村经济发展。

2016 年，洪南村脱贫 23 户、34 人，脱贫攻坚战首战告捷。

2017 年，洪南村“两不愁三保障”和饮水安全都得到落实，人均收入 5,000 元以上，整村脱贫出列。

2018 年，在市文联驻村工作队的协调下，洪南村成立了“消泗乡上新沟劳务责任有限公司”，通过开展校村合作，拓展公司经营业务，安排富余劳动力 30 余人就业。

2019 年，洪南村集体经济收入达到 10 万元，村民人均可支配收入 18,364 元。为巩固扶贫成果和长足发展，帮扶单位与消泗乡共同出资 140 万元，改建 1,000 余平方米的闲置小学院落为“文化驿站”，以此打造集旅游休闲、餐饮民宿、业务培训、艺术采风、文化交流、社会实践、教学基地等于一体的精品旅游点。

2020 年 7 月 1 日，洪南村“文化驿站”暨“新时代文明实践站”正式揭牌运营。从此，洪南村民可在家门口办餐饮、发展民宿旅游、销售农产品等，广开经济收入渠道。

有道是：授人以鱼，不如授之以渔。自帮扶单位的扶贫工作队驻村以来，工作队员与村民同吃同住同劳作。他们走村入户，孜孜以求，寻找彻底消灭贫困的良策。

洪南村土地资源薄弱，村民文化素质偏低，倘若仍然沿袭传统产业扶贫方式，很有可能事倍功半，必须因势利导，量体裁衣。经帮扶单位多方调研，决定另辟蹊径，从加强基层文化设施建设和推进村级精神文明建设入手，以“修文化而服遐荒”。首先由帮扶单位出资 80 万元，硬化村级公路，修建村级文化广场、百姓舞台、文化艺术墙和民俗展示长廊，让现代艺术与农耕文化完美结合和展示。其次是购置文艺设备、开展送书送医等活动。2019 年至 2020 年，洪南村投入财政专项扶贫资金 100 万元，用于特色种植和水产养殖以及农田水利建设，田间道路硬化 2,628 米，新建平板桥两座。这些为村里农业经济的发展提供了基本保障。

在驻村干部的指导和帮助下，村里成立了文艺创作培训基地，组建了腰鼓队、广场舞蹈队等文体团队。与此同时，利用重大节假日举办“送文化”专场文艺演出，书法家为农户写春联、送“福”

字和剪纸，摄影家免费为村民拍全家福送相框等活动，以此丰富村民的业余生活，提高村民的文化素养。定期组织音协、舞协的艺术家到村里举办艺术知识讲座、现场教学等活动，培育乡村文艺骨干8人，村民的幸福指数如芝麻开花节节高。

2018年，帮扶单位聘请专家到洪南村开班授课，为消泗乡43名村两委干部培训财会知识，并组织贫困户30多人参加各种技能培训，为他们的再就业打基础、做准备。在驻村帮扶干部韦队长多方协调下，成功引进湿地康有机生态农业公司驻村落户，因地制宜，种植无公害蔬菜，发展都市农业。湿地康有机生态农业公司每年可提供临时就业岗位15个，贫困户足不出村就能上岗就业。与此同时，区政府把“文化驿站”列为蔡甸区首批新时代文明实践站，优先提供经费和政策扶持。

我第一次去洪南村，是在今年的5月中旬，正赶上“洪南村文化驿站后期建设推进会”。当时，美丽乡村建设工作已接近尾声，文化广场铺填和旧民宅改造的施工现场如火如荼。驿站后面的绿化带，新移栽的广玉兰还捆着草绳、支着木架，倒也玉树临风，高洁伟岸。一条洄流的小河道，在绿化带脚下戛然而止。

7月1日，参加“洪南村文化驿站”揭牌运营和“新时代文明实践站”挂牌仪式，是我第二次到洪南村。当天，洪南村红旗招展，锣鼓喧天。村民们穿上节日的盛装，歌之咏之，舞之蹈之。画家、书法家、摄影家、民间艺术家，济济一堂。扛着“长枪短炮”的新闻工作者，如穿花蛱蝶采撷精彩的瞬间。

8月24日，我又一次到访洪南村。时序处暑，秋老虎威猛无比。洪南村的防汛抗洪工作还没结束，驻守的防汛大军已坚守了54天。由于下游水位消退迟缓，流经洪南村的西流河水只能屯着，堤垸外的3,500亩良田，仍被洪涝淹成一片汪洋。村书记赵银华说，预计防汛工作还要十天左右才能结束。水灾对村集体的经济收入影响不大，村两委已做好灾情应对措施。

由村小学教学楼改建的民宿，18个客房都按酒店标准间配置，可为洪南村村民提供十多个就业岗位。民宿的建设，除了用于开放乡村旅游和接待文化单位开展的各种活动，也大大方便了村民办酒席、宴请宾朋好友。他们不用再去仙桃市预订酒店，还能享受当地人的折扣优惠。今年驻守兴无垸堤的防汛抗洪人员，一日三餐也有了着落。

驿站广场边的文化长廊，是名家大手笔绘制的湖乡四季。栩栩如生的春夏秋冬，龙飞凤舞的诗风词韵，令人驻足流连，叹为观止。新挂牌的新时代文明实践站，与文化驿站两两相望，遥相呼应。

统一装修的民宅都是三层带后院的私房，每家后院都有一个典雅又古意盎然的木门。阳光从门缝里透出来，像暖意融融的灯火。随便往门旁一站，诗情画意就逶迤而来。院门外，有纤纤翠竹和夏花绚烂，以及随遇而安的丛丛芦苇。偶尔有扁豆花、丝瓜花从院里翻墙越壁，接应正在看风景的你。淳朴的乡土情怀，让你陶陶然、欣欣然，不知今夕何夕。

我们去时，村两委和驻村干部正忙着迎接省里扶贫考核小组和筹备市作协即将在此举办的长篇小说笔会，之后还有农产品展销会等活动。赵书记自豪地说，通过文化扶贫，现在的洪南村邻里和睦，干群融洽。不仅村容村貌脱胎换骨，乡风民俗也跟上了文明新风尚。村民不再打自己的小算盘，而是以村为家，以村为荣。前来巡查汛情的各级领导也对洪南村赞赏不已。

武汉市文联驻村扶贫干部告诉我，村委会经常组织在村文化广场放电影，大伯大妈们吃完晚饭，看看电影、跳跳广场舞，生活非常惬意。“七八个星天外，两三点雨山前。”宁静的乡村，星星和雨点都历历可数。更别说，清风里的鸣蝉，稻花香里的蛙声了。

漫步乡村，日光清朗，惠风和畅。如此恬淡幽静的好去处，或倦旅小憩，或抚琴歌吟，或诗情画意、翰墨飘香。心之所向，无问西东。

“设神理以景俗，敷文化以柔远。”文化，已在洪南村生根发芽。

（作者单位：湖北方志文化传播有限责任公司）

（标题书法：张少华）

（插图：胡赞美）

汉水·码头·河街

刘立文

一

汉水河经过蔡甸地段时，突然朝东北方向偏了一下。而后的汉水河水面更加宽阔，水势更加平缓了，流水便不疾不徐地驶向龙王庙，最后汇入滚滚东去的长江。

这条发源于秦岭南麓的江流，在行至汉中之后便称为汉水了。

千里东来，淌过了江汉平原的沃野。汉水河的美，呈现更多的是一种净与静。溯江而望，真如一条飘摆灵动的白绸子，明净而恬静。这种美感，不亲临其境的人，是不能够体验得到的。因为离汉江口近了，就要抵达长江了，绸缎的舞动愈加轻盈而舒缓，将纯净美与明静美完全显露出来，丝毫不顾及大堤上游人的惊诧神情，也不顾及满天云霞的艳羡之色。

在汉水河流经的蔡甸域段，有两个时空点去欣赏汉水河，必定能够领略到最为惊艳的美：一个是霜月东升之时，一个则是夏日坠落时刻。在江堤上驻足观望，两个片段的景色，都会出现在汉水河的尽头。所不同的是：一个是东向，另一个则是西望。

呵呵！确定不是卖关子？确定不是抓人眼球？嗯嗯！没有的，真真切切的存在。

夏日的汉水河，似乎积蓄了一路而来的情绪，水量涨了，脾性也大了。因为流淌得急促，生发出数不清的漩涡，将浮动的青草、黄叶一股脑地卷入深处，拖拽到河心底，以静水流深的姿态，急切地奔往江河的接口处。然而，水色依旧明净，河面依旧平静。

河风吹拂有润凉的感觉时，一定是傍晚临近了。江堤上来往的人影增多了，堤坡下的水岸线里，全是浮动的人头。七彩杂然的泳装及漂浮球，如同银河边上聚集的星粒，在夏夜天空里闪烁着光芒。一眼望去，全是数不清的亮点。这是夏日里，汉水河蔡甸江段中一道绮丽的风景。街市里几乎是万民空巷，全城的人都浸泡到了汉水河中，尽情地享受着天浴。明净而沉静的汉水河，洗涤的不仅仅是身躯，还有心灵。与汉水河相伴而消暑度夏，在极快的节奏中进入到高潮，直到秋风起，直到寒露生，江滩的草地上才归于平静。

一定不要错过了，汉水河显露美颜的时刻到了，尽管只有短暂的一刻。就在太阳将要坠落之时，夕阳在金黄里交织着橘红，悬停在了汉水河的西边尽头，微动着、摇晃着，散发出片片霞光。河面之上，没有了躁动，没有了溽热，更多的是温凉，是润洁。天边是橘红色的，水波是橘红色的，甚或从水面起来的晚风，都是橘红色的。汉水河的傍晚，就在橘红色的彩光里，慢慢地、缓缓地走进夜色的暗影里。

深秋走了，初冬来了，汉水河成了一个素净而宁静的仙子。这种净，在于天色是清明的，月光是纯色的；这种静，在于水势是平坦的，流动是缓慢的。驶向下游的航船，留下一路暗影，飘移在水面之上的汽笛声，显得似有若无，悠然而深远地隐现。

天色灰暗之后，坡岸上有了一层薄薄的霜。上弦月悄然升起来，到了岸柳的树梢之上。另一个奇幻美景出现了：月牙仿佛悬挂在汉水河的东方，四野一片沉静。水面上波光粼粼，几只水鸟，像是从月亮里飞出来的。掠过水面之时，搅碎了满河的光影。

同此一刻，汉水河与古镇一起进入梦里。在满天的晖光里，宁静到极致，祥和到极致。

二

汉阳码头的牌坊寂静地立在江边，任由河风吹拂，任由霞光映照。

码头的石柱子底下，台阶一层错落一层，一直延伸到江水之中。水波轻涌而来，拍打着、抚慰着石块。如果沉静下来，能够听得到细微的声响。台阶之中，有几块条状的青石板，磨去了棱角，显得极为滑溜，看上去，满眼里都是沧桑与艰辛。黄铜制成的汉子，坐在石柱子前，正撩开衣襟扇动，身后竹筐内的莲藕，新鲜且圆润。看得出，汉子是从渡船上到石阶，又沿石阶坎子一步一步走上来的。大约是累了，需要歇息片刻……

这是汉水河边一个常见的码头遗址。从组合上来看，景观过于单调，只用扫一眼，就能够看完全部。这样的石柱子、石台阶，这样的码头称不上风景，至多是一个孤独的守望者。汉水河的蔡甸域段，过往的船只何止千万。码头就这样守望着，默默地守望着！

然而，汉阳码头已经沉淀了独特魅力！魅力何在呢？在于沉郁，在于厚重，在于常年孤寂的守候。它成为一本记录码头历史的书卷，将汉水河边曾经的繁荣与喧嚣，实实地镌刻下来了。稍稍凝目，就能够读得出发生在码头上的旧事。过往岁月的苦与乐，笑与泪，甚或是血与火的苦难与抗争……一切的一切，都留在了石块的印迹里。印痕道道交错，显得深邃且悠长。每一条痕迹，都是一个久远的传奇。

我们不妨截取一个精彩的桥段。

武汉会战之后，日本人占据了整个西郊，汉阳码头自然成了日军控制河道的重要卡点。来往的大小货船，或被盘剥，或被征用，或被扣上抵抗分子的名头加以焚烧。总之，腥风血雨笼罩在码头之上，给人以喘不过气来的压抑。一天清晨，一个年轻的码头搬运工，独身一人候立一侧。搬运工肩上搭着一条破麻袋，低着头，专心等活儿。斜对面的江堤上，是日本人设立的据点，有士兵端着枪站在岗位上，刺刀在清晨的太阳光里闪闪发亮。

陆续有人上下码头。一个日军领着几个治安军，大呼小叫地盘查过往行人。从停靠的木船里，走上来一个妇女。尽管用头巾裹着头，但还是看得出她的年轻模样。日本兵的眼睛亮了，口里“叽咕”着跑过来。妇女猛然意识到了什么，惊恐得大叫奔逃。日本兵加快步子，从搬运工身边经过。日本兵没有料到，空中忽然飞来了一条麻袋，自己的头颈被牢牢地罩住了，站立不稳扑倒在地。几乎在同时，日本兵手中的三八大盖被人夺走了。

这一切来得太快，电光石火一般。码头顿时混乱，一旁的治安军傻了眼，吓得往据点里奔逃。搬运工用枪刺猛戳几下，顿时了结了日本兵性命。据点内日军喊声一片，如同爆了窝的马蜂。瞬忽之间，码头上的人逃了个干净，搬运工也灵巧地消失在了晨雾里。

汉水河面的汽笛声依旧一阵阵地响起，水雾依旧一缕缕地飘向坡岸。

年轻的搬运工是蔡甸本地的抗日义士，新四军十五旅优秀的侦察员。他的名字叫傅玉和，这是他在执行任务时发生的故事。这个故事被码头的石柱子记住了，一直流传至今。

仅就这个片段，我们便能感悟到：汉阳码头的往事，是丰富的、多彩的。且每一件，都根植在了深邃的、厚重的码头文化之中。这些独特的文化，也培植了汉阳西郊博大的人文情怀。以此来看，汉阳码头就是一道风景。只不过，它的景色在于悠久的历史，在于深厚的文化。它是一幅瑰丽、雄奇而绵长的风景画卷。

三

河街，蔡甸古镇的发祥地。临河而建，顺水而筑，兴衰系于船运，存废取决于汉水。早期的河街，青石板铺就的街面，不宽绰，却曲折；不长远，却幽深。米市、商行、客栈、转运行、铁匠铺，密匝匝地聚集两侧，借来汉口的几分繁华，打扮出了古镇的多彩风貌。

岁月奔流，世事变迁。与之相呼应的临漳古城，早就没有了遗迹，留下来的只是模糊的记忆。而那条令老蔡甸人魂牵梦萦的河街，旧貌与新颜已经交织在一起了，有了全景式的改变。追寻古旧街巷的过去，只得在残存里辨析与考究。一片瓦、一块砖、一方石头，都浓缩着河街悠长的历史，凝结着河街深厚的文化底蕴。

青石板的街道没有了，取而代之的是沥青路面；撑着花伞在巷子里叫卖栀子花的小姑娘没有了，取而代之的是踩着滑板飞驰而过的顽童；细雨中鞋底敲击砖石的“嘚嘚”声响没有了，取而代之的是电动快车溅起的水花……旧有的影音渐渐逝去，如同落满尘垢的铜镜子，必须要磨一磨，才能照得出人影，才能看得清历史风物。

在河街的变迁中，有一个元素恒久存在。什么呢？小吃，呵呵！河街的小吃，对于移居他地的蔡甸人而言，想想都要咂吮几下嘴唇。那是一种睡梦里的香甜。

那么，就先来一碗腊肉豆丝，再上一盘锅贴饺子吧。

腊肉与豆丝拌在一起慢火煮，两者的精华释放后被温度调和，合成了一个全新的整体，也成了河街人独一份的享受。腊肉挑选的是上好的五花肉，在冬至日里密封腌制。浸透咸味之后取出来，用汉水河的水将其冲洗干净。而后一条条地悬挂在架子上，在冬日暖阳里晾晒。温热无遮无挡地进入内里，被完全吸纳。色泽渐成暗红，油光透亮，散发着腊肉香。豆丝是秋天收获的绿豆和晚稻米的契合。豆粒是饱满的，米粒是晶莹的。两者在清水中浸泡一个昼夜，石磨子转动，将它们磨成浆汁。而后在锅里摊成薄皮，叠卷后切成细丝。晾晒的过程中，豆丝吸满日月的精华，直到变得干而脆。黏稠的、乳白色的腊肉豆丝，用大瓷碗盛上，抓一把小葱、香菜作为配料。一碗下肚后，河街人新的一天才算真正开始了。

锅贴饺子绝对是河街餐饮的独创，将大武汉豁达开放的情怀，十分巧妙地容纳进去了。饺子在食材上显出北方的大气，煎制的方法又浸透着南方的细腻。中国博大精深的饮食文化，在高温下的铁锅里得到了升华。饺子被煎炸得微黄焦脆，装在瓷盘里还在“嗤嗤”有声。一只接一只地在口里嘎嘣响后，精气神立时起来了。

深秋的细雨天，河风是寒凉的。雨滴一颗一颗坠落屋檐之下，摔在砖石上溅起“噼啪”的声响。我将雨伞收拢，抖掉水珠，进到“李记饺子铺”寻了个空位。小李迎过来，脸上带笑：“来啦！拣几两的？”他说的是锅贴饺子。一进屋，我就瞅上了刚刚煎好的一锅，水汽凝结为珠子返落锅内，“嗤嗤”微响。因为是常客，我将手扬起来作了个“OK”式。小李明白了：“好呢，锅贴三两，蘸料中辣。”腊肉豆丝还要等待时日，贴秋膘得靠锅贴饺子。

竹筷夹着锅贴蘸着佐料，眼睛却望向窗外。碎雨中的河街，行人稀少，街巷安静。就连平日食客满座的铺子，眼下也就我一人。惊讶之余，转头回望正煎着饺子的小李。小李笑着说：“这一锅已经有人预定了，他们马上过来的。”“哦！”我也跟着笑。

十五只锅贴饺下肚，果然精气陡涨，浑身得劲。看空寂的街道也觉得意趣浓浓。刚要起身告辞，忽然望见路口涌来一群年轻人。他们没有撑伞，衣着与装束令人诧异。居然有两个穿着棕榈丝做的蓑衣，顶着竹篾斗笠。这群人说笑嬉闹，根本没有在意雨水的浇淋。我好一阵恍惚，有了一种莫名的穿越感，以为岁月往前推置了若干年。小李笑：“他们是搞艺术的年轻人，看中了这里的旧街道，拍摄什么剧目，说不定要放到抖音上炫酷的。”

呵呵！我的心里豁然敞亮，方才知道自己错了。原来以为河街的古韵湮埋太久，已经失去了光泽；以为记忆流失过快，已经被时间冲刷干净。一切都在变，都在争先恐后地揉入时代的符号，迎合着现代人的情趣。以为若干年后，河街会不会只剩下一个名字。现在看来，这似乎是多虑了。一群年轻人认可了它的价值，嗅到了它的陈香。这似乎在说：河街是永远的，它只会是渐渐改变，不会逝去。因为汉水河永恒存在，始终在静静地、缓缓地向东流去。汉水河在，恋水而生的街巷便永远存在。

（作者单位：武汉市蔡甸区莲花湖中学）

（标题书法：邹志生）

（插图：胡赞美）

东西湖水乡桥话

童金喜

武汉东西湖境内，湖泊星罗棋布，河港沟渠纵横交错，1958 年的围垦工程，改变了它原有的地理面貌，形成了独立的内湖水系。这么发达的水系，当然少不了桥。

江河湖泊是天堑，阻隔了陆地的连通。而无数桥梁的合龙，逐渐抹去了江河的阻隔。在东西湖，桥除了带来交通便利以外，更主要是形成了半小时经济圈，让东西湖区人民像凌波仙子一样跨水而过。

清晨的金银湖畔，阳光击退了迷雾，你此时就能体会到这座“长在水上城市”的魅力。

一个地方有一个地方的记忆，一个地方有一个地方的桥。桥成了人们生活的集散地，成了人们情感凝聚交集的地方。

在东西湖，国营农场最早的记忆离不开吴家山桥头，那是公交 8 路车的终点站。吴家山脚下五支沟的 8 路汽车，从早上 8 点运行至下午 5 点，不间断地在五支沟到古田一路之间来回行驶。老电影院，就是现在的中心广场一带，东山、柏泉、径河一些偏远农场大队的村民，常摇着木船从总干沟穿沟过渠摇摇晃晃划到吴家山的桥头上岸，在吴家山商场或者供销联社买些日用品后再摇回去。

家住吴家山的人们经常来这儿散步聊天，他们早已把这儿当成了每日傍晚跳舞、休闲的街心公园。在不远处的国道上，全长 2,638 米、宽 25 米的高架桥从额头湾的一清路到九通路，宽敞笔直，忙碌穿梭的车辆在其上奔驰而过。

无论是在幸福桥头、走马岭桥头、新沟桥头，还是在东山头桥头，哪里都有东西湖人难以磨灭的记忆。每条干渠乃至每一支沟都有桥，大大小小的桥连通了水陆，也连通了往日与今天。

汉北河在西边流经东西湖区境 7 公里。其一出口是经新沟闸入汉江，那里是有桥的；另一处是经沦河通过东山头闸入府环河，那里也是有桥的。那里的故事只有那里的原居民才会知道，并且口口相传，外人是不会讲得生动，进而绘声绘色的。

东西湖区以湖得名，有“东湖片”和“西湖片”之分，我们还是来说说桥的事儿。

“东湖”的桥随便可以说出来名字的有：长丰桥、联通桥、径河桥、板子桥、中东桥、海口桥、严家渡桥、马池桥、府河大桥、三金潭立交桥。

“西湖”的桥也不少：新沟桥、巨龙桥、沦河桥、罗港大桥、连通湖桥、西湖桥、京珠高速蔡甸大桥、四环线汉江特大桥，再就是汉宜铁路汉江大桥，东西湖至今唯一的铁路桥。

特别是“汉丹铁路”下穿过的涵洞桥，那桥洞留下的永远是一到大雨天就无法通过，继而郁闷、沮丧的记忆。

2015 年 11 月 9 日，在慈惠墩农场的“襄河堤”边，横跨汉江的中法友谊大桥正式建成通车。在中法友谊大桥建成之前，蔡甸到东西湖要从汉口宗关绕道，后来仅有依傍“京港澳高速”的农用车通行桥，称作“农道”。大桥的贯通串联起了蔡甸中法生态城、沌口开发区、临空港开发区，成为服务三大区域的重要经济及民生通道。

一座桥，一段发展史，演绎了多少鲜为人知的传说故事。抚今追昔，那些桥给我们留下无尽的思索和遐想，也彰显出它们作为桥本该有的寓意和韵味。

2019 年 6 月 15 日，东西湖首座大型立交桥——五环立交桥试通车，这座立交桥连接了“楚天第一大道”金山大道和临空港大道。立交桥紧邻武汉五环体育中心，这里是 2019 年 10 月世界军运会田径、乒乓球和水上救援三项赛事地，分别对应中心可容纳 3 万人的体育场、8,000 人的体育馆和 1,000 人的游泳馆。那时有很多国家的运动员在此参赛，也吸引了无数的观众来观赛。

五环立交桥横贯临空港新城核心区域，自西向东串联台商产业新城、吴家山新城和金银湖新城三大组团。立交桥通车运行后，极大地缓解了五环体育中心周边的交通压力，为临空港居民出行提供了便利。

如果说五环立交桥的通车意味着一个交通节点的线路优化，那么以其为圆心辐射的“十字轴”两侧环境综合整治提升，则代表了武汉临空港经开区全面升级为国家级开发区后，在营商环境、人居环境，建设高质量发展通道做出的努力。

临空港大道改造工程也借军运会东风完工，临空港大道107国道至东吴大道段，由双向4车道变为双向6车道；临空港大道东吴大道至吴中街段，由双向6车道变为双向8车道，有效服务了五环体育中心、协和东西湖医院等民生工程。

五环立交桥方圆数公里内的黄狮海公园、径河公园均已成型，将有力发挥临空港与生俱来的湖泊湿地等生态优势，形成生态公园矩阵，打造武汉最美“城市后花园”。

2019年8月26日，武汉临空港再添好消息，海口立交桥通车了。

海口立交桥通车后，武汉临空港路网结构进一步优化，连通起了武汉城市环线、绕城高速、京港澳高速等快速路段。武汉临空港的居民可通过该立交桥，上下硚孝高速，往返主城区的时间大大缩短。

现如今，东西湖大道的桥，临空港大道的桥，金山大道的桥，有名字的没名字的，不计其数。还有武汉三环、四环、外环上面的桥。不论是造型低调的梁桥、拱桥，还是更具科技感的斜拉桥、悬索桥，在这里均可以同框出镜。

穿境而过的高速公路桥，京港澳高速有几座桥，绕城高速有几座桥，硚孝高速又有几座桥？全封闭的道路，让我们普通人谁都不能一一说得出来。四通八达的路，数也数不过来的桥，临空高架为东西湖区经济腾飞助力，路桥经济助力工业强区的临空飞翔，让我们更清楚地看到了东西湖灿烂辉煌的明天。

行驶在金山大道上，金银湖的金桥、银桥、新桥，见证了这条路为东西湖的跨越式发展铺就的康庄大道。

临空港大道是武汉临空港的一条重要门户道路，南起汉江襄河堤，北至武汉绕城高速，全长13公里。武汉五环体育中心、文体中心、协和东西湖医院、国家网安基地、京东方等新建重点工程呈现出千亿大道的新气象，沿线园艺小区、秀水家园、远洋世界等多个居民小区，实现临空新城的产城完美融合。

漫步于东西湖的碧水蓝天，既有河水汤汤，又有无数的天然湖泊相伴。我们可以自豪地说，临空港是一座天然的生态新城。许多沿着湖岸线规则生长的民居，还有由近及远高度不断增加的建筑，似乎都在诠释着一种自然生态与现代化便捷之间的平衡。

2019年6月，位于吴家山临空港大道环山路和吴中路的两座过街人行天桥完工，行人横向过街更加安全便捷，这也是东西湖道路历史上首次修建的人行天桥。

还有，武汉园博园、极地海洋公园、金银湖湿地公园、黄狮海公园、码头潭公园、径河公园、五环公园……这些开放性的公园里修建的景观桥，即使你每天散步走过，也不必大惊小怪。因为正如你所见，桥已然成为这里的主角，霸占着这个新城区的风景线。

环境面貌蝶变，品位标准质变，管理方式转变，市民文明素养嬗变。临空港人在2019年的世界军人运动会上，向世界展示了一张张整洁靓丽的临空港名片。

东西湖围垦建场已有60余年。60余年完成从农业大区到工业强区的蝶变，成为改革创新与城市经济的增长极，在砥砺奋进中谱写了高质量发展的华章。而这一切，东西湖的每一座桥都可以作证。

（作者单位：武汉市东西湖职业技术学校）

（标题书法：王指明）

（插图：胡赞美）

一梦到龙灵

李若曦

“姹紫嫣红”，这个词用来描述花开季节的龙灵山，无比贴切。

10 月，盛放的龙灵山波斯菊刷爆了朋友圈。在沉寂了数月的龙灵山十里花坡，红色、粉色、白色的波斯菊，交织在一起绽放，红似丹霞、粉若桃腮、紫如梦幻，那些花儿相互簇拥着，其绮丽鲜妍令人惊艳，分明是花团锦簇的繁华。

“真想去看看啊！”我一边欣赏同学拍的照片，一边自言自语。

龙灵山生态公园我去过好几次了，每一次都很惊艳。这些年，几乎每天都在紧张的学习中度过，只要置身原始森林的怀抱，在满山蓊郁中呼吸着高负氧离子的绿色空气，我就跟重归大海的鱼一样，顿时返青还魂。而近来，被关在教室与书本之间，越发对山川树木牵肠挂肚，跟它们在一起，深深吐纳之间，人身上的自然性慢慢复苏、醒来，渐渐与山林浑然一体……

龙灵山生态公园位于老家军山境内，是目前武汉市内最大的生态公园，据说面积是武汉中山公园的 9 倍。它坐落于通顺河大道及军山第一大道交会处，北依硃山湖，南邻通顺河。园区规划建设面积 2.9 平方公里，公园内主山脉宛如一条巨龙滨水而卧，园内绿道长达 13 公里。这里一年四季花开不败，种植有樱花、茶花、紫叶李、玉兰、波斯菊等多种植物；同时在这里还发现了锦鸡、白鹭、野鸭、野兔、獾等多种野生动物的踪迹。当前，经开区正以龙灵山生态公园为重要基础，向周边地区呈辐射创建集生态保护、园林绿化、运动休闲、湿地景观于一体的国家旅游 4A 级生态公园景区。同时，未来要将龙灵山生态公园打造成为城市核心生态公园，助力武汉城市新发展，努力打造城市的“绿肺”新名片。

这些都是我在资料上查到的，这是如今的龙灵山生态公园。但听爸爸说，曾经的龙灵山，因矿石过度采伐，满目疮痍，一度沦为荒山，留下近 6 万平方米的废弃矿坑。武汉经开区托管军山片后，利用原始地形地貌按照郊野公园定位对龙灵山进行了生态修复，打造出了龙灵山生态公园。公园依山而建，因势造景，不破坏其原始野趣，打造了十里花坡、百亩荷塘、九曲湾湿地等景点，才有了今日龙灵山的灵气逼人。

我没有看到过昔日的龙灵山，但在我游玩的数次行程里，如今的龙灵山，群山若屏、层林叠翠，处处皆景，和爸爸口中那个贫瘠荒凉的龙灵山形成了鲜明的对比。它生态宁静的气质、显山见水的风光正吸引着源源不断的游客前来游玩，被誉为“经开最佳观景地”，这些都是让我骄傲和自豪的龙灵山的今天和明天。

上个周末，就在我因为十里花坡的美景而心动不已时，学校放了半天假，我应同学之约，得以再次走进龙灵山。

“山不在高，有仙则名，水不在深，有龙则灵。”在硃山湖畔，龙灵山由此得名。秋高气爽，气温宜人，拾级而上，大片复绿的荒山上，连绵迤逶近 6 万平方米的波斯菊花海，正是盛开的时候，满山红火，这是目前武汉最大、最壮观的花田打卡地。灿若烟霞的波斯菊铺满山坡，把大地渲染得缤纷夺目。搭配着蓝天、白云、绿树、红叶，简直美得不像话，仿佛就像是在画境中一样。

以前每次来龙灵山都是在春天。印象中春天的龙灵山公园里鸟语花香，游人如织。那时候龙灵山十里花坡种植的是芝樱花。芝樱原产北美，花朵盛开形如樱花，有“开花的草坪”之称。龙灵山芝樱花谷利用原始地形地貌，顺势整理成自然坡地，形成一大片一大片匍匐于地面的紫色花海，蔚为壮观。

在我的记忆里，芝樱花茎如矮草匍匐于地，花朵很小，但每一朵都在春天里绽放着自己的美丽，正所谓"苔花如米小，也学牡丹开"。小小的芝樱花，在百花争艳的春天，也努力展现着自己的芬芳。

今年龙灵山的十里花坡种植的是波斯菊，听景区的一位阿姨说，因为芝樱花秋季盛开时间短，国庆后不久便凋零了。今年 8 月，区园林局联合景区采购了一批秋季盛开时间长的波斯菊种子播种在十里花坡，以延长市民出游赏花时间。没想到首次尝试种植波斯菊，盛开不久便惊艳了，连他们都没想到，波斯菊交织在一起绽放居然会这么绚烂、浪漫、温馨，会如此受游客欢迎。那位阿姨还介绍说，波斯菊相较于芝樱花更易适应武汉的气候，7 月、8 月播种，10 月左右开花，花期可以持续到 11 月，而且种植起来简单，将种子撒在地里，适时浇水便可生长，大大节省了种植成本。

在我眼里，这一大片怒放的波斯菊，如锦缎舒卷于山坡上，比之芝樱花，更加绚烂多彩，更加艳丽夺目。

波斯菊等属于格桑花，"格桑"在藏语里是幸福的意思。看着这竞相开放展露仙姿玉容的波斯菊，置身在花海中，即使晦暗的心情也能一下就变得明亮起来，会感觉青春和生活像花一样美好。这一刻，波斯菊在暖风里摇曳着浪漫风情，疗愈了寻花人的心。

站在花田里，环顾四周，视野里尽是一片花海美景，姹紫嫣红，生机盎然。步入这满目琳琅、绿意徜徉之间恣意怒放的花海，怎不让人心情为之欢畅，生出一身的轻松自在？看着无数随风摇曳的柔美花朵，叶形雅致，色彩丰富，花姿柔美可爱，心情好得简直要飞起。这漫山遍野的似海繁花，感觉所有的花都在簇拥，所有的美都在为你绽放。那朵朵花儿迎风摇曳，曼妙多姿，深红的似锦，淡红的如粉，白的如玉脂，在一望无际的坡脊上盛开，在城市的高楼间盛开，给这里平添了更多的秋意。

我看到很多人在花海里摆出各种姿势拍照，星星点点，醉卧花丛中。确实，有了这一大片汪洋花海的衬托，淡衣素衫出镜也有了别样的风采。那妖娆的娇艳，一不小心就惊艳了人们的眼睛。无论站着拍，躺着拍，跳着拍，亦或是随手拍，相信张张都是精品，张张都是大片，可谓"一步一景，移步换景"。这一簇簇、一丛丛的花朵，五彩缤纷，随风摇曳，好似彩蝶飞舞，置身其中，怎能不叫人想要在影像中留住这份美好？

微风暖阳，花海飘香，令人心生惬意，人们在这里尽情地享受当下的慢时光。是啊，忙碌了一周，总该找个美景静卧在自然里，总得和家人有个相互依偎的地方。龙灵山的花海给了人们一个秋季出游的理由。

龙灵山让我印象深刻的除了十里花坡，还有那片令人怡然自得、神清气爽的湿地景观——九曲湾。九曲湾湿地景区占地 60 万平方米，是对原有湿地内的湖泊、淤泥水塘和山体荒坡进行综合整治后，修复湿地并种植水生植物而形成的一片适宜休闲游憩的生态景区。湿地休闲区是公园的核心，里面有百亩荷花，可以看鹭飞鱼翔；还有一处很大的茶园位于公园西部，时常可以看到游客在这里扮作采茶人披竹笠、挎茶篓、采新茶。

此前每次去龙灵山游玩，我都会梦想：如果有条木栈道通向九曲湾湿地深处该有多好。我好想去畅快淋漓地呼吸一下湿润的空气，去情真意切地轻抚一把青翠的芦苇，去至亲至近地观赏一下自由的鸭群……

这次再来，我惊喜地发现这个梦想实现了。隔了两三年没来，我发现龙灵山公园里新修了绵延十多公里的湿地观光木栈道，将湿地公园串成一珠多彩的项链，营造出自然与人文的绿色和谐，构建了建筑空间与生态空间的浑然天成，形成了令人赏心悦目、移步换景、美景如画的湿地风光。

秋天的砵山湖畔空气清新，漫步在九曲湾湿地的栈桥，湖岸美景尽收眼底。适逢秋日晴好，沿着湿地上的九曲步道，看三三两两的游人漫步拍照，游大美湿地，赏栈道风光，优哉游哉，令人心旷神怡。

沿着景区木栈道进入湿地，被一大片湿地和芦苇荡所包围，曲折迂回的木栈道一直伸入芦苇荡中。随着栈道向远，两侧的芦苇也越来越丰茂，那浓浓的绿意扑面而来，栈道、小河、各色野花、苇塘，一幅广阔浩渺的自然风景展现在眼前。在这些芦苇荡中有簇簇枫林，漫步其中，感受大自然扑面而来的清新，总会不时地看到野鸭在身边游过，组成一幅静美的写意图。

当人在充满古韵的曲桥栈道上行走时，脚下的鱼仿佛也跟着你一起。清风拂来，时光似乎也都静止了。两岸依依芦苇在向你微微招手，还有隔岸成片成片盛放的花朵，肆意释放着浪漫的气息……

景区还配备了单人、多人自行车和观光电瓶车，方便游人各取所需地进行观光游览。走累了，我和同学一行人骑着自行车，沿着公园里的绿道迤逦骑行。

路过龙灵山的房车营地，同学告诉我说，端午节她与家人就是在这里度过的。节前，她父亲提前预订好了房车，端午节当天带着粽子、鸭蛋和一大袋食材来到房车营地，在这里度过了别样的节日。

“以前没有住过房车，那天体验了一夜以后感觉太好了。天上的星星看得很清楚，房车旁是很高很大的树，空气特别清新，居然还看到了好多萤火虫！大人们坐在房车前烧烤、聊天，我们就在旁边嬉戏玩耍，一直到晚上 10 点多才住进房车洗漱睡觉。”她说，这一晚她睡得比在家里还踏实，“没有车水马龙，取而代之的是虫鸣鸟叫，心情都愉悦了许多。”

同学继续绘声绘色地向我们描述说，在睡了个自然醒后，她又和其他家庭的大大小小的孩子们一起到儿童乐园里来了一场“丛林探险”，走钢丝、过独木桥、林间穿越，感觉仿佛回到了童年。

那日，趁着太阳不大，她还和父母在公园里转了一转，“和我们一样来这里露营的家庭还有一些，12 辆房车都住满了，每辆房车间距都很远，营地也很宽阔通透，我们玩得很放心。”她说，以后还会再来体验。

她的描述让我们同行的一帮同学心生无限向往，让我们羡慕无比。在公园里漫步、星空下聊天、森林里安家、伴鸟鸣苏醒……这样与大自然毗邻而居的感受让我们心动不已，互相约定以后一起过来在这里露营，一起体验“夜晚在星空下入睡，清晨伴随着花香醒来”的美好与愉悦。

不止鲜花，龙灵山村落、河流、湖泊、田园等一样不缺，这里就是一座生态乐园。到了夜晚时分，选一座美丽的野营帐篷或者定一辆房车躺在星空下赏月、露营，带着家人沉浸在这静谧的大自然里，怎能不乐在其中？

可以预见的是，森林探险、帐篷营地和房车营地等，龙灵山不断开发的项目必将会成为更多家庭度假的选择。现代人久居都市，再难闻到带有泥土味的空气，而所有这些美好都要回到原始的大自然中体验。丛林探险、慢游公园、观星露营，龙灵山生态公园悄然兴起的房车聚会必然会成为都市新时尚。

在湿地山林里举行篝火晚会，在营地和朋友看场露天电影，在繁星之下来一次烧烤盛宴……围着篝火翩翩起舞，尽兴时吼两嗓子，烦恼必定烟消云散。无论是与家人同游、与友人聚会或是单位集体活动，都可以在这里全方面领略军山秀丽山水之外的独特人文魅力。

秋日的龙灵山，天空蓝蓝，白云悠悠，芦苇茫茫，花海灿灿，候鸟齐飞，步入其中，一幅神奇而多彩的画卷，也随之悄然铺开，惊艳了游人的眼和心。秋日龙灵山的美，仿佛是在用最缄默的语言诉说着：漫步栈道旁，悠闲长河边，这个秋日，我有一片美景赠予你，你可愿前来赴约？

这是一个浪漫的地方，有着太多难以言喻的魅力之处。清晨，微风吹来，颇富诗意，赏花观景，相映成趣。夕阳西下，天宇澄明，落日余晖下的波斯菊素朴雅致。置身花海，融入自然，倾听溪水潺潺，纵情放歌花海。银杏绿叶在波斯菊的映衬下，更显韵味。在烧烤园里喝着小酒，品着烧烤，吹着晚风，欢乐派对悠闲自在……

今夜，我还想，一梦到龙灵。

（作者系武汉经济技术开发区某高中学生）

（标题书法：龚大志）

（插图：胡赞美）

（篆刻：魏晓伟）

不负韶华

去日留痕

汤晖

一

顺着我的述说与指点，沿着武青堤新修的宽阔平整的大道，老公驾车向着工人村的方向驶去。沿途水光潋滟，道旁的花卉绿植生机盎然，色彩斑斓。

我的脑海里浮现出当年工人村的画面与生活场景，以及那时的邻舍、玩伴，像电影一般，一帧一帧闪现。

“我在工人村生活了15年，度过了小学和中学时代。青葱的时光都在那里了。”我感慨地说与老公听。

1998年左右，因为工作关系，我每天乘坐的班车会经过青山区工人村14街坊。一闪而过的瞬间，我的目光会提前锁定那排低矮平房。

曾经急于想搬离它，曾经也预料终会留恋那段时光。时光的飞逝，会印证记忆的浓淡、情感的深浅。有时你怀念那段时光，可能只是因为有你怀念的人，有你不能忘记的事，有你的宝贵青春。他们才是记忆深处最重要的内核。

一路车行，越来越近，却越来越不像当年的模样，因为大部分建筑已经进行拆除与重建了。我凭借着记忆，靠近它。“看！那是沔阳饭店所在的位置！旁边还有一座百货商店的。”饭店和商店已经拆除了。“对面是电影院！它竟然还在！”我按捺住小小的激动，拖着老公站在影院院墙的门口。电影院在院墙内10米处，门窗紧闭，爬墙虎的新叶已经长出，绿色葳蕤，但仍有往年的褐色残叶附着在外墙上，更显斑驳、破败。我默默地看着它，就像看一个多年未见的老友，一时无语。学生时代，多次在此看过电影。影院附近，有过早的摊点，还有小书摊、小商品摊点等。人声嗡嗡，有着市井的生气与嘈杂。

上学的路上要经过影院。还记得，经常与我同行的女生吴萍有时会对我说一声：“我去看看海报栏，看有没有新出的电影。”彼时，我对电影的兴致很淡，就只在一旁静静等着她。

影院斜对面，过街道往西行不足500米，就是一冶二中。我中学时代的所有记忆，都在那里了。那时企业不仅负责施工生产，还担负了很多社会职能，如办学校、幼儿园、商场等等。二中设有初中部和高中部，占地面积颇广，有教学楼数栋，有教师宿舍、操场、礼堂、办公楼等，还有一间美术活动室。

作为美术兴趣组成员，我在那间美术活动室里，度过了一段素描时光。记得美术老师姓廖，气质温婉娴静，一次她指着石膏像问我，这个最暗的部位在哪里？我一时反应不过来，只答出一句理论上的话“最暗的地方在明暗交界处”。多年以后，我在省企业报记者协会上班，某天外出办事，偶遇已在一家杂志社任美编的廖老师。她说，当年我不该放弃绘画的，因为我有点小天赋。这话我一直印象很深。彼时，我已在文字堆里低吟浅唱。

时间，会告诉你，最初的爱不一定走到最后。有时，走着走着，就会忘了初心。也可能，走着走着，遇见真正的最爱。

可是，当我走到当年学校的位置时，已看不到半点它的痕迹了。那里已被一片新的建筑物所覆盖，成为一个居住的小区，成为陌生的区域，于我。

沮丧、失落，齐齐涌上来。走吧！我叹息着回头看了一眼。

那里，曾经有我的画家梦、诗人梦，还有纯纯的初恋情愫。随着时间，都成了过去式，成为少女时代的底版。

二

青山区工人村曾经是为建设武钢而设立的生活区，居住着来自全国各地的建设者。据说，当年10万建设大军从五湖四海云集青山，将“荒五里”建成工人村、红钢城，挺起了共和国的钢铁脊梁。工人村的绝大部分住房均为一排排的砖瓦平房，邻里之间甚为亲密，鸡犬相闻。不像现在，人们居住在高楼里，关门落锁，鲜有往来。

我们继续向着旧居所在地前行。我欣喜地发现，那个公共澡堂没拆！还有那个小小加工厂也在！它们早已变成汽修等门店。没关系，至少还在，还可以见到它们。我兴奋地指点给老公看。那个！那个8街坊也还在！我惊喜地指着旁边几栋三层楼房说。它们虽然破败残旧，但依然静静伫立着，仍有人居住生活的景象。

一街之隔，就是14街坊，我曾经生活的地方。

视线移过去，没有了，不见了。曾经低洼的地势全部填平、抬高，地面上是一片小厂房、仓库。

我几乎不敢相信，环顾四周，再次向老公描述当年的场景，“从马路过去，那边有个派出所，下面这儿是个公厕，那儿，就那儿！斜坡下面就是我家那栋平房”。老公年少时也经过此地，那时未曾认识我，他也依稀记得当年的模样，不会走错地方。

其实，我也不会记错、找错。可是，它已经不在了。身边的车辆疾驰而过，一阵尘土飞扬。我下定决心似的，走吧！我催促着离开了。

可是，记忆顽强地重现当年。如果有时光机器，能重回昔日看一看，应该每个人都想这样做吧！

因为有些人，只有在昔日的时光里，才能再见。有些情愫，也只有在当年，才能生发。

许多故事，只发生在当年。

当时，年少。

你有兴趣吗？想不想听我说一点工人村老房子的小故事呢？

三

每一个人几乎都有怀旧情结。那过往的一人一事、一草一木，都在我们的记忆里深藏着，经过时间的洗濯，渐渐地蜕变成一颗颗忆念的珍珠，然后，在夜深的时刻，在摇摇的圈椅里，这些忆念的珍珠便会闪闪发亮，指引着我们重回那过去的美好时光。

过去的时光里，我有一座老房子。在青山区工人村一处毫不起眼的地方。门前有一棵女贞树，终年郁郁葱葱，尤其到隆冬飘雪时节，树冠上覆盖着洁白晶莹的雪花，映衬着绿叶，更显生气勃勃。我曾试图把这幅景致描摹下来，可终因笔力不济，只有作罢。女贞树底的四周长着一丛丛据说可治腰部扭伤的植物，开花时节，会长出一朵朵如碗口般大的花朵，而每朵花又由许多细小的白花组成，当小白花萎谢后便结成一个比小米粒约大两倍的果子。小时候，我和玩伴们常爱摘了它们在手心赏玩。门前还种有几棵扁豆，盛夏时分，便长满了牵成遮阳棚似的绿叶，其间结了好些或绿或紫的扁豆。傍晚用水管喷淋后，格外清爽蓬勃。长成的扁豆可供我们全家四口吃上一个夏天。晚上在这扁豆棚下乘凉时，我常爱摘了叶子在手心握成漏斗状，再用力一拍，就会“啪”地发出一声清脆的裂响，随之叶子也被震破了。还有屋顶上几盆烂漫的太阳花，红的黄的，点缀在如小草般的绿叶间，阳光下开得一片绚烂。

四

扁豆、太阳花都是在隔壁祁婆婆的带动下种的。住平房，左邻右舍互相关照，关系甚为融洽。

祁婆婆一生无儿女，与祁爹爹相依为伴。她为人善良、热情，又勤劳、能干，家里虽然陈设简陋，但颇整洁。大到各色家具，小到泡菜坛子，她都要时时拂拭，勿使染尘埃。祁爹爹的退休工资足够两位老人俭朴的生活，可是祁婆婆闲不住，看到影院前卖瓜子的生意不错，便也做起了这一行。于是，我们经常看到两老在门前炒瓜子。祁婆婆爱干净，她把炒熟的瓜子摊在竹匾上，再用干净的毛巾擦拭掉因炒作时附在瓜壳上的沙粒和黑灰，这样，别人嗑瓜子时便不会弄得嘴角和手指脏兮兮的了。其实，卖瓜子只是她既为经济目的又为精神寄托的小本生意。可是，我们却不曾料到，就是在卖瓜子的路上，祁婆婆不幸惨遭车祸身亡。

那是初秋的一天，阳光格外灿烂，祁婆婆洗了多件床单、衣物，又将屋里屋外都收拾整洁，吃完中饭后，她便准备赶在下午影院开映前卖瓜子。她挎着篮子，拎着小凳走在马路的行道树边，孰料一司机酒后驾驶汽车，竟将毫无防备的祁婆婆一下撞死在树上。那棵树上留下了祁婆婆的血迹，树下是一地瓜子……

出事的地点离家还不到5分钟路程，噩耗传来，祁爹爹涕泪横流，跌坐在地上悲痛欲绝。大病一场后，祁爹爹被亲戚接到汉阳去住了。我们和另一家邻居还时常去看望他。一次老爸叹息地告诉我们，说祁爹爹常常在桌上放两双碗筷，摆好酒菜，然后喃喃自语道：“婆婆，你吃吵，吃吵……”牵手的人没能一同走完人生的黄昏，祁爹爹的精神世界里少了支柱。过了两年，他也去世了。

而不知什么缘故，自从祁婆婆不幸去世后，我们邻里间种养的扁豆与太阳花竟一年不如一年丰茂，最后竟憔悴得花果飘零。

五

一排排平房，每户人家的排水管浅浅地埋在地下，水流排向一条宽约一米左右的水沟。这条水沟连通、贯穿、包围着几个街坊，像个微缩版的护城河。

虽说是废水排流沟，但水流清浅，有潺潺声，状若溪流。小时候，我们时常尝试着冒险——一步跨过水沟。不小心的，就会跌入沟中。

水沟在我家平房的东头处变成暗沟，流经公厕旁的小路。公厕的一头，搭了一个简陋低矮的小屋，是给看守、清洁公厕的人住的。那时，住着一位六十岁左右的婆婆，隐约听大人们说她是孤老，由某村派来的。不知是谁开玩笑地给她起了个绰号“粪婆婆”，大家都笑着叫开了，“粪婆婆”也欣然接受。

她个头一米四左右，身形略佝偻，年纪与祁婆婆相仿，经常过来一起聊天，与众邻说笑。最经典的一个段子是，有次，“粪婆婆”在祁婆婆家看曲棍球比赛，她指着电视里队员们手中的曲棍说，这些人怎么都拿着粪耙子打球。经她这一说，再细看那棍子委实有几分像她清洁厕所用的粪耙子。真是三句不离本行。大伙顿时笑翻了！

我们街坊地势低洼，每当下暴雨，水沟水位就会上升，流速急促，颜色浑浊。当水沟几愈满溢时，“粪婆婆”的低矮小屋就会面临被淹之虞，不过她是不用担惊受怕的。那时，必有祁婆婆的大声呼喊，要她收拾好东西来家中住，邻居们也必会有人搀扶“粪婆婆”蹚水过来。

常年住在紧邻厕所的小屋里，“粪婆婆”的身上常常有股淡淡的异味，可是，并没有人嫌弃她。我们小孩子也会窜到她的低矮幽暗的小屋去看看，那么爱干净的祁婆婆，也从不嫌弃她几乎每天过来串门，甚至在水淹小屋的时候，“粪婆婆”是可以安心住在祁婆婆家的。

六

平房居住条件简陋，面积也不大。我家仅三间房，两间作卧室，另一间算饭厅，在外面又搭设一间作厨房，一家四口简简单单倒也其乐融融。童年的时光懵懂而单纯，我和妹妹在期盼长大的日子里，常常会在门框上量身高，并细心刻下一道道印痕。那些印痕便将我们一点点增长的身高定格在门框上了。

我的卧室的窗外有一株高大挺拔、浓荫匝地的落叶乔木，曰泡桐树。每年四月，它必会绽放一朵朵美丽馨香的淡紫色花朵。透过浓密伸展的枝叶，能看见蔚蓝的天空和柔白的云朵。那时候，我常爱坐在窗前读四月，感受那浪漫的情怀与景致，也因这情这景，迸发出好多写诗的灵感。

后来，我们要搬家了。就在迁入新居的前一天，也是最后一次睡在老屋的晚上，我的心情竟是急切的，不愿再在这陈旧简陋的老屋里住下去。然而，我也十二分地明白，总有一天，我会非常怀念这所旧房子，怀念曾与它度过的那些充满童稚的温馨时光。

果然。

那夜梦中又回老屋。站在被拆得面目全非的旧址上，我再也找不出哪一块曾是我的卧室，哪里曾是我仰望的窗口，还有那门框上的印痕又去了哪里？环视周遭，竟良久无语，怅惘不已。

梦醒之后，我想起了那首经典英文歌——“*Yesterday Once More*”。在充满怀念的舒缓的曲子里，老屋慢慢地慢慢地凸现出来，伴着那些童稚的时光，轻轻地踏上我的心头。

“It's yesterday once more……”

（作者单位：中国一冶集团有限公司党群部）

（标题书法：孔可立）

（篆刻：何远松）

温故知新

倒口湖

肖 萍

曾几何时，倒口湖是我们这片工业社区——十里钢城，唯一一处可供游泳嬉戏娱乐的水上乐园。同时，它也是一处利用天然湖泊优势与人工修葺相结合的设施简陋的大型露天游泳池。

说其天然，最早应追溯于20世纪上半叶的1931年，那年汛期武汉地区发大水，洪水滔滔，一泻千里，堤坝被瞬间冲毁，在青山蒋家墩处撕开了一个长约里许、宽约数十丈的巨大的豁口。

洪水淹没过的蒋家墩，除了留下因倒口而形成的苇草丛生的湖泊，以及后人嘴里口口相传的“倒口湖”的名字以外，还留下了蒋家墩一带沼泽密布、满目疮痍、人迹罕至、常有土匪出没、被人喻之为“荒五里”的黑暗历史。

寂寞而又荒凉的倒口湖，在1954年底，由于新中国第一座大型钢铁公司——武汉钢铁公司选址青山，率先迎来了自海南岛转战南北的开路先锋——中国人民解放军公路二师。

这支能征善战敢打硬仗的公路建设队伍，成建制转赴青山的首要任务，就是为武钢的建设开辟出一条自武昌到青山的交通大动脉——武青二干道（即今天的和平大道）和冶金大道，运输武钢建设急需的设备物资和人员。而公路二师开赴青山安营扎寨的营盘，就在当时被指战员们称之为“天当房，地当床”的蒋家墩。二师五团的驻扎地，则直接安排在一片荒芜沼泽地，只有白鹭和水鸟在湖面上翻飞的倒口湖。倒口湖，由于这样一支充满生机与活力的建设队伍的到来，一时间变得“蓬荜生辉”，无比生动活泼起来。这在后来集体转业到武钢，直接参加武钢建设的老一代二师人心目中，留下了难以磨灭的印象。

倒口湖的湖泊和倒口湖的名字，都因长江溃堤而生，倒口湖区域这一防汛抗洪的险工险段，因此也总是与历年来武汉地区防汛抗洪抢险救灾紧密联系在一起。新中国成立前后，长江屡发大水，每一次洪水的猛烈冲击，倒口湖都被列为重点监控对象。青山地区的防汛指挥部，因此也像守护神一样直接驻扎在距离倒口湖区域不远的青山沿江大道旁。

最近一次的特大洪水，发生在2016年的夏天。武汉地区连降暴雨，长江水位居高不下，导致长江干堤内的倒口湖区域又突然发现多处“管涌”的重大险情。

险情就是命令，也牵动着上自省市领导、下至基层军民绷紧的心。为保护长江大堤的绝对安全，保护江城人民的生命财产，武汉市政府紧急动员，千余军民迅速集结，国务院总理李克强也急赴武汉视察指挥救灾，使“管涌”险情得以有效控制。

而发生在倒口湖的这场抗洪抢险活动，经由各路媒体的广泛报道，也使得倒口湖这个曾经只为青山人所知晓所熟悉的名字，一时间传布得沸沸扬扬而盛名远播。

不过，对于许许多多生于斯、长于斯，在倒口湖所在区域十里钢城长大的孩子们而言，倒口湖和倒口湖的名字，就完全是另外一番景象和另外一种诠释与解读了。在青山红钢城长大的孩子们心目中，倒口湖，就是一处自由活动的水上乐园，一幅自然天成的清丽画卷，一段曾经岁月的足迹和欢声笑语，一段不可复制与再生的成长记忆。

倒口湖是天然的，也是人工的。说其人工，那是当时的市政或者后勤部门在倒口湖的游泳区域内，根据湖水的深浅程度和参与游泳对象的不同，以约宽半米、深数米的水泥板条简单搭建和划分了儿童游泳池、少年游泳池和深水区游泳池。湖岸上的树荫下，也仅仅只有两间格局不大的，用砖头水泥搭建的，设施十分简陋的，甚至连天花板都没有搭盖的男女更衣室。游泳区的范围之外，则是一大片湖水荡漾、荷花映日、芦苇杂草丛生的湖岸景象了，周边竖立着“水深危险，禁止游泳”的红色警示牌。

我第一次到倒口湖去游泳，还是在小学五年级的体育课上。

当一位当过兵的嗓音洪亮的女性体育老师把我们像赶鸭子一样，赶进儿童游泳池的时候，面对一波又一波向身边不断涌来的湖水，吓得我一个劲儿地死死地抓住池边的铁管栏杆，生怕一松手就会被湖水吞噬而去。那种惊慌恐怖的感觉，至今记忆犹新。当终于听到老师一声令下、集合上岸的口哨铆劲吹起时，我赶紧拼命一般挣扎着扑上了岸。

可是如此令人生畏心生怯意的倒口湖，成为无学可上休学在家的钢城孩子们终日游泳嬉戏，捞水草、打水仗、捉蝌蚪、捕鱼虾，觅乡间野趣的水上乐园和自由天地。

从青山红钢城八、九、十街坊的红房子里面走出来的孩子们，大凡到倒口湖去游泳，先要穿过十一、十二街坊夹峙的一段街道，再穿过一大片视野开阔的和平乡生产队种植的蔬菜基地。

夏日的和平乡蔬菜基地，简直就是一幅幅秀色可餐的美丽的图画！一行行、一垄垄青翠欲滴的蔬菜地里，长满了各式各样令人垂涎欲滴的新鲜的瓜果蔬菜，红的是番茄，绿的是辣椒，紫的是茄子，白的是甜瓜，还有那些顶花带刺的嫩黄瓜，绿得发亮宛如翡翠的小苦瓜，垂下来长长一根的青丝瓜、绿豆角、紫豆角……

蔬菜基地靠近如今红钢二街马路一侧的武钢三中。武钢三中在当时就已经小有名气，它独立醒目地耸立在丽日蓝天之下，依然是我们这群因为停课未能上学在家玩耍的孩子们，内心深处的期待和向往。

走过武钢三中，再走过一片长得郁郁葱葱、站得笔挺笔挺犹如孩子胳膊粗细的水杉林，倒口湖就像一大片清风扑面的清凉世界扑入我们的眼帘。

那时候的孩子们，现在回想起来也真是傻得可爱矣！到倒口湖的湖水里游泳戏水，常常一泡就是大半天，可是谁都不知道出门要带上一点馒头、饼子、凉白开充饥解渴，直到玩得尽兴，玩得精疲力尽，玩得腿肚子和脚趾头都开始抽筋了，这才浑身疲软地从水中爬起来，残兵败将一般往家里赶。而在回家的路上，往往又要格外经历一番对于生命意志力的顽强考验！

烈日当头，饥肠辘辘，焦渴难耐，偏偏又遇上了和平乡蔬菜基地那一大片一大片令人垂涎欲滴的新鲜水嫩的瓜果蔬菜，它们是那样强烈地刺激着我们饥肠辘辘的肚子和焦渴难耐的心！

那是好大好宽好漫长的一片蔬菜地呀！五颜六色的新鲜瓜果蔬菜，就在我们眼皮子底下跳来跳去。我真心希望有一位好心的农民伯伯突然出现在我们眼前，豪爽大气地对我们说：“孩子们，游泳辛苦啦，快来尝尝生产队种的瓜果蔬菜吧。”可是睁大眼睛，四下里寻觅，明晃晃照得人头晕目眩的大太阳地里，竟然连个人影都瞄不着！

我们好饿好饿啊！可是居然没有一个孩子伸手去采摘蔬菜地里的瓜果！尽管蔬菜地就在我们脚下走过的这条小路旁，尽管除了一条一步就可以跨越的小水沟外，周围再也没有任何防范措施和篱笆墙。你想要吃什么，就可以尽情地采摘什么！或者你偷偷吃点什么，充充饥，解解渴，垫巴垫巴早已经饿得前胸贴后背的瘪肚子也行。可是，在我们这群孩子中间，真的没有一个人向那片蔬菜地伸出自己的手！

几十年过去了，在我记忆的底片上，许多童年、青少年时代经历的往事都已经淡然褪色，可是发生在童年时代烈日骄阳下的这一幕，却始终像一幅鲜亮如初的浓墨重彩画一样不曾褪色。直到今天，我依然为我和我的同龄人这段弥足珍贵的“童真”所感动。我想，这份来自心底的“坚持”，恐怕仍然源于我们曾经经历过的那个全国上下“学雷锋”时代精神的熏陶，源于我们曾经熟悉的少年英雄刘文学为保护生产队财产英勇献身故事的榜样的激励，源于我们经常唱诵的一首歌曲:《三大纪律八项注意》——“革命军人个个要牢记，三大纪律八项注意”的潜移默化的深刻影响，致使我们这群本来不是革命军人的小学生也经历了一场对于生命意志力的艰难挑战和顽强考验。

…………

几十年过去了，当倒口湖已经不再是昔日倒口湖的时候，我曾经独自徘徊于此且思绪绵长。倒口湖早已经消逝了它昔日容颜清丽的俏模样，偌大一片湖面，萎缩成了三两方尚可垂钓的鱼塘。游泳池的水泥栈道，大都不知去向，剩几截残损栈道，踩上去叽叽嘎嘎直响，随时有可能把你翻入鱼塘。当年孩子胳膊粗细的大片的水杉林所剩无几，零零星星的种子选手，也长成了一人合抱才拢得过来的参天大树，意在提醒你岁月的流逝和年轮的增长！

年复一年，也有一些和我一样有着昔日倒口湖情结的人，他们三三两两不绝如缕地来到这里，包括远在千里之外，当年随父辈支援三线城市建设，从渡口市也就是后来的攀枝花市长大归来旧地重游的孩子们。他们来这里踱步徜徉，或凭吊，或品读，或回味，或怀想，或寻觅他们童年的足迹，追寻他们青少年时代所经历的那些难以释怀的往日时光，回味他们曾经的童真，曾经的无忧无虑，曾经的童年梦想，或者曾经的青春焕发年代的模样……

然而，就在我搁笔这篇文章的时候，在一家报纸上偶然看到一篇报道——《昔日倒口湖，变身城市公园》。哦！倒口湖，看来你岁月嬗递的故事远远没有结束，你依然还活跃在你持续不断的续写的篇章中。

（作者单位：武钢集团有限公司）

（标题书法：孙必高）

（插图：胡赞美）

（篆刻：叶军）

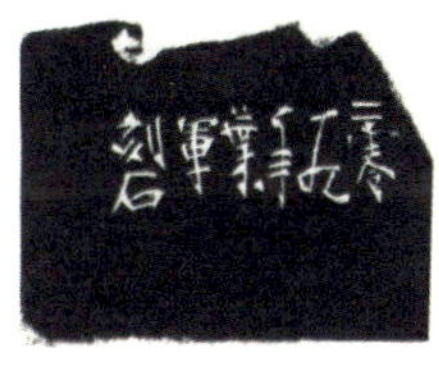

只留清气满乾坤

锢城老街

李文红

一

与老街的相遇，是个偶然。

下了班，嫌马路过于喧腾，我总是本能地折进高楼背后的小区，从小区穿行回家。

正是暮春的傍晚，从楼群里斜投在街道上的斜阳，静谧而倦懒地望着人间烟火。

阳台上的女人，收捡晾晒一天的衣物，她总是比别人先闻到浸在衣料上的阳光味道。已经染上商业风的小区巷道里，下了班的男男女女拎着刚买回的菜，放了学的孩子眼神贪恋店铺橱窗里的玩具，走走停停。大人发现孩子没跟上来，回头嗔怪一声，孩子嬉笑着恋恋不舍地跟上来。

然而，大人也不是专注的：流光溢彩的服装店里，又进了新款服饰；随处可见的广告永远为一个个理由大肆煽情；音响里播放着发泄个人情绪的音乐。

商业经济无孔不入，新式的小区，安恬的人间烟火味稀薄得抓不住。走出去，就是一条马路，再横穿进去，就是那条老街。

从新区走进老街，好像一下子掉进了时光的隧道。我向来不知道，在家与单位之间，在这个繁华的城市里还存在着这样一条老街。

老街街道破损，走入其间仿佛走在青石板路上；楼房简陋而简单，衰老得像白了眉毛的老人。房子是红色的，砖块本色。高大粗壮的梧桐，郁郁葱葱，也许是老了，几乎都向着楼房歪着生长。有几棵已经抵到了二楼窗口，有点沧桑，有点神秘。

窗口里泄出的灯光安详静谧，投在街道上，并不显得街面上漆黑一团。偶尔会碰到一对散步的老人，脚步轻而碎，手紧紧地拉着。远远地，就能闻到他们身上老牌雅霜的味道。后面跟着忠诚的狗，见到生人，陌生而友好地打量着。

“不怕，不咬人的！”老人扭头说。

我紧张地走过去。回头，看到老人还停在那儿，为我看着他的狗。

二

后来，喜欢上了老街。

无论上班、下班，习惯性地从老街穿行。它总是静静地、温暖地等着我。那份踏实和安然，不由地漫进心头。自然地，就放慢了脚步，有了东瞧西望的闲情。

其实，与那些被精心呵护兼具各种造型的植物比，这里的一切，就谈不上景观了。它的美是顺其自然的，不着痕迹的。每家门前都有几只烤红泥花盆，一字排开；有的用树枝简单地、松松垮垮地围了个小院，里面有花、有菜，也有草。但都经过精心的护理，长势娇鲜、繁茂。泥土永远松软潮湿，细碎得没有泥块。

最初看到那几盆草，我笑出了声，不相信是普通的草。走近一捻，细嫩的叶片边缘有糙手的小齿，真的就是草。刚转身，门就开了。被老太太逮了个正着。

看见我，她倒不好意思地笑了。

她说：“不知道种啥，既然长了草，就养草吧！”

我也笑：“也是风景啊。”

老街里的树多。尤其栀子花、桂花。一春一秋，满街的香。走出街头很远，还能闻到。

四月，栀子花绽放的时候，一路走过去，一树树的洁白，一树树的花开，恬静而娇艳。

清早，老街的街面露水未消，细碎的石子在阳光下闪着光。街角总是围着许多买花的女人、孩子。

也不算买。头发花白的老太太，竹篮上横着一条木板，隔着一层白毛巾，上面整齐地摆满了由曲别针穿着的栀子花。

女人们围着竹篮挑选，老太太眯着眼，幸福地笑着。问多少钱一朵，老太太笑："喜欢就拿着戴。"

女人们把钱放在木板上，精心地挑，起身走时，老太太千篇一律地追说："再拿几朵，再拿几朵。"

一个早晨下来，老太太迎来一拨拨的女人来选花。她笑着望着她们满意地戴着花走远。她收获的不过是一份幸福、一份热闹。

三

八月的炒板栗我最喜欢，它也是武汉特有的季节符号。要说板栗的香，每季都有。唯有八月的板栗，才是一种收获，一种喜乐。约定俗成的街头巷尾，一架手推车，一口大锅，一把铁铲，摊主翻搅着埋在黑沙里的板栗。一出锅，食客就围上来。

下了班，急不可耐地买来一包。捧在手里，一转身，走进老街。剥一颗，那份馨香和热度足以让你感觉岁月尚好。

老街的桂花，暗香浮动。嗅觉与味觉的双重收获，是那样的幸福。

从来没有一种花的香，如桂花一样地打动我，它浓郁又不失清淡，香甜又略有清苦。它的香，是恰到好处的香，叫你闻不够，迷醉留恋。

桂花与板栗的香，到底哪一种最打动了我？我总是分不清。总之，闻到老街的桂花，就会想起炒板栗；手里捧着板栗，就一定要从老街走过。

美好的季节，美好的八月。

天气晴好的时候，老街里的老人们坐在院子里，安详地望着院子里的花草，常常凝了神。

更多的时候，六七个老太太围着一张桌，玩纸牌。

那么多人，打得是什么牌，谁也弄不清。有时，桌底下掉着几张牌，有时，明明出一张牌，可这张牌下还叠着两张牌。她们浑然不觉。但她们又是认真的，眼睛眯望着被手擎得远远的牌，思量着。等着她出牌的相邻的老太太，歪着头看她的牌。她不怕对家看了牌，打商量地问："出这个，行不行？"

"行。"得到肯定，她满意地放下，然而，打下的这张牌，根本就管不上上一张牌。

每当这时，总是把过路看热闹的人逗笑了。

她们也笑。知道哪儿好像出了错，孩子似的不好意思。

花白的头发，在阳光下耀眼。

都说老小老小，她们真的像孩子一样的天真。

那让人动容的天真啊。想起，眼睛里竟然潮潮的。

四

对老街的情感，除去温暖外，也不是没有感伤的时候。

有时走进老街，远远地，就会看到某一家，院子里堆满了缅怀的花圈。挽联上，写着晚辈们的敬称：缅怀某老大人……

心里一下就暗了下去。那一刻，脚很想退出老街。但是，那颗心却让它走过去，轻轻地走过去。有时，会为刚才躲避的念头感到惭愧。

怎么可以躲避呢？一种愧疚就袭了过来。会不会是曾经送我花的那位老人？会不会是在雨天里送我伞的那位老人？

我无从确定，年轻的粗心的我，已经不记得她住哪个院子，也不记得她长得什么样了。

我只记得，雨水多的春天，总是忘记带伞，总是遇上雨。

抱着头小跑着，经过老街的时候，就会有一扇灰暗的门打开，老人拿着伞，嗔怪地说："这季节雨水凉，不能淋的，快拿去。"

天晴时，把伞洗过、晒过。再经过老街时，悄悄地把伞放在老人门口的板凳上。

惭愧的是，没几天，我就忘了是哪个老人。

走了老人，老街总是要静上很多天。院子里燃过的炮仗残骸被雨水粘在地面上，红红的一片，那种寂寥的红啊。

老街再热闹时，我看到的老人，都明显地老了。

但是，她们依旧孩子一样地围着小桌玩牌。

糊涂的一手牌，快乐的一颗心。

后来，我到外地学习两年。回来时，老街搬迁改造。跑过去，一栋栋新楼耸立着。回到办公室，手不停地翻着书。同事问："找什么？"

找什么？

我也不知道。

我的心，酸酸的……

（作者系武汉市青山区居民）

（标题书法：魏晓伟）

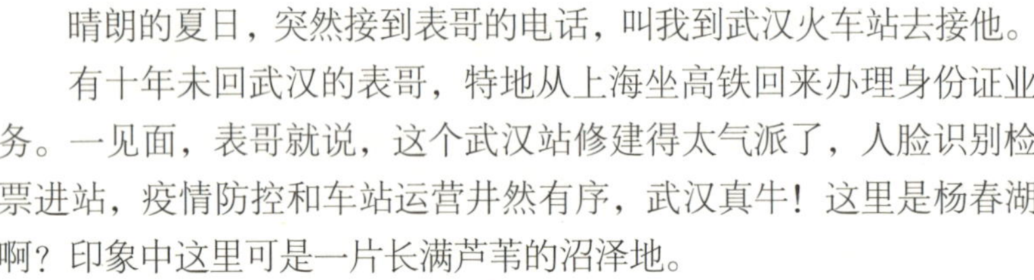

留在记忆深处的印迹

王 忠

晴朗的夏日，突然接到表哥的电话，叫我到武汉火车站去接他。

有十年未回武汉的表哥，特地从上海坐高铁回来办理身份证业务。一见面，表哥就说，这个武汉站修建得太气派了，人脸识别检票进站，疫情防控和车站运营井然有序，武汉真牛！这里是杨春湖啊？印象中这里可是一片长满芦苇的沼泽地。

坐车从白云路出来，驶上友谊大道，去往青山区，表哥说他竟然找不到老住宅42街坊向阳院的方向了。以前曾住过的红房子片区已不复存在，取而代之的是成片的商品住宅房，高楼林立，商铺繁盛，旧貌换了新颜。

表哥十多年前到上海发展，最早的时候，往返武汉和上海总是乘坐普快，也就是我们常说的绿皮火车。绿皮火车速度慢，大站小站站站都停，有时还要临时停车让道，很少能够准点抵达。约850公里的路程，走走停停要花七个多小时。

那时也有特快、直达列车可供选乘，但绿皮火车票价低，是大多数打工者出行的选择。绿皮火车的速度慢尚且能忍受，最难忍受的是，逢年过节为了能在节日前赶回家与家人团聚，每一节车厢都挤满了乘客。车厢连接处、过道里站满了人，甚至连厕所里、椅背上都挤满了人。火车站候车厅也是人满为患，那时候，大家都是拼了命地挤上车。有时从车门挤不进去的，就从车窗往里爬，乘客和行李将车厢挤得满满的，有的是一家子，这个刚挤进去，那个还没挤进去，火车就开动了。

随着我国高铁飞速发展，这几年合武高铁、武广高铁相继通车，交通变得快捷起来了。飞驰穿梭在高铁线上的“和谐号”和“复兴号”动车组列车，全面提速，宽敞明亮的车厢，间隔合理的车次，极大地方便了人们的出行，改善了人们乘坐的舒适度，缩短了人们出行的时间。现在从上海回武汉，最快只要四个小时左右就能抵达。

表哥说，如今承载过他太多回忆的绿皮火车渐渐地淡出了历史舞台。现如今人们出行，坐在宽敞整洁的动车车厢里，可以安静地闭目养神，可以上网浏览信息，可以刷微信朋友圈，人们有说有笑，心情轻松而愉悦。这是改革发展带给人们的一种享受。

我国交通事业的快速发展有目共睹，从过去摇晃颠簸的中巴，到站站停靠的绿皮火车，再到风驰电掣的高铁，我们出行离不开这些交通工具。这几年我所在的工作单位中国一冶集团有限公司转型发展，成功取得“四特五甲”资质，以冶金建设为依托，不断拓展创新，涉足轨道交通、道路桥梁、市政工程建设。我们是中国道路交通发展腾飞的见证者，见证了路桥建设和中国高铁的飞速发展，这是国家富强、民族振兴、科技创新带来的辉煌成就，给广大老百姓的出行带来了福音，惠及千家万户。

带着表哥办理完身份证业务，他说，没想到青山政务中心这么方便，一站式服务，高效快捷。欣喜之余，比原计划多出了许多时间，表哥想去拜访一下原来的老邻居，找一找当年住在红房子的记忆。

青山区正在转型发展，旧城改造全面提速，我们以前住过的42街坊向阳院片区已拆迁，在原址上修建了青山超大体量的都市综合体，变成了历史印记与繁华商业完美融合的八大家红坊里街区。

通过同学的关系，我们很快就联系到了邻居杨伯伯的儿子。杨伯伯原来一直住在42街坊向阳院红房子里，拆迁后，选择了就地还建，去年春天搬进了八大家红坊里新家。

带着表哥直奔红坊里，走在建设三路和吉林街交会的十字路口，表哥说他“蒙圈”了，完全找不到当年的印记。这个片区，拆迁改造后，道路变得宽敞整洁，高楼大厦鳞次栉比，只有建设三路林荫道上的法国梧桐树依然枝叶繁茂，斑驳粗壮的树干在诉说着岁月的更迭。

这片土地，承载了青山区居民太多的生活和工作记忆，红砖清水墙和机瓦坡屋顶的印象已经深深刻在了青山人的记忆深处。

我们沿着吉林街一路往东走，经过了记忆中的42街煤店、42街粮油店。我告诉他，曾经的一冶二幼儿园和一冶一中就在这里，以前下雨天进校门都要蹚水，现在青山区政府率先进行海绵城市建设，对老旧小区的地下管网进行改造，增加透水铺装、下沉式绿地、雨污分流和雨水收集、中水回用等绿色环保功能，彻底改变了青山区渍水问题，方便了人们出行。

过去这个片区是我们上学读书和放学玩耍的地方，现在旧貌换新颜，已变成了陌生的环境，一如时光一去不复返。再往前就是一冶剧院、一冶五小、红旗剧院，原有的街道也打通拓宽了，拆迁改造后的地界上，不复当年旧貌。

在八大家红坊里小区，我们见到了杨伯伯。他拉着表哥的手，说当年是住在红房子里看着表哥长大的，这一别多年，他都老了。杨伯伯因为有糖尿病，比以前清瘦很多，但精神矍铄，思维清晰，特别健谈。

杨伯伯说："青山红房子的历史，可以追溯到1954年，毛主席批准建立武汉钢铁公司，定址青山区。为配合武钢建设而修建的大型生活居住区，有武钢和一冶的职工住在这里。我们两家都是一冶职工，一起生活了15年，当时共用厨房和厕所，房子低矮，夏天闷热不透风还不隔音。条件虽说简陋，但邻里和睦，家里有什么事都相互照应。这多年过去了，你们还记得我，还大老远地买这些东西来看我这老头子，这都是红房子留给我们的记忆和情怀啊 。"说到动情处，杨伯伯眼眶泛红了。

在20世纪五六十年代，一冶、武钢、热电厂、青山石化、青山船厂等大型国有企业在青山落户，工业厂房、职工宿舍、废弃的铁轨、高耸的烟囱等等，这些工业印记见证了青山区发展的同时，又与其现在所处的城市发展地位极其不协调。

杨伯伯说："现在你只要在武汉市走一走，满眼都是拆迁的、修路的、盖房子的。武汉的改革发展提速了，特别是青山区，到处可见拆迁的空地，随处都是房地产开发的工地，你这几年不回来，这熟悉的地方大变样了。"

杨伯伯领我们参观了他的新家，他说，还建房还是在原来的地方，住的都是老街坊，楼上楼下也都是熟人，现在有电梯上下楼，串门也方便。这是杨伯伯对新房很满意的一个地方。

走进杨伯伯家，房间里开着空调，温度刚刚好，两室两厅一卫的房子，南北通透，明亮而舒适。他和老伴一起居住，经过简单装修的房子，显得整洁宽敞。他们现在的生活条件大有改善，闲来侍弄花草，到小区花园散散步，生活悠闲惬意。

居住条件改变，生活环境改善，旧城改造、拆迁还建是青山区改头换面的开始，也证明了有着悠久历史的重工业区终于迎来变革。当前，一些污染较重的工业项目逐步被淘汰或外迁，有些进行环保改造或产能升级，区政府构建的"东工西居"格局逐步形成。

正因为"东工西居"的规划，原有的企业厂房仓库面临搬迁，土地储备发生了新变化。一冶集团公司顺势而为，先后在青山区开发了冶建花园、怡兴花园、雅苑公寓、新奥风尚、学府佳邻、依江畔园等一批商品房精品项目，大大改善了青山区的居住水平和生活环境，让一冶职工告别红房子和工人村棚户区，形成了具有规模效应的居住气氛。

随着城市建设步伐的不断推进，青山区红房子将会越来越少，没有什么能在时间的长河里永恒不变，但不论怎么改造，只要对红房子不经意地望上一眼，你一定会想起父辈们及老青山人那特殊年代的生活场景。

夏日静谧的荷塘，总有清爽的风吹拂。在不经意间回忆起往事，那留在记忆深处的印迹，总是难以抹掉。

（作者单位：中国一冶集团有限公司）

（标题书法：贺亚刚）

（插图：朱良川）

古镇张店换新颜

彭国珍

二哥在北京工作50年了，每年春天我们都要给他邮寄张店鱼面。以前总是爸爸给他寄，爸爸在十多年前去世了，这个光荣的任务就落在他的儿子——也就是我丈夫的肩上了。二哥是张店库氏家族的骄傲，二十世纪六十年代从新洲一中毕业考上了军校，现在在北京工作。他对家乡最眷恋的就是家乡的鱼面，年逾古稀的他告诉我们，每次吃老鸡炖鱼面，就像回到了家乡一样。家乡的小河，石板条铺成的台阶，河边的吊脚楼，商铺的木板门，都是二哥美好的记忆。

说张店街是古镇，那是因为张店街自明清以来素以商贾云集、市场繁荣而著称，地属举水河西，是方圆几十里有名的古镇。抗日战争时期被称之为"小汉口"，可见昔日市场之繁荣。在我儿时的记忆里，张店街是以明清建筑为主体的，古色古香，风景如画的小镇，一条铺满青石板的两华里长古老街道自北向南延伸，临河房屋的吊脚楼酷似凤凰古城。小镇时有画家在这里写生作画，街道两边商铺商号紧密相连，库家的泰丰、永丰、同泰就在其中。镇上有誉满新洲的寺庙东岳寺，有学堂、碉楼、小桥，充满着诗情画意。

"江山代有才人出，各领风骚数百年。"张店这块宝地自古以来人才辈出。张店古镇走出的将军库桂生就是其中一员。库桂生，国防大学教授，博士生导师，国防大学政治理论教研部主任，正军职少将军衔。曾多次参与我国和我军重大军事理论和现实课题研究，发表专著二十多部，在军内外有很大影响。（张店原居民书法家库自得先生在《库李宗谱》里面的简介）

戊戌年绿柳成荫，桃果飘香的五月，我们的老邻居二苕跟他的八十岁的父亲德爹回张店来，把旧房子拆了改建新楼。一砖一瓦劳神费力做起的、住了几十年的房子，一个上午就拆除干净了。看着堆在一旁被烟火熏黑的桁条（桁条：架在屋架或山墙上用以支撑椽子或屋面板的横木，也称檩子），德爹告诉我们：这是当年日本人侵略中国时留下的罪证。1938年10月23日，日本人侵占郏城，城里的商户害怕日本人的暴行都跑到张店来了。

那时候，张店被称作"小汉口"，原有的商铺加上郏城躲日本人跑来的商户，张店街车水马龙，人声鼎沸，热闹非凡。卖肉的，卖布的，卖米卖盐的，定秤的，打铁的，日杂百货一应俱全。商铺从张店北门口排到了上街梭子桥，全长一里多。张店老街比郏城都热闹了许多，驻扎在郏城的日本中队长龟田一郎坐不住了，带着他的中队来到张店进行扫荡。日本人把商户都赶出了店铺，集中在梭子桥下面的沟里，一把火从北门口烧到张店上街头，硬是把个热闹繁华的张店老街烧成了一片火海。大火一直烧了三天三夜。日本中队长想以此把商户逼回郏城，这些桁条上留下的黑迹，就是当年日本侵略者留下的罪证。

新中国成立后，张店发生了翻天覆地的变化。大办水利，整治河流，张店河得到了清理，河水清澈见底，清凌凌的河水自北向南流入长江，人们劳动归来随手捧起喝一口，露出一排白牙，那份惬意是我们现在无法企及的。年轻的媳妇、姑娘站在水里洗衣、洗菜，互相浇水嬉戏，一串串银铃般的笑声引得赶集的路人驻足。河东岸一排绿色的垂柳，风一吹仿佛绿色的精灵在水面上翩翩起舞。河西岸的原木吊脚楼，古朴，雅趣。河边的石板拾级而上，一直铺到张店东岳寺庙大门前，梭子桥、拱臂桥在张店河上形成了一道道美丽的风景。

记得二十世纪七十年代夏天，我们儿时的伙伴从吊脚楼放下木梯，溜到河里洗冷水澡，一个个像泥鳅一样在清澈的河水里，一会儿钻进去，一会儿又冒出来，好不惬意。趁别人不注意钻进水里摸一下脚，然后大声说："水鬼呀……"吓得同伴惊慌大叫，大家速速钻出水面跑到河边。"调皮佬"慢腾腾地钻出来，诡异地望着大家笑，伙伴们赶紧一起向她进攻，一场危机就在大家的笑声中化解了。大人们在桥上看见了，就大声喊："你们这些女娃子，不怕淹死了，赶快上去……"大人还在不停地叫喊，我们则早已从木梯上爬到楼里去拧干衣服，各自跑回了家。

记忆中的张店老街，每到腊月家家都要做鱼面。鱼塘里捞起的鲢子鱼，削皮，剔刺，剁成肉泥，和上面粉，撒上盐，揉成面团（这是要功夫的）擀成面，折叠起来上蒸笼，看准火候起锅。满街弥漫着鱼面的香气，惹得一群"小馋猫"到处偷吃刚起锅的鱼面粑。那个特殊的年代，只有过年才能吃上这样的美食。

改革开放以后，张店发生了翻天覆地的变化。"张店鱼面"登上了央视的《舌尖上的中国》，销往全国各地。善良的张店人民用勤劳的双手创造了财富。如今的张店街，古镇换新颜，生活奔小康，楼宇成栉比，商贾更繁忙，人民安居乐，百业得兴旺，蒸蒸人气足，地灵人向往。

2020年的春天，一场突如其来的疫情袭击武汉，举国上下齐心战"疫"。淳朴的张店人民响应党的号召，听从政府安排宅在家中，吃着自己用传统工艺制作的低脂肪高蛋白的鱼面。我们值守在张店街上，每天闻着鱼面飘香，心里格外踏实。

古朴、美丽、充满乐趣的古镇张店，特别是飘香的鱼面印象永远留在热爱它的人们的记忆里了。

（作者系新洲区乡村教师）
（标题书法：张波）
（插图：胡赞美）

后记

呈现在读者面前、首次改版升级的“武汉印象·2020”丛书是整个编辑团队共同努力的结果。

“武汉印象·2020”丛书中的作品记录了抗疫保卫战、防汛保卫战、疫后重振保卫战“三战并举”，展现了英雄的武汉浴火重生、再创辉煌的昂扬风采。丛书由原来的四卷改为两卷，分为《武汉印象·2020·散文诗歌》和《武汉印象·2020·美术书法摄影》，由原来的32开改为正度12开，调整了整体的排版布局，改善了读者的阅读体验。《武汉印象·2020·散文诗歌》根据内容配备插图（篆刻），并邀请众多书法家题写诗文标题，版面更加生动活泼，体现了各艺术门类的融合互补。

与往年一样，编选“武汉印象·2020”的主要原则和标准，依然是充分体现生活和工作在武汉这个城市的全体成员的生命记忆和发展轨迹。无疑，在稿件挑选中，作品质量也是遴选的重要标准。

编委会组织专家和编辑，对所有稿件进行了审读和评选。在选稿时，我们尽量让不同年龄、不同职业、不同阶层、不同地域的作者都能展现自己的城市记忆和印象。当然，由于篇幅等多种因素，一些稿件未能入选。在此，我们每一个参与编辑出版的工作人员对广大市民的热情支持表示衷心的感谢。

由于时间紧、水平有限，书中难免有疏漏不足之处，敬请广大读者批评指正。

梳理、记录关于武汉这个城市的记忆，也是全体市民的共同责任。“武汉印象·2021”征稿工作已全面启动，我们真诚希望更多的市民、读者参与这一创作实践，并把您的“武汉印象”投稿至邮箱 whwlwhyx@sina.com。

《武汉印象》编委会

2021 年 7 月

(鄂)新登字 08 号

图书在版编目(CIP)数据

武汉印象. 2020. 散文诗歌 /《武汉印象》编委会组编. — 武汉：武汉出版社，2021. 7

ISBN 978-7-5582-4122-2

Ⅰ. ①武… Ⅱ. ①武… Ⅲ. ①文艺-作品综合集-中国-当代②散文集-中国-当代③诗歌-作品集-中国-当代 Ⅳ. ①I217.1

中国版本图书馆 CIP 数据核字(2020)第 241897 号

组　　编:《武汉印象》编委会
策划编辑:周骁捷
责任编辑:周骁捷　江玲燕　刘会峰
出　　版:武汉出版社
社　　址:武汉市江岸区兴业路 136 号　　邮　编:430014
电　　话:(027)85606403　85600625
http://www.whcbs.com　　E-mail:zbs@whcbs.com
印　　刷:武汉精一佳印刷有限公司　　经　销:新华书店
开　　本:889 mm×1194 mm　1/12
印　　张:13.5　　字　数:361 千字
版　　次:2021 年 7 月第 1 版　　2021 年 7 月第 1 次印刷
定　　价:48.00 元
